均线战法入门与技巧

股票和期货交易的永恒技术

股市实战专家　永良◎著

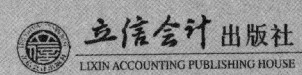
立信会计出版社
LIXIN ACCOUNTING PUBLISHING HOUSE

图书在版编目（CIP）数据

均线战法入门与技巧/永良著.--上海：立信会计出版社，2016.2
（擒住大牛）
ISBN 978-7-5429-4849-6

Ⅰ.①均… Ⅱ.①永… Ⅲ.①股票交易－基本知识 Ⅳ.①F830.91

中国版本图书馆CIP数据核字(2015)第297586号

策划编辑　蔡伟莉
责任编辑　蔡伟莉　彭秋龙
封面设计　久品轩

均线战法入门与技巧

出版发行	立信会计出版社			
地　　址	上海市中山西路2230号	邮政编码	200235	
电　　话	（021）64411389	传　　真	（021）64411325	
网　　址	www.lixinaph.com	电子邮箱	lxaph@sh163.net	
网上书店	www.shlx.net	电　　话	（021）64411071	
经　　销	各地新华书店			
印　　刷	天津嘉杰印务有限公司			
开　　本	787毫米×1092毫米	1/16		
印　　张	15.25	插　　页	1	
字　　数	222千字			
版　　次	2016年2月第1版			
印　　次	2017年11月第4次			
书　　号	ISBN 978-7-5429-4849-6/F			
定　　价	42.00元			

如有印订差错，请与本社联系调换

前　言

经历2005年至2007年的疯狂牛市，传统交易法则概有胜算，不管是高手还是新手，都能从中获利。

2008年以后，上证指数到达高点6124点，大幅度下跌开始了，传统交易法则显得力不从心，不再适用于市场，股民们皆深受其害，用几次亏几次，毫无赢利可言。

2009年大涨之后，股市开始长期震荡市行情，使得传统交易法则更加不适应震荡行情，反而是反向交易法则更利于在震荡市中生存！

2009—2014年上半年，股市一直处在震荡的大三角形整理形态中，这一阶段适合反向交易法则的操作。到了2014年的下半年，根据V图的预测，未来大盘的高点应该在3750点之上，所以大盘整体呈现牛市行情，适合使用传统均线的交易法则，相信大多数股民都在2015年上半年赚得不少！但好景一般不会持续太长时间，一过了6月，马上开始暴跌，因为大盘的高点已经超过了V图预测的3750点，其他指标也相继显示大盘已经见顶，所以从6月起就应该做空或持币。

上文中所谓的传统法则，即"葛兰维交易八法"，该法则只适用于牛市中使用，而且倾向于追高追涨式的买入，杀跌抛售式的卖出。而对于震荡市或熊市就显得无能为力，通常是买在高点而卖在低点，所以死板地运用"葛兰维交易八法"是不可取的！

任何方法都不能缺少灵活机动性，所以均线的反向交易法则应运而生，该法则教会读者如何在不适用于传统法则的股境中求得长存，在别人疯狂卖出的时候买入（死叉买入低价），在别人更疯狂追高时卖出（金叉卖出高价），真正达到

"低买高卖"的目的！

所以，这个反向交易法则和灵活交易法则是本书作者的原创。笔者相信，通过反向交易法则或灵活交易法则，我们可以顺利地通过震荡市行情的波动，达到"低买高卖"的最终目的！

《均线战法入门与技巧》所介绍的三套简单易学的交易系统，只需要两条均线就可以称雄股市。

一是传统交易法则，通用于所有牛市行情。

二是反向交易法则，适用于牛市回调期或震荡市。

三是灵活交易法则，适用于各种市场行情。

均线死叉并不可怕，可怕的是错过绝佳的进场时机！

均线金叉未必是好事，它可能预示着顶部的到来！

经历了历年股市的风风雨雨和在股市中不断沉淀，总结出来这套完全独创并且非常精准的看盘和预测技术！

不走寻常路，本书的操作有异于市面上的操作法则，比传统操作法更为准确、有效、灵活！

书中所列举的个股案例都经作者真实操作过，书中的理论描述可能存在不够准确之处，但这些案例是真实可靠的。希望细心的读者能从这些案例中领会出适合于自己的新的操作法则，使均线技术获得一次大的飞跃！

本书的特点是原创化、实战化、实用化，不千篇一律、经过历史检验、实用性强。新股民一看就懂，一学就会！

衷心祝愿中国股市投资者心想事成、财源滚滚，在下一轮牛市中登顶，开启富贵之门！

目　录

第一章　看懂均线 ………………………………………… 1

一、什么是均线 ……………………………………………… 2

二、均线的参数与含义 ……………………………………… 7

三、均线的特点 ……………………………………………… 13

四、均线多头、空头排列 …………………………………… 21

五、均线金叉、死叉 ………………………………………… 23

六、均线银山谷、金山谷 …………………………………… 26

七、均线粘合和发散 ………………………………………… 29

八、均线的上升与下降 ……………………………………… 31

九、葛兰碧均线八大买卖原则 ……………………………… 34

十、牛市均线操作指南 ……………………………………… 36

十一、震荡市均线操作指南 ………………………………… 38

十二、熊市均线操作指南 …………………………………… 39

十三、跳出惯性思维 ………………………………………… 40

十四、均线参数的选择 ……………………………………… 43

十五、为什么用开盘价计算均线 …………………………… 45

第二章　均线正向操作法则 ……………………………… 47

一、黄金交叉——买入 ……………………………………… 48

二、死亡交叉——卖出 ……………………………………… 50

三、正向操作案例一——招商地产（000024） ……………………… 52

　　四、正向操作案例二——珠海中富（000659） ……………………… 63

　　五、正向操作案例三——经纬纺机（000666） ……………………… 79

　　六、正向操作案例四——博瑞传播（600880） ……………………… 88

　　七、正向操作案例五——广弘控股（000529） ……………………… 99

第三章　均线反向操作法则 ……………………………………………… 111

　　一、死亡交叉——买入 ……………………………………………… 112

　　二、黄金交叉——卖出 ……………………………………………… 114

　　三、反向操作案例一——津劝业（600821） ………………………… 115

　　四、反向操作案例二——四川长虹（600839） ……………………… 125

　　五、反向操作案例三——东方国信（300166） ……………………… 135

　　六、反向操作案例四——澳洋顺昌（002245） ……………………… 149

　　七、反向操作案例五——苏州固锝（002079） ……………………… 164

第四章　参考大盘让胜算更高 …………………………………………… 179

　　一、新的参考指标 …………………………………………………… 180

　　二、灵活操作案例一——兰生股份（600826） ……………………… 183

　　三、灵活操作案例二——中国玻纤（600176） ……………………… 197

　　四、灵活操作案例三——中国纺机（600610） ……………………… 214

　　五、灵活操作案例四——文山电力（600995） ……………………… 228

结　语 ……………………………………………………………………… 238

第一章

看懂均线

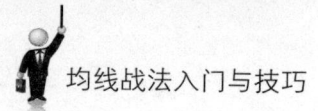

一、什么是均线

均线又叫移动平均线（Moving Average），常简称为M或MA。

它是以道琼斯的"平均成本概念"为理论基础，采用统计学中"移动平均"原理，将一段时期内的价格平均值连成一条曲线，以此来显示股票价格的历史波动情况，进而反映股价未来发展趋势的技术分析方法，是道氏理论的形象化表述。

该指标是由著名的美国投资专家葛兰碧（Joseph E.Granville）于20世纪中期所提出来的，目的是帮助交易者确认现有趋势，判断即将出现的趋势，发现即将反转的趋势。

均线指标的计算方法是将最近N个交易日的收盘价格之和除以N，这个数值会随着最近的价格不断变化，所以被称为"移动平均线"。

以5日均线（简称5M或5MA）为例：

假设最近10个交易日的收盘价分别为：10.01元、10.12元、10.13元、10.25元、10.11元、10.00元、9.98元、9.90元、10.17元、10.27元。

第五天的收盘价为10.11元，这一天的5日均线则是指当天的收盘价和之前4天的收盘价相加，一共是5天的收盘价，求出它们的总和再除以5，所得到的数值。

即：（10.01＋10.12＋10.13＋10.25＋10.11）÷5＝10.124（如图1-1）

所以10.12元就是第五天的5日均值。

第6天的收盘价为10.00元，这一天的收盘价和之前4天的收盘价相加，一共是5天的收盘价，求出它们的总和再除以5，所得到的数值便是当日的5日均值。

即：（10.12＋10.13＋10.25＋10.11＋10.00）÷5＝10.122（如图1-2）

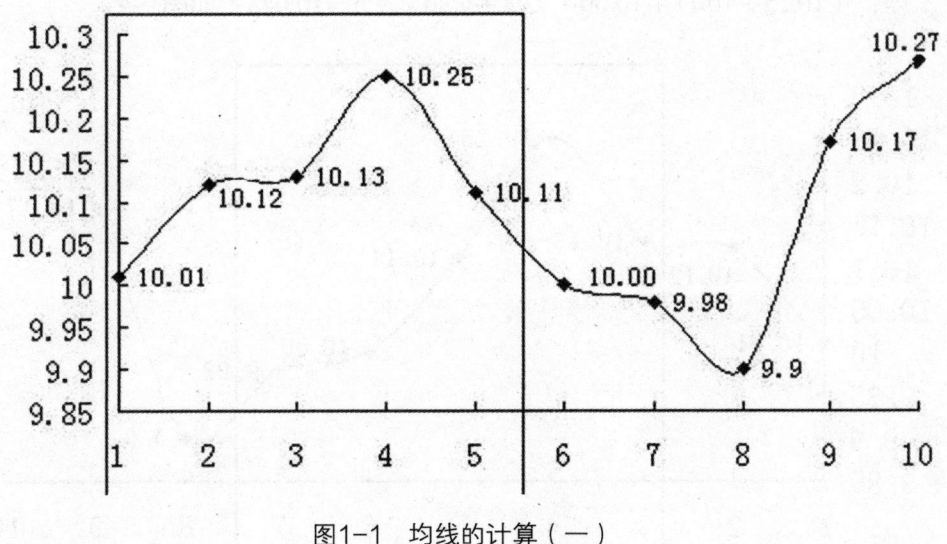

图1-1 均线的计算（一）

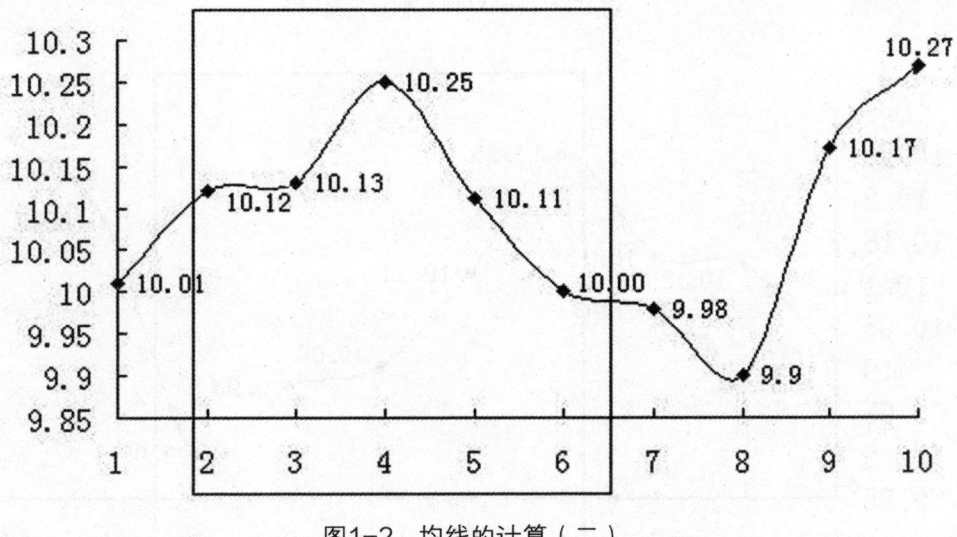

图1-2 均线的计算（二）

第七天的收盘价为9.98元，这天收盘价和之前4天的收盘价相加，它们的总和再除以5便得到当日的5日均值。

即：（10.13＋10.25＋10.11＋10.00＋9.98）÷5＝10.094（如图1-3）

第八天的收盘价为9.90元，用同样的方法将第八天的收盘价、第七天的收盘价、第六天的收盘价、第五天的收盘价、第四天的收盘价相加，总和再除以5，就是第八天的5日均值。

即：(10.25＋10.11＋10.00＋9.98＋9.90)÷5＝10.048（如图1-4）

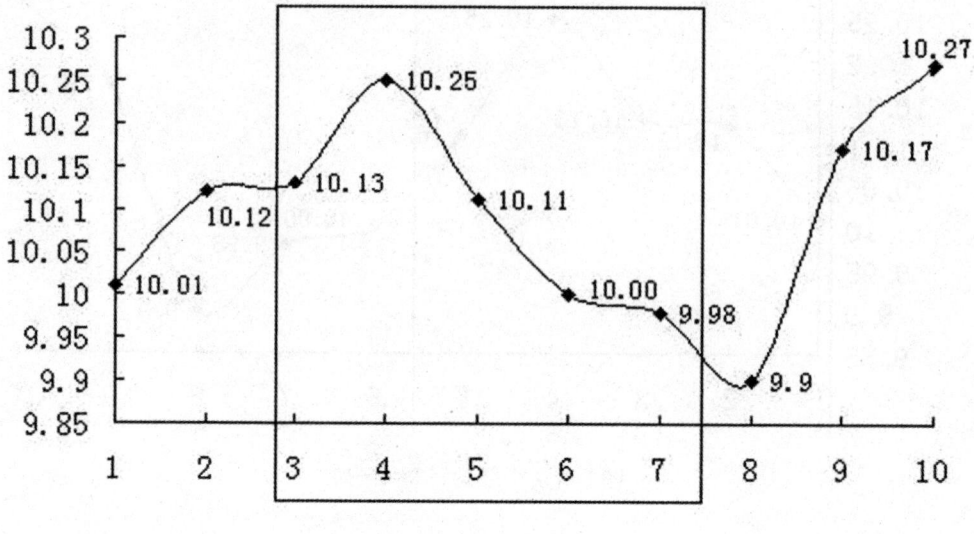

图1-3 均线的计算（三）

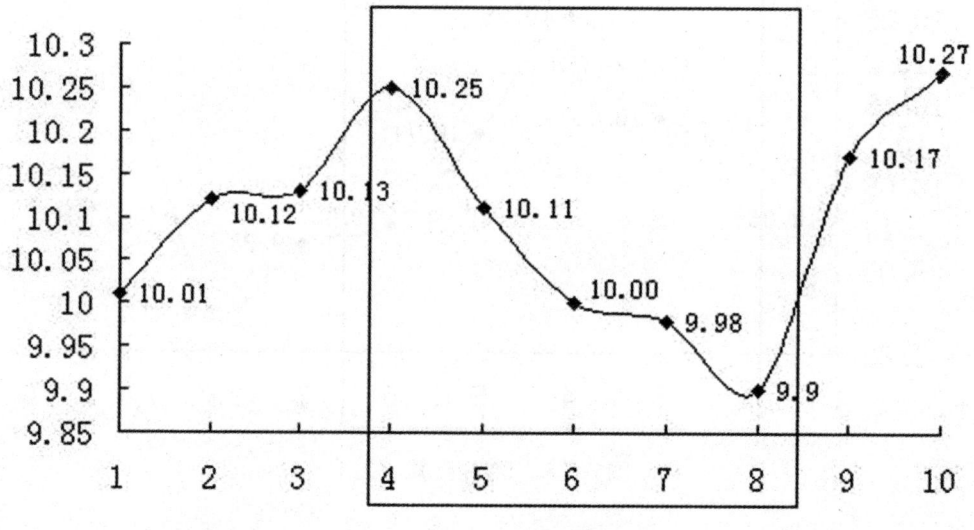

图1-4 均线的计算（四）

第九天的收盘价为10.17元，用同样的方法将第九天的收盘价、第八天的收盘价、第七天的收盘价、第六天的收盘价、第五天的收盘价相加，总和再除以5，就是第九天的5日均值。

即：(10.11＋10.00＋9.98＋9.90＋10.17)÷5＝10.032（如图1-5）

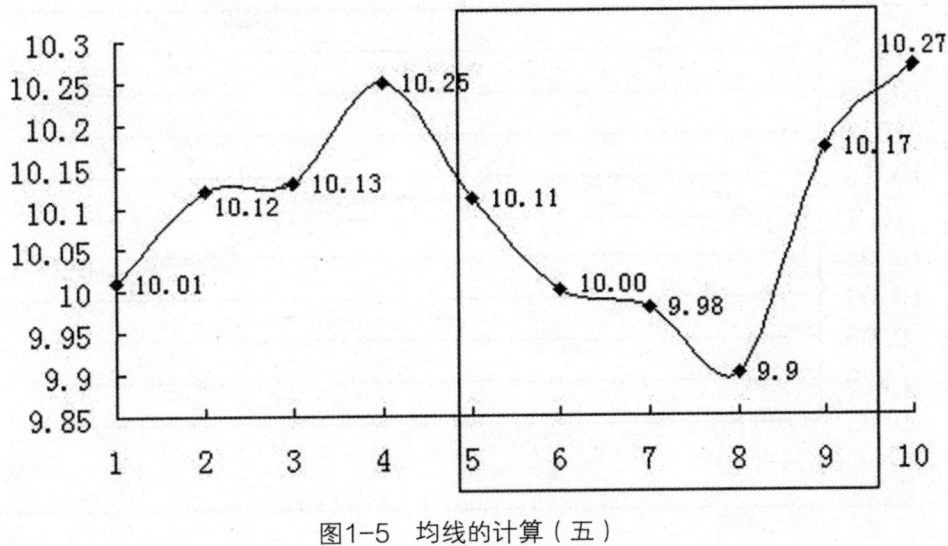

图1-5 均线的计算（五）

第十天的收盘价为10.27元，将最近5天的收盘价相加除以5，得出第10天的5日均值。

即：（10.00＋9.98＋9.90＋10.17＋10.27）÷5＝10.064（如图1-6）

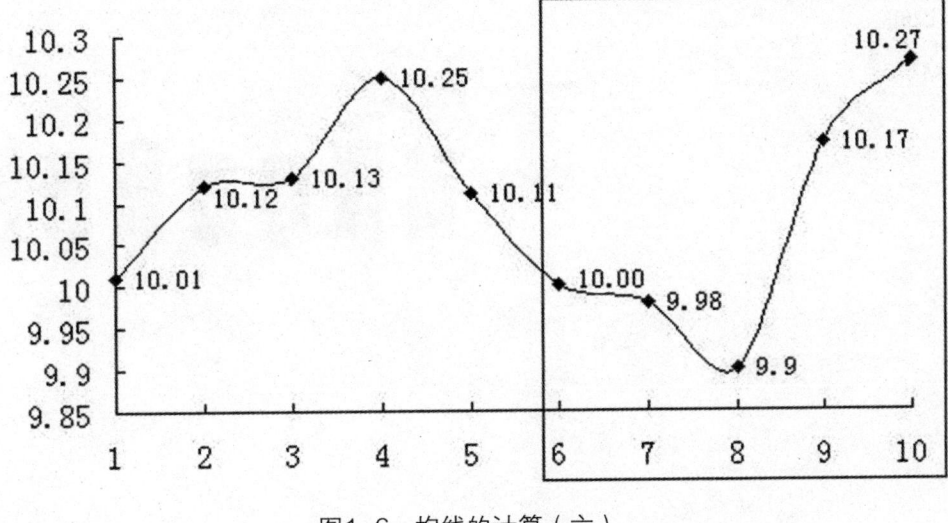

图1-6 均线的计算（六）

将这几天的5日均值画在走势图上，就形成一条波动起伏的曲线，这条线就称为均线。5日均值所走出的曲线便是5日均线，N日均值走出的曲线便是N日均线。

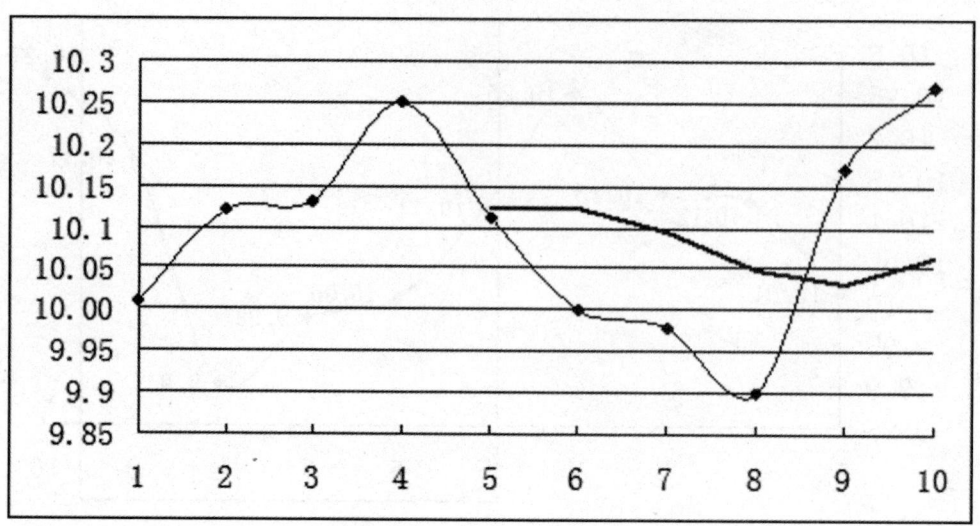

图1-7 均线指标走势

图1-7显示了每日收盘价的走势及该走势的5日均线走势（图上粗黑线）。不同的均线有不同的含义与用途，有的人喜欢用3日均线，有的人喜欢用5日、10日均线，也有人喜欢用20日、60日均线，甚至有人擅长于120日、250日或更多天数的均线。

二、均线的参数与含义

均线的参数是指参与计算的天数。如5日均线参与计算的天数是5，20日均线参与计算的天数是20，所以N日均线的参数就是N。

常用的参数有：5、10、20、60、120、250等，由于参与计算的范围不同，每个参数的均线含义也各有不同。

下面分别举例说明：

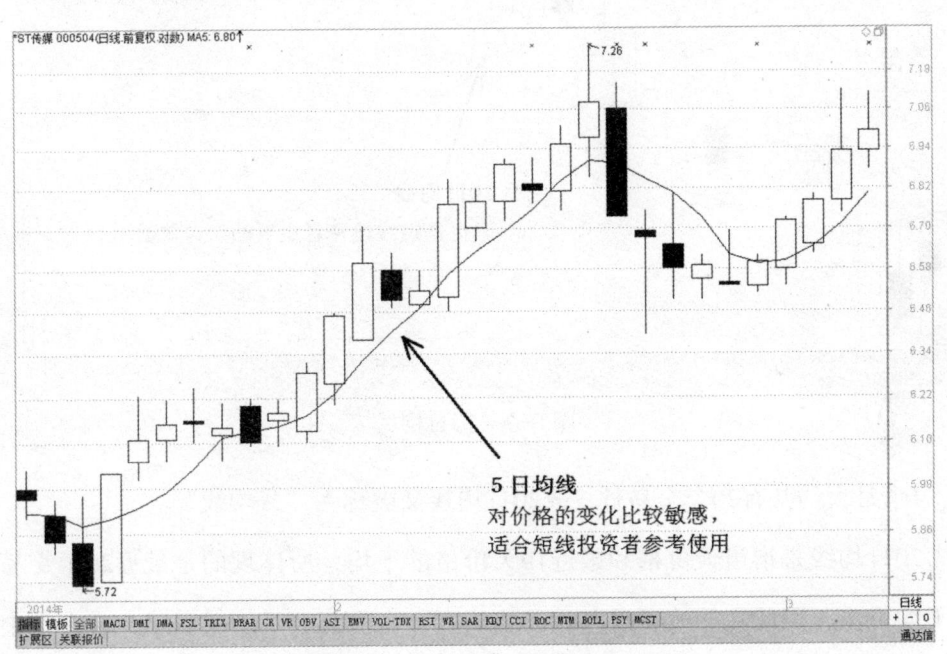

图1-8　5日均线（周均线）

一星期共有5个交易日，故5日均线又被称为"周均线"。

5日均线是指当天价格和最近4天价格的平均，所体现的是最近5个交易日的平均价位，因此它的波动会比较大、比较敏感，适合短线投资者使用。（如图1-8）

所谓短线投资者，是指不在乎股价长期走势，只看准短期获利的投资者。中线和长线投资者则跟他们不同，中线或长线投资者更看重中长期的走势，而不在意短期的波动。

10日均线是指当天价格和最近9天价格的平均，所体现的是最近10个交易日的平均价位，因此它的波动也较大、也较敏感，通常是短线投资者必用的参考线之一。相对于5日均线，10日均线的稳定性更高些。（如图1-9）

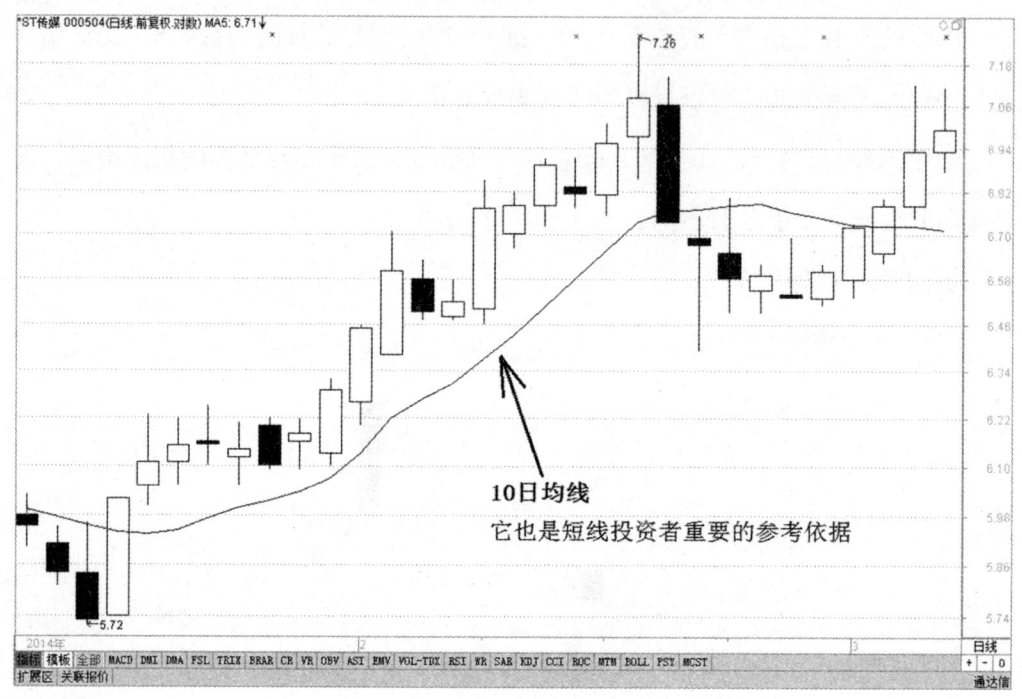

图1-9　10日均线

1个月大约共有20个交易日，故20日均线又被称为"月均线"。

20日均线是指当天价格和最近19天价格的平均，所体现的是最近20个交易日的平均价位，因此它的波动没有10日均线大、也没有10日均线敏感，通常是中短线投资者使用的参考线之一。相对于10日均线，20日均线的稳定性更高些。（如图1-10）

一个季度约有3个月时间，所以60日均线又被称为"季均线"。

60日均线是指当天价格和最近59天价格的平均，所体现的是最近60个交易日的平均价位，因为参与计算的天数较多，所以它的波动不大、不过于敏感，通常

第一章 看懂均线

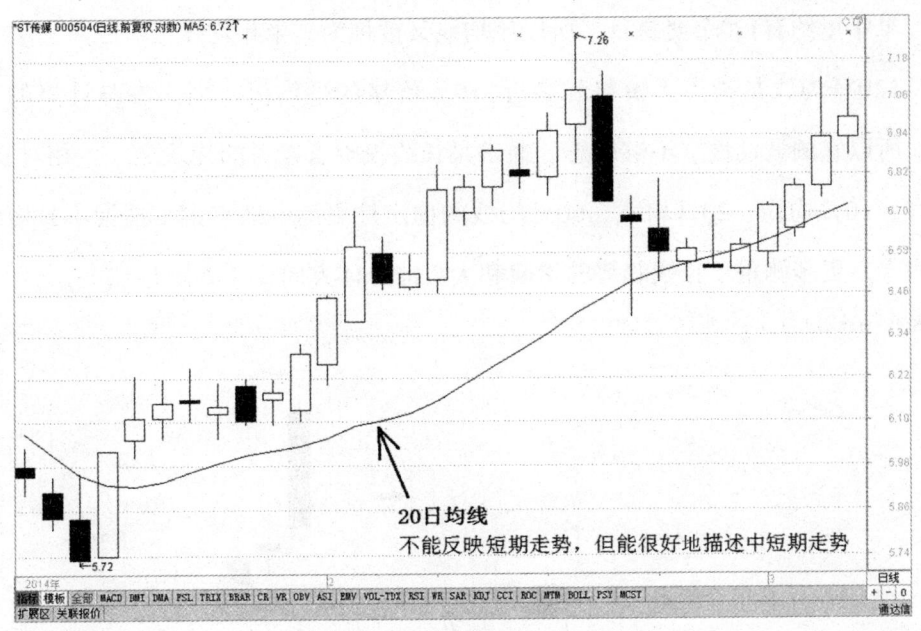

图1-10　20日均线（月均线）

是中线或长线投资者参考的均线之一。相对于5日均线、10日均线、20日均线的稳定性更高。但它也有缺点，它不能捕捉到短线获利的机会，它更多用于寻找中线或长线获利的机会。（如图1-11）

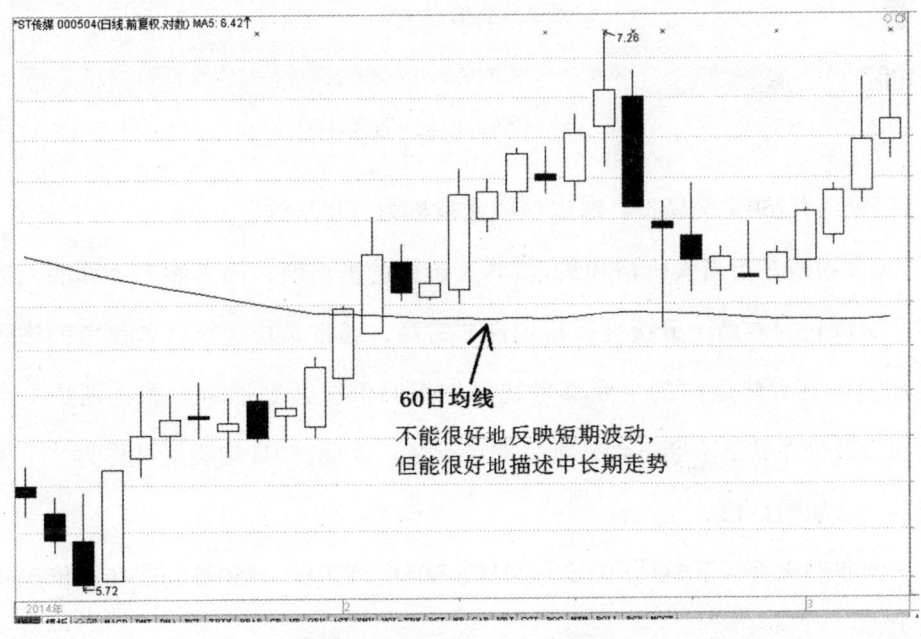

图1-11　60日均线（季均线）

半年里约有120个交易日,所以该均线又被称为"半年均线"。

120日均线是指当天价格和最近119天价格的平均值,因为参与计算的天数多,所以它的波动慢、不够敏感,通常是长线投资者参考的均线之一。相对于5日均线、10日均线、20日均线、60日均线的稳定性更高。缺点也是捕捉不到短线获利机会,更多侧重于长线趋势的走向和大势的总体方向。(如图1-12)

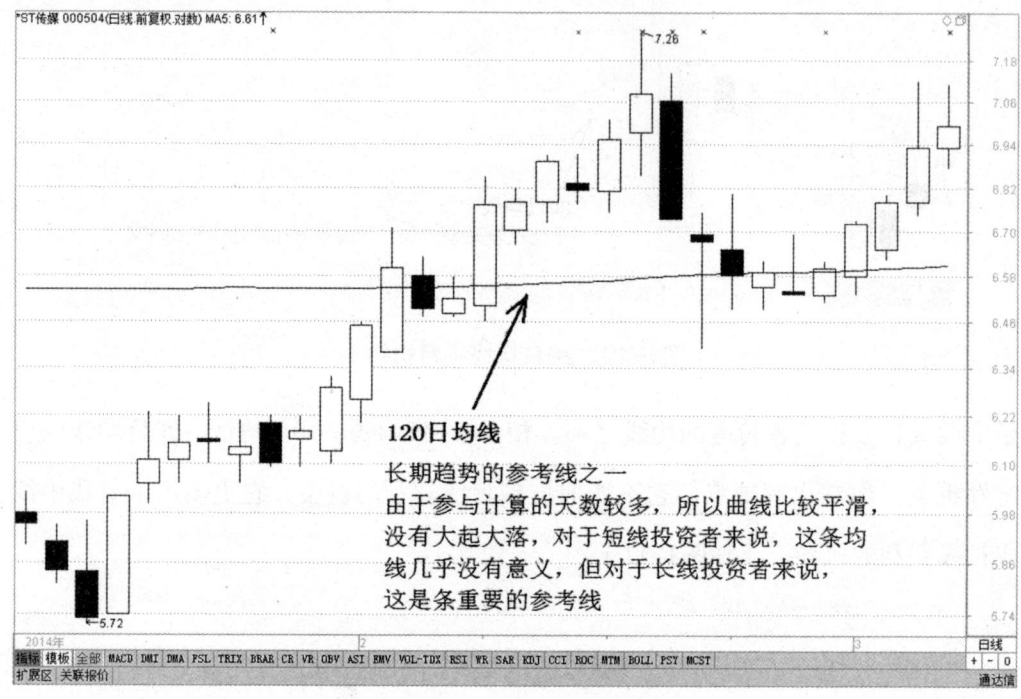

图1-12　120日均线(半年线)

1年里约有250个交易日,所以该线又被称为"年均线"。

250日均线是指当天价格和最近249天价格的平均值,因为参与计算的天数非常多,所以它的波动十分缓慢,稳定性非常高,通常是长线投资者参考的均线。它是用于区分大势走向的主要参考线,如果股价在其上不断上涨,则是牛市行情;如果股价在其下不断下跌,则是熊市行情。因此250日均线又被称为"牛熊分界线"。(如图1-13)

下面我们来看一下5日、10日、20日、60日、120日、250日均线在股价走势图上的表现。

第一章 看懂均线

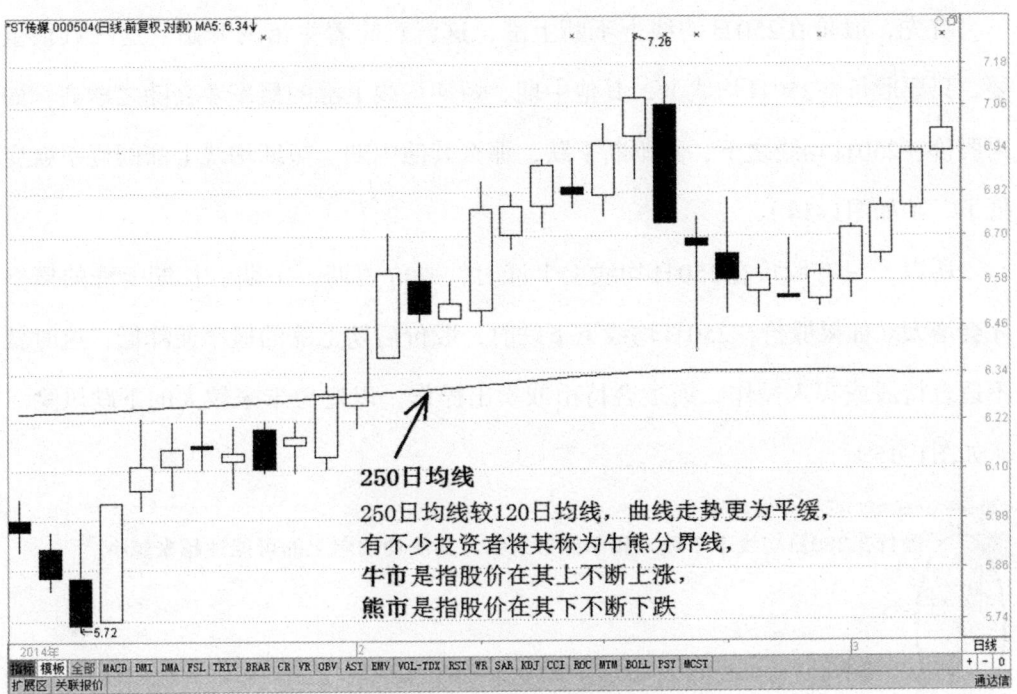

图1-13 250日均线（年均线）

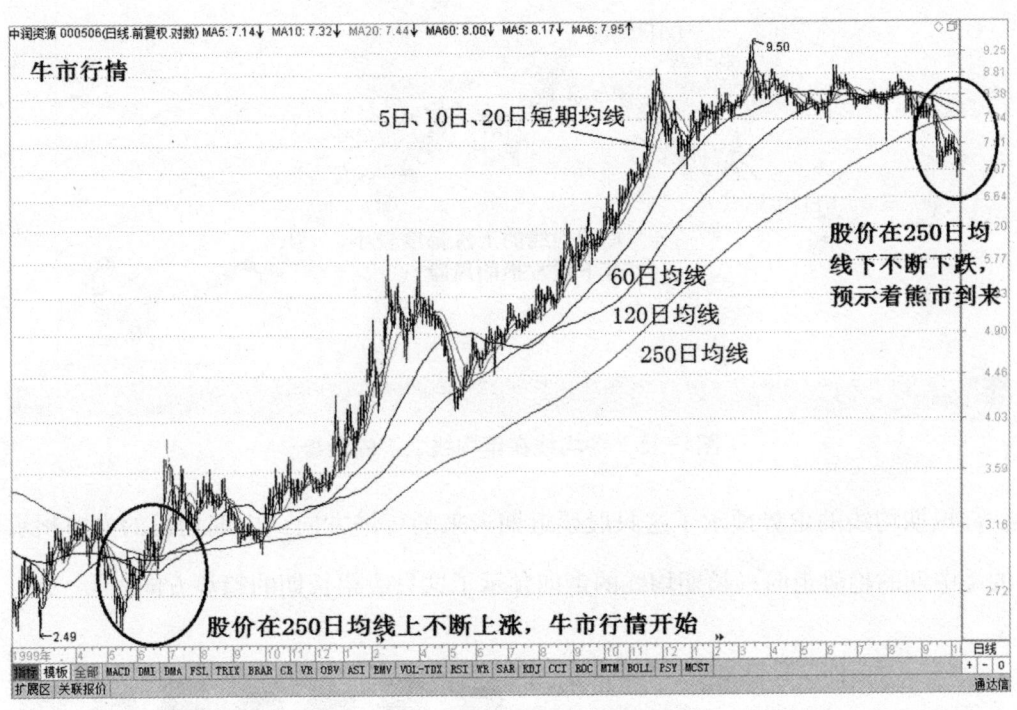

图1-14 各均线在年均线之上的走势

首先，股价在250日均线上不断上涨，这就意味着牛市的开始，这一点很重要，只要股价在250日均线上，其他中期、短期均线上涨的概率才会随之增高。如果股价在250日均线之下，并不断下跌，那么其他中期、短期均线上涨的概率就变低了。（如图1-14）

所以，只有股价在250日均线上上涨时，股价短期、中期、长期上涨的概率才会增大。如果股价在250日均线下下跌时，股价后期上涨的概率便降低，这时就不适合持股或买入操作，而适合持币或卖出操作，以避免未来较大的下跌风险。（如图1-15）

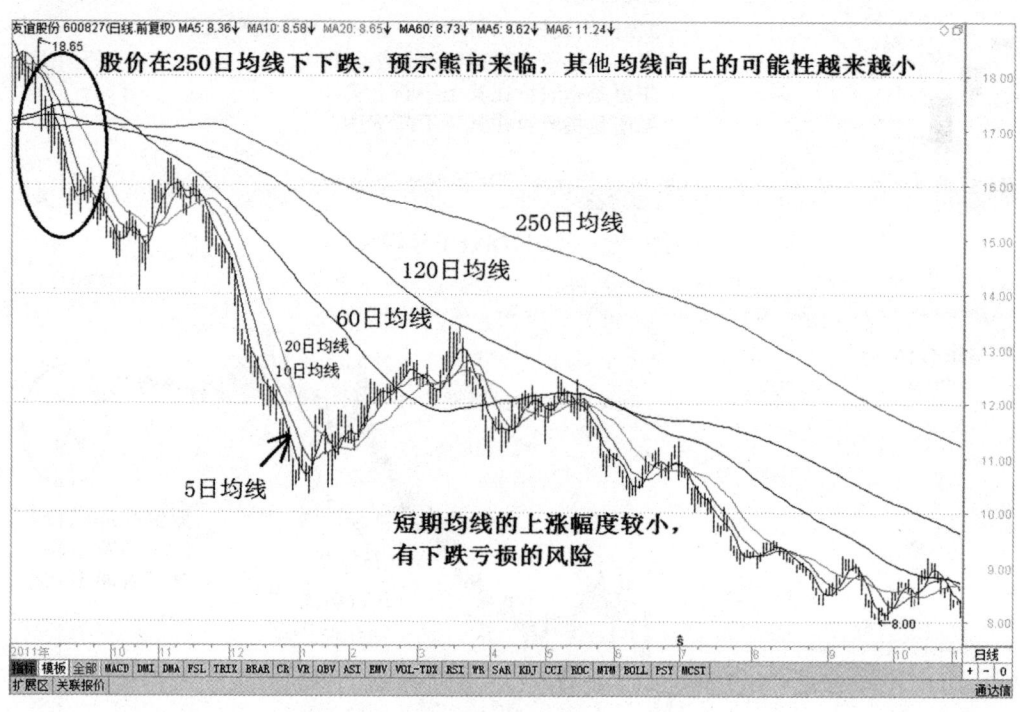

图1-15　各均线在年均线之下的走势

短期均线的走势预示了这只股票近期未来的行进方向，中期均线的方向预示的是中期的趋势走向，长期均线的走向预示了这只股票长期的趋势方向。

三、均线的特点

1. 均线的趋势性

5日均线的走势反映的是最近5天的价格平均走向,所以它可以用来描述最近5天的股价趋势。如果是连续上涨的行情,短期均线也会持续向上行走,形成一条较明显的上升趋势线。(如图1-16)

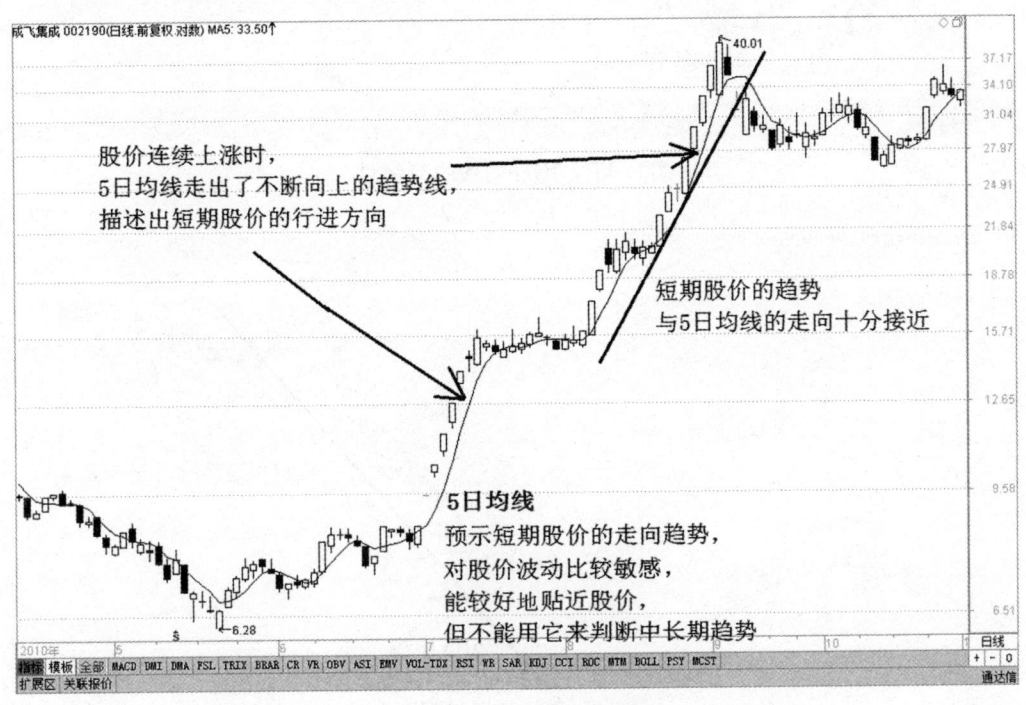

图1-16　5日均线的趋势性

10日均线较平缓地反映了短期的股价趋势,虽然没有5日均线那样敏感,但它的作用较5日均线更大些,能捕捉到较大较久的上涨行情。(如图1-17)

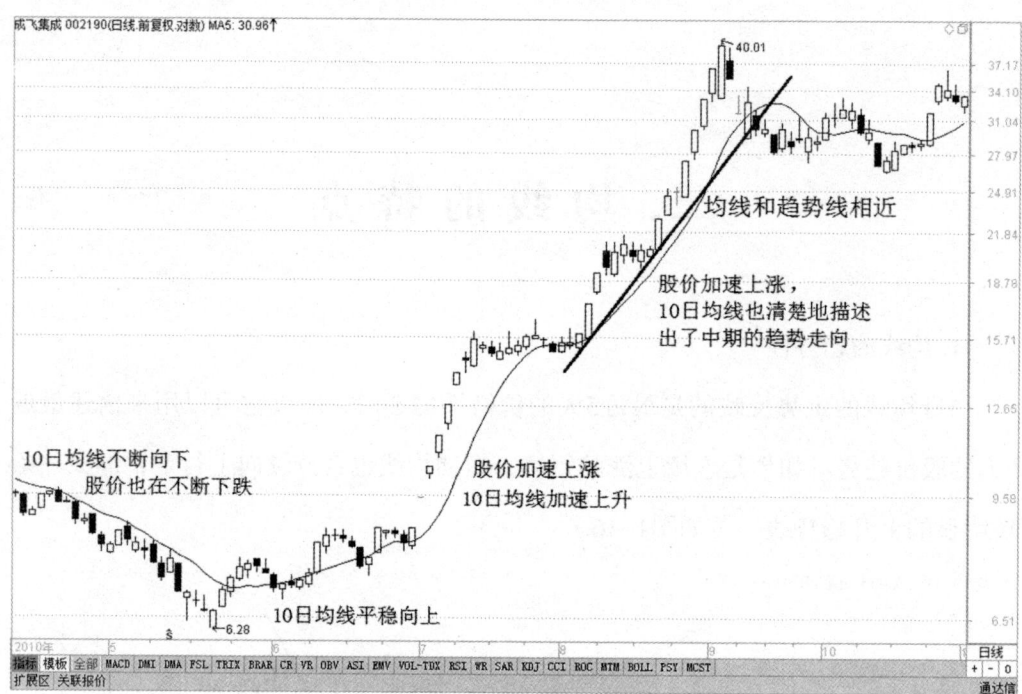

图1-17　10日均线的趋势性

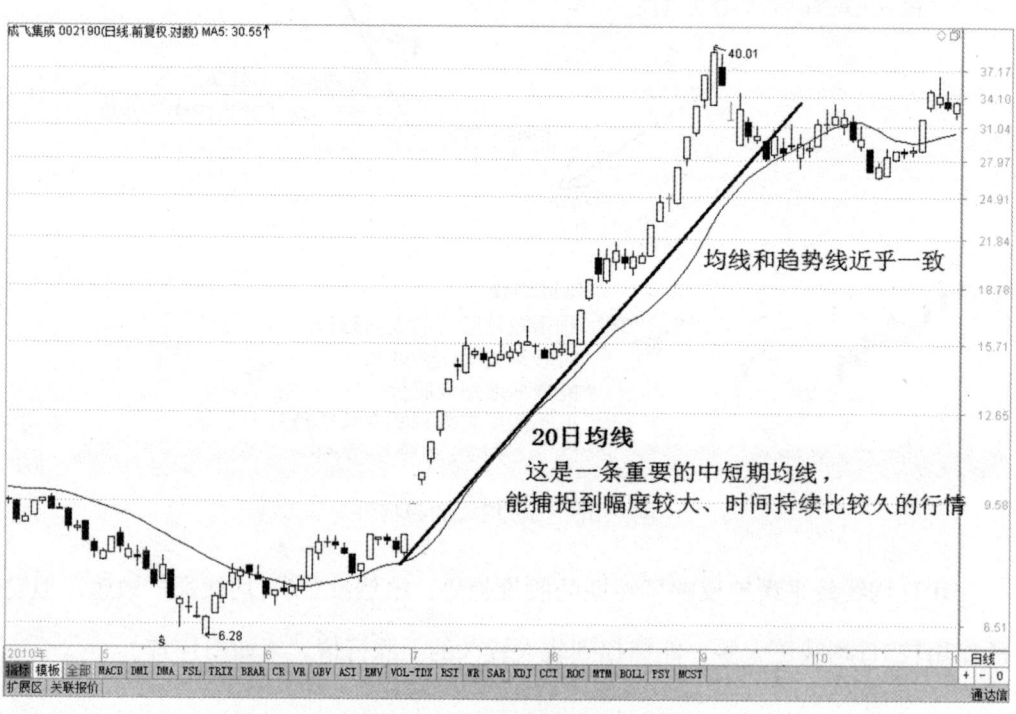

图1-18　20日均线的趋势性

20日均线较好地反映了这波中期上涨行情，虽然没能卖在最高点，但它能把握到一波持续时间长而大的行情。该均线近似一条倾斜向上的水平趋势线。（如图1-18）

看了几条短期均线后，再来看看长期均线的走势。图中250日均线虽然没有及时地反映出股价的剧烈上涨，但股价是在它之上上涨的，这本身就为其他中短期均线提供了安全保障，以此为基础，中期均线上涨的概率增加了。随后，短期均线也随之上涨，共同促成了这波暴涨行情。（如图1-19）

图1-19　250日均线的趋势性

2. 均线的稳定性

均线具有稳定性，是因为它的计算公式是算术平均，所以在偶尔的高价或低价出现时，它不会出现过于明显的变化，除非这些高价或低价连续出现。

均线不会因为少数几天的大幅变动而改变原有的趋势，这就说明均线有很好的容错性和稳定性。这也是为什么很多投资者都喜欢使用均线指标的原因。

均线比较稳定，但同时稳定本身是优点也是缺点。（如图1-20）

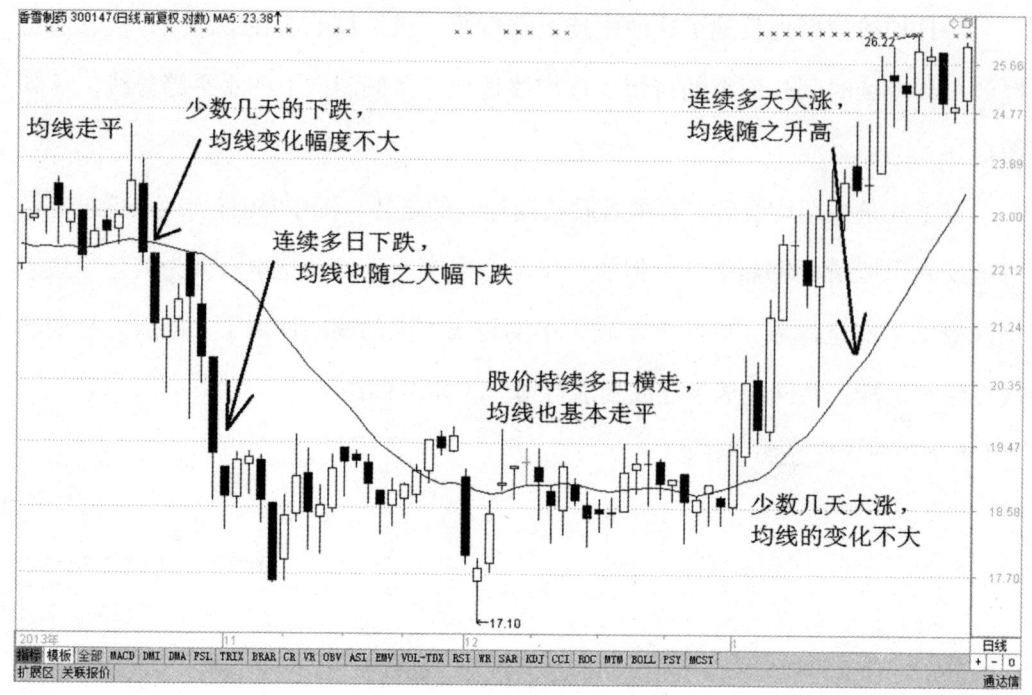

图1-20 均线的稳定性

3. 均线的滞后性

均线具有很好的稳定性，但有时这也是均线的缺点。

以下三图（图1-21、图1-22、图1-23）分别显示了5日、10日、20日均线的滞后性，这跟均线指标的算法有关。参与计算均值的天数越少，每天股价的权重也就越高；而计算均值的天数越多，每天的权重也就越低。

权重越高，第二天的价格对均线的影响就越大；权重越低，第二天的价格对均线的影响就越小。

稳定性和滞后性同时存在，不可分开。

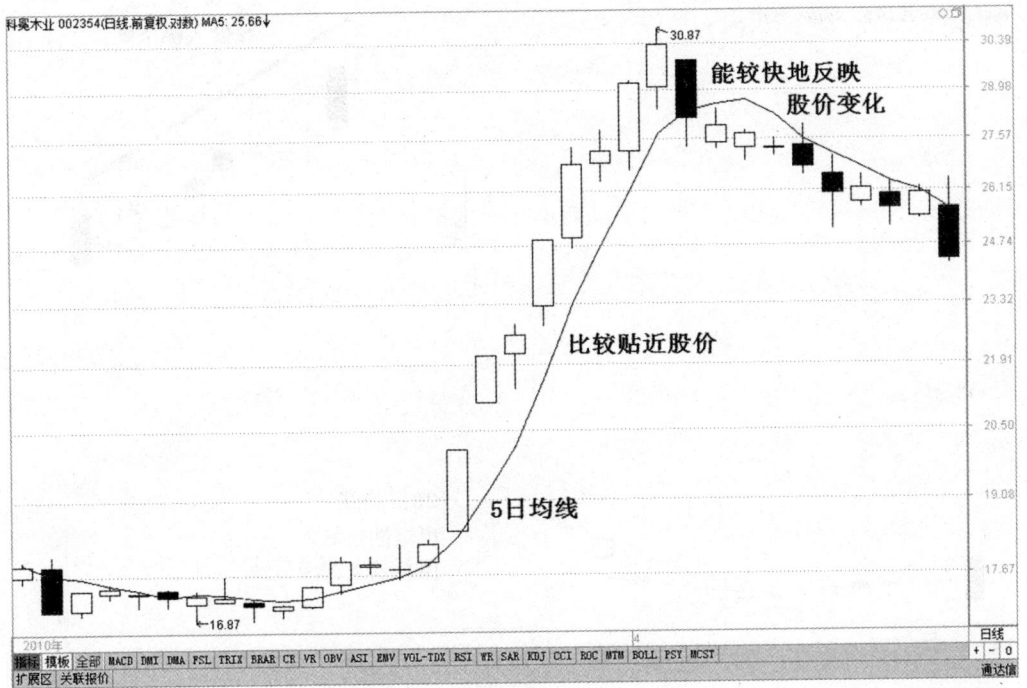

图1-21 均线的滞后性(一)

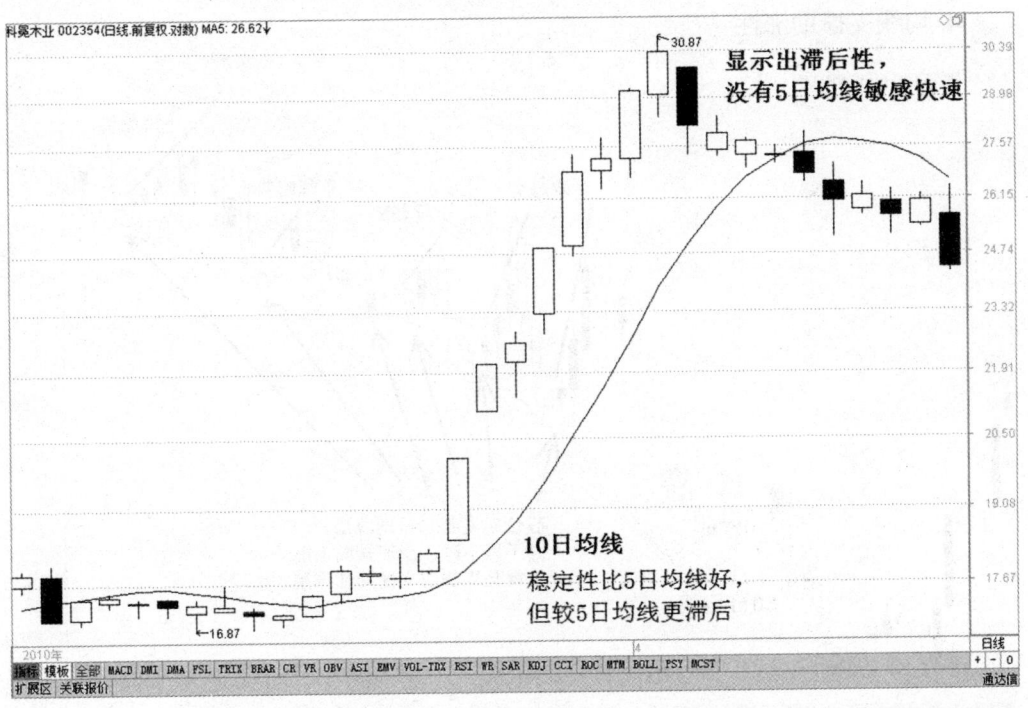

图1-22 均线的滞后性(二)

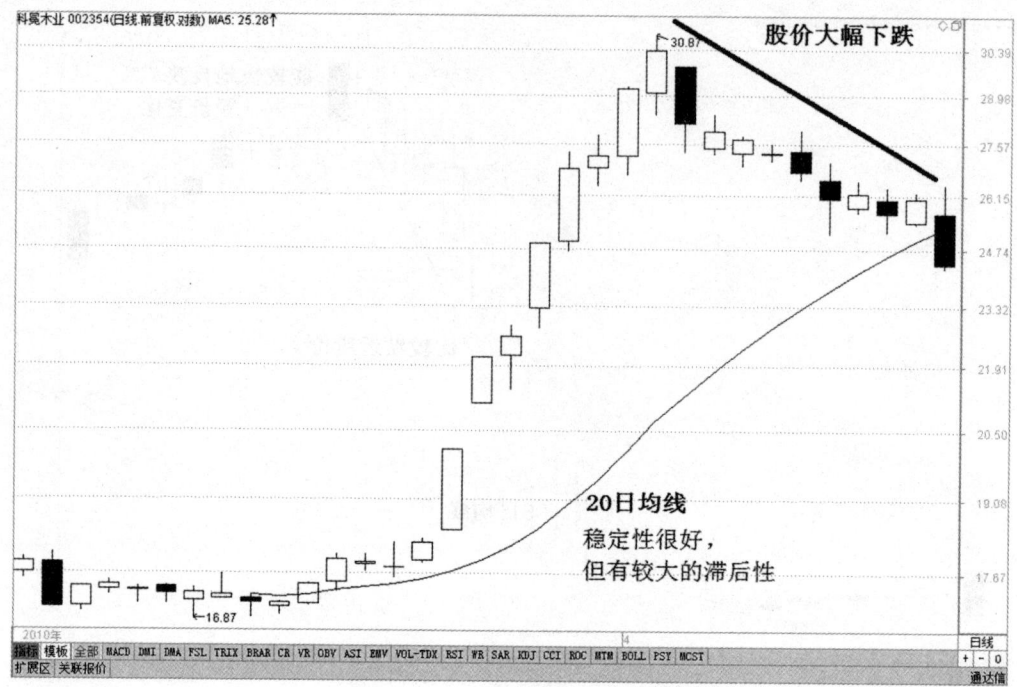

图1-23　均线的滞后性（三）

4. 均线支撑助涨性

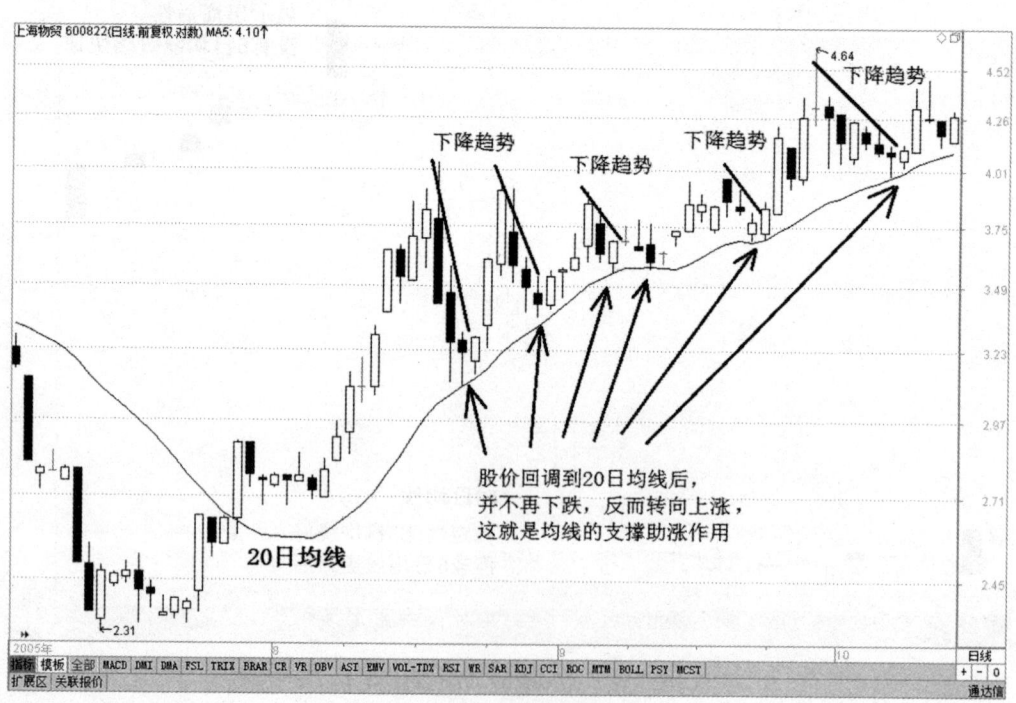

图1-24　均线的支撑助涨性（一）

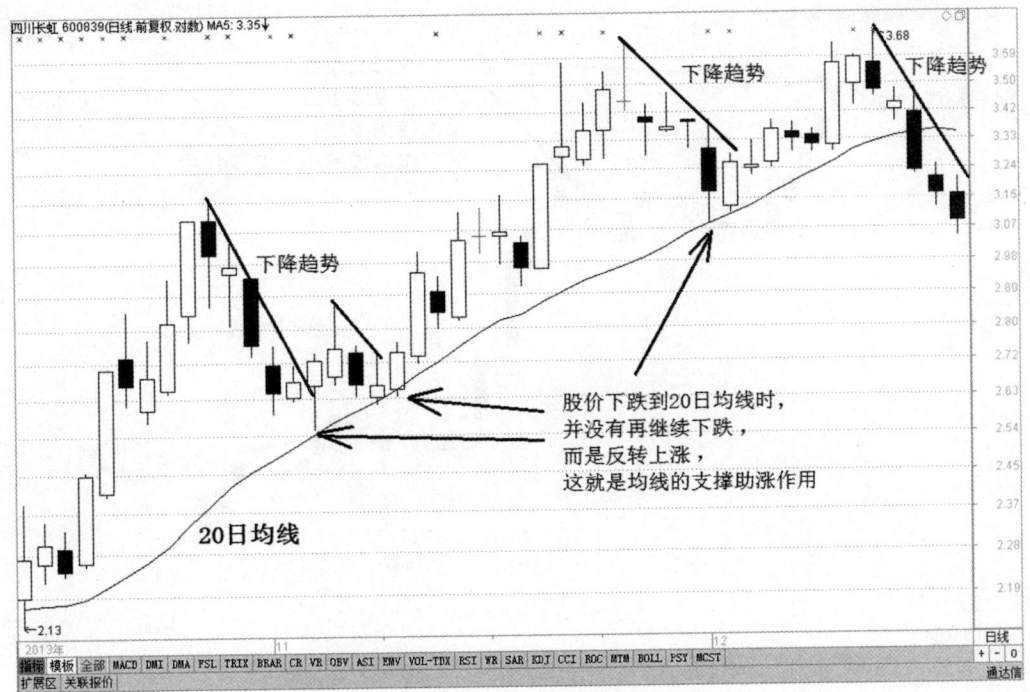

图1-25 均线的支撑助涨性（二）

股价在均线仍向上的时候回调，但接近或触及该均线时，反而转头向上，这就说明股价得到了该均线的支撑，使股价没有再继续下跌。（如图1-24、1-25）

5. 均线压制助跌性

股价在均线向下的时候反弹，但触及到该均线时，没有站上该均线之上，反而在其后的几个交易日连续下跌，这就说明股价失去了上升动力，受到了该均线的压制，使得股票价格没有能力再往上涨，随后不断下跌。（如图1-26、图1-27）

图1-26 均线压制助跌性（一）

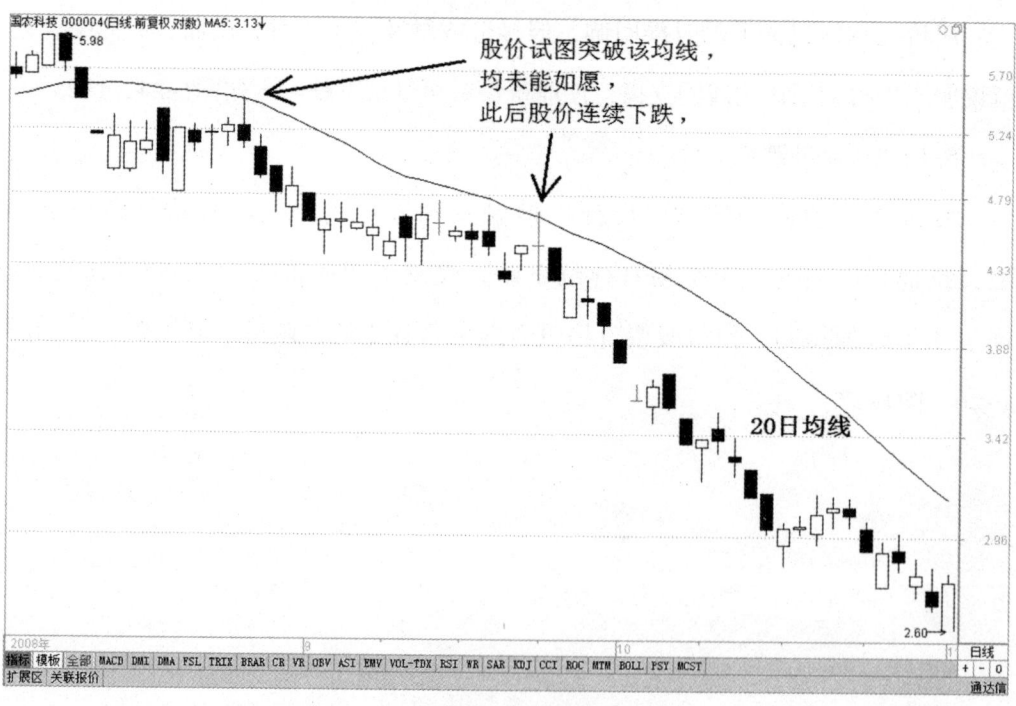

图1-27 均线压制助跌性（二）

四、均线多头、空头排列

多头排列：短期、中期、长期均线从上到下依次排列的均线形态。多头排列为强势上升趋势，操作思维以多头买入为主。

空头排列：短期、中期、长期均线从下到上依次排列的均线形态。空头排列为强势下跌趋势，操作思维以空头卖出为主。

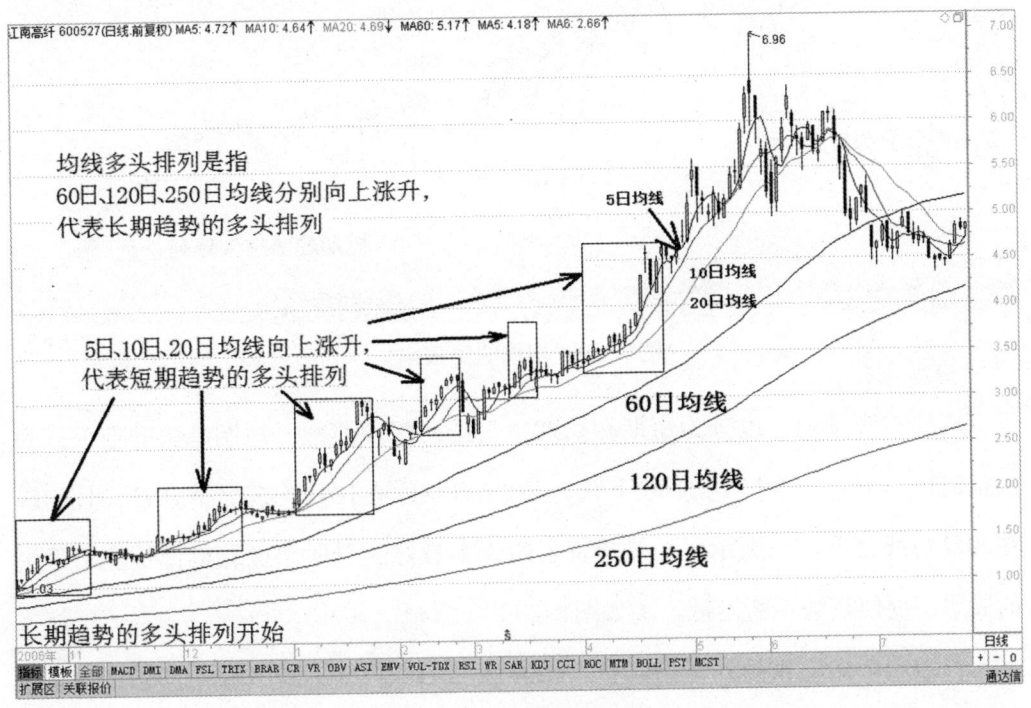

图1-28 均线的多头排列

均线多头排列分为两种：一种是短期趋势的多头排列，另一种是长期趋势的多头排列。短期趋势的多头排列是指5日、10日、20日均线不断上涨，并且5日均线在10日均线之上，且10日均线又在20日均线之上。它预示了短线投资者纷纷看好股价将要上涨，不断买入股票，促使行情不断走高，增加短线获利的机会。（如图1-28）

长期趋势的多头排列是指60日、120日、250日均线不断上升，且60日均线在120日均线之上，120日均线又在250日均线之上。它预示了中长线投资者已入驻或股票基本面得到好转而都看好后市，长线获利的机会也相应增加。

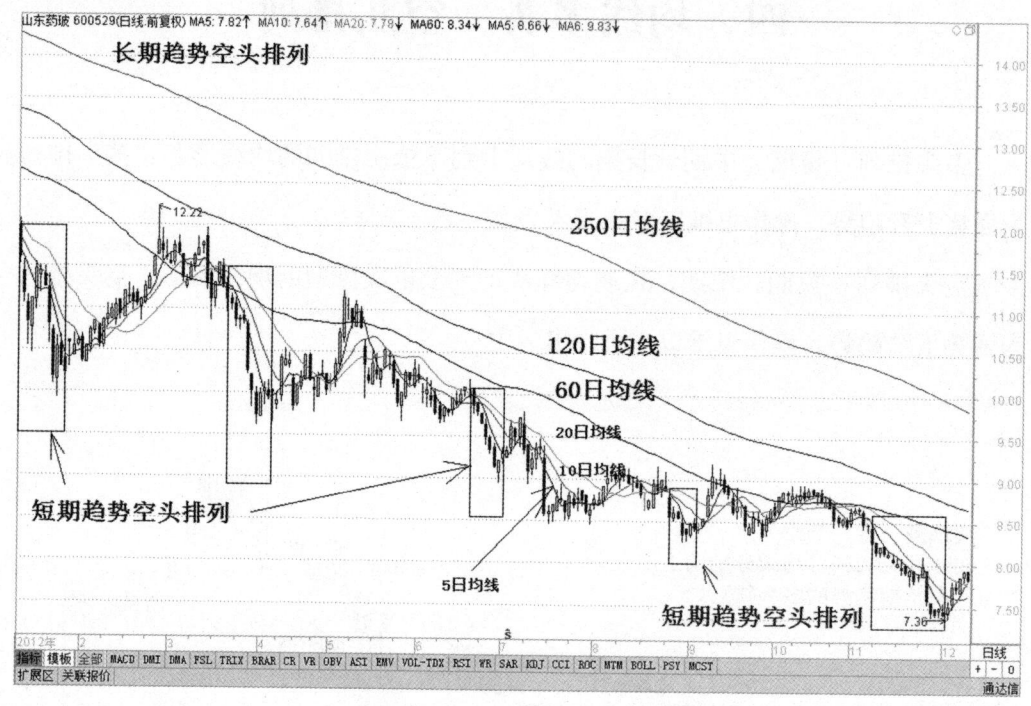

图1-29　均线的空头排列

均线空头排列，也分为短期和长期空头排列两种类型。短期趋势的空头排列是指5日、10日、20日均线不断下跌，并且5日均线在10日均线之下，且10日均线在20日均线之下。它预示了短线投资者纷纷不看好这只股票而相继低价卖出手中的股票，促使行情不断走低。（如图1-29）

长期趋势的空头排列是指60日、120日、250日均线不断下跌，且60日均线在120日均线之下，120日均线又在250日均线之下。这代表了长期下跌的巨大风险，提示中长期的投资者已经出局，股票已经失去上涨动力，促使中小投资者相继低价卖出手中的股票，所以这种均线形态预示着后市不容乐观。

在多头、空头排列之间，均线之间还会出现一种相互交叉的形态。

五、均线金叉、死叉

均线金叉是指天数多的均线转头向上，天数少的均线也转头向上并且穿越天数多的均线。如图1-30、图1-31分别是5日均线向上穿越了10日均线，60日均线向上穿越了120日均线。

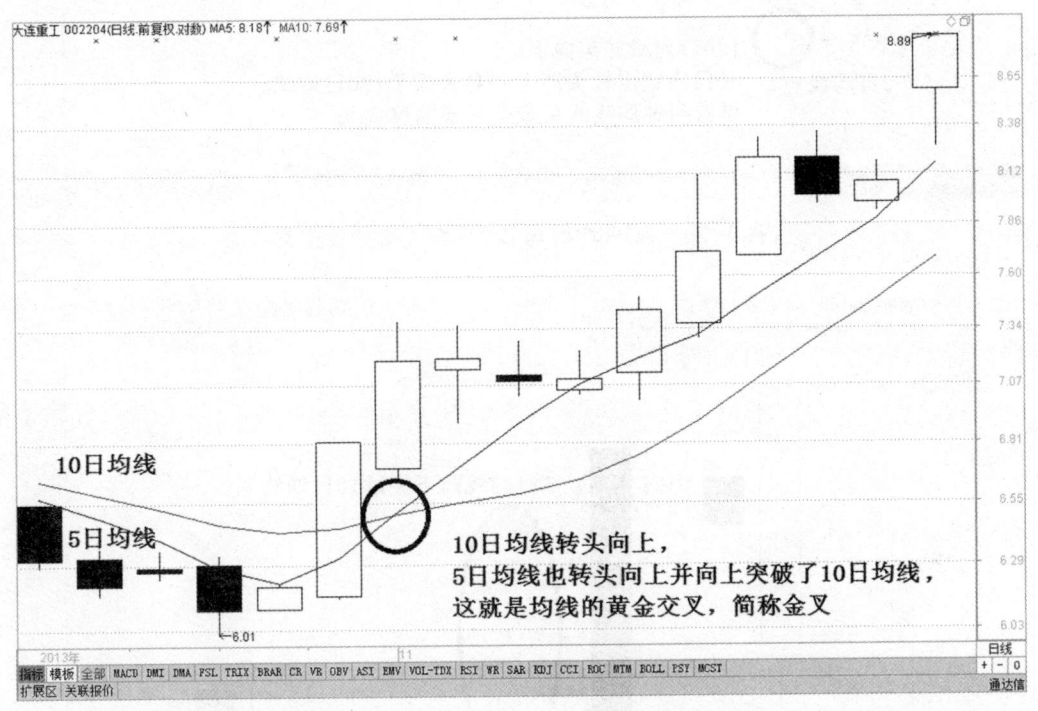

图1-30　5日均线与10日均线的黄金交叉

均线的金叉意味着成本的不断抬高。如5日均线向上穿越10日均线，则意味着最近5天的平均成本要比最近10天的平均成本高，显示出一波短期的购买浪潮已经开始，随之而来的是股价的持续上升。

未来如果确实走好的话，均线将具有很好的支撑作用。

图1-31 60日均线与120日均线的黄金交叉

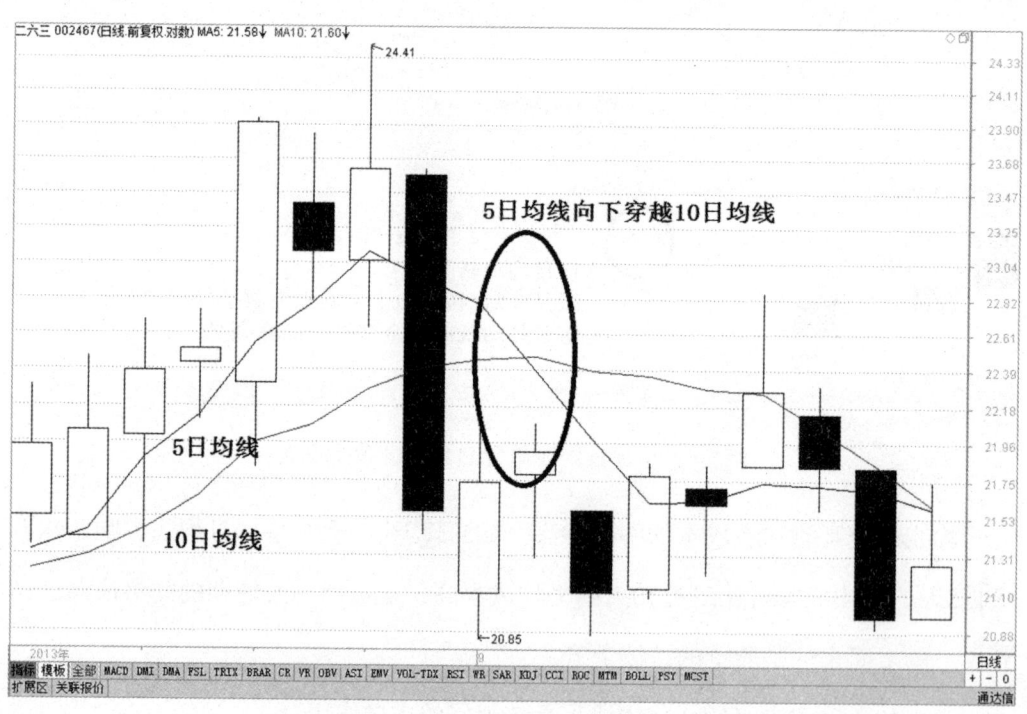

图1-32 5日均线与10日均线的死亡交叉

均线死叉是指天数多的均线转头向下，并且天数少的均线也向下跌穿了天数多的均线。如图1-32、图1-33分别是5日均线向下跌破了10日均线，60日均线向下跌破了120日均线。

图1-33　60日均线与120日均线的死亡交叉

均线的死叉预示着股票持有者纷纷卖出手中的股票，不惜赔本也要卖。如5日均线向下穿越10日均线，意味着最近5天的平均成本要比最近10天的平均成本低，显示出一波短期的抛售浪潮已经开始，随之而来的是股价的持续下跌。

如果未来行情确实走低的话，这条均线将具有很大的压制股价上升的作用。

六、均线银山谷、金山谷

股票下跌经过一段时间的整理后，短期均线由下往上穿过中期均线和长期均线，中期均线由下往上穿过长期均线，从而形成了一个尖头朝上的不规则三角形。尖头朝上的不规则三角形的出现，表明多方已积累了相当大的上攻能量，这是一个比较典型的买进信号，所以人们形象地称为"银山谷"。银山谷是股价见底信号，是激进型投资者的买进点。

出现银山谷之后，即经过前期一段时间上涨后，股价又回落下来，然后股价重新上涨，短期均线由下向上穿过中期和长期均线，中期均线由下向上穿过长期均线，再次形成一个尖头向上不规则的"三角形"，如果这个三角形所处的位置与银山谷的位置相近或高于银山谷，那么这个三角形叫"金山谷"。金山谷可作为稳健型投资者的买进点，并且金山谷和银山谷相隔时间越长，所处的位置越高，日后股价上升的潜力越大。

图1-34中的山谷形态是指5日均线分别向上穿越10日、20日均线，见图上点1和点2，随后10日均线也向上穿越了20日均线，见图上点3。点1、点2、点3所围成一个尖头向上不规则三角型形状，这个三角形状就被称为"山谷"形态。

股价在均线空头排列后，首次出现的均线山谷形态，又称为"银山谷"，如之后股价上涨一段后又下跌回调，然后出现一个相近或相对更高的"山谷"形态时，这时的山谷形态被称为"金山谷"。（如图1-35）

如图点1、点2、点3初次形成的山谷形态，称为"银山谷"。点4、点5、点6也形成了山谷形态，较之前点1、点2、点3的位置更高，代表更好的买入机会已经到来，所以凡是在银山谷之后再出现一个更高的山谷形态，就被称为"金山谷"，投资价值比银山谷更高，故以金银类比命名。

第一章 看懂均线

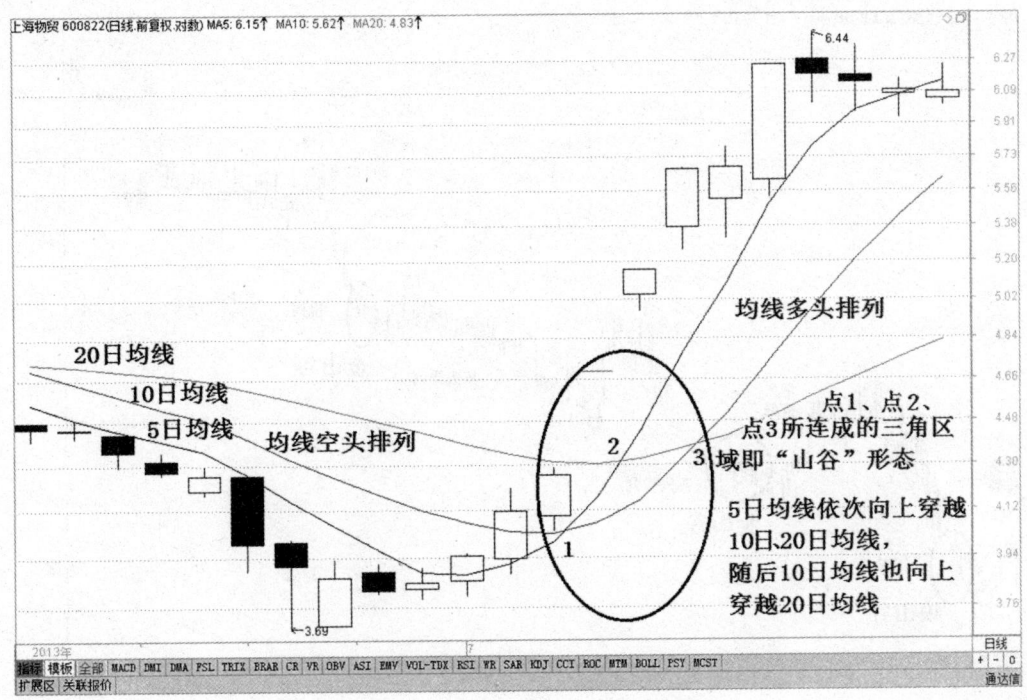

图1-34 均线的"银山谷"形态

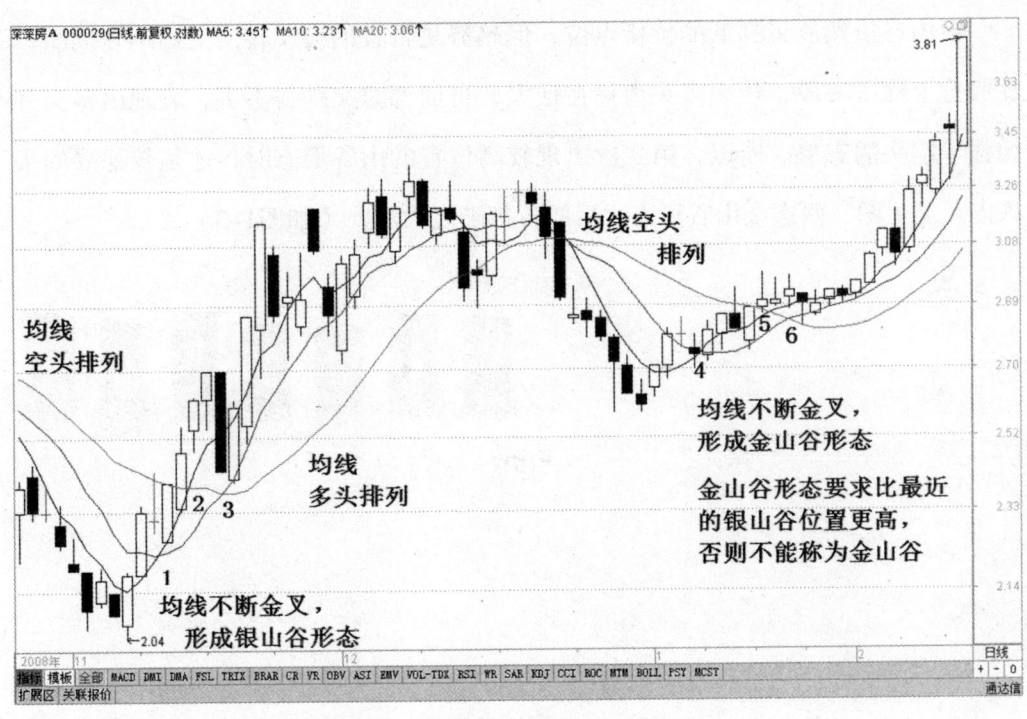

图1-35 均线的"金山谷"形态

图1-36 均线的"银山谷""金山谷"和"二次金山谷"形态

银山谷虽然能买到低的价格点位,但趋势是否真的会反转向上还不好判断,在股价上涨了一段,代表多头力量在加大,再回调时又跌得不多,表现出多头开始强于空头的态势。所以,第二次出现较高位置的山谷形态时,才是较稳妥的买入点。见上图,两次金山谷形态之后股价都随之大涨。(如图1-36)

七、均线粘合和发散

均线粘合形态多出现在价格上下浮动不大、横盘震荡持续时间较长的行情中。其代表行情窄幅震荡，未来是延续原有趋势还是反转趋势要视后续走势而定。（如图1-37）

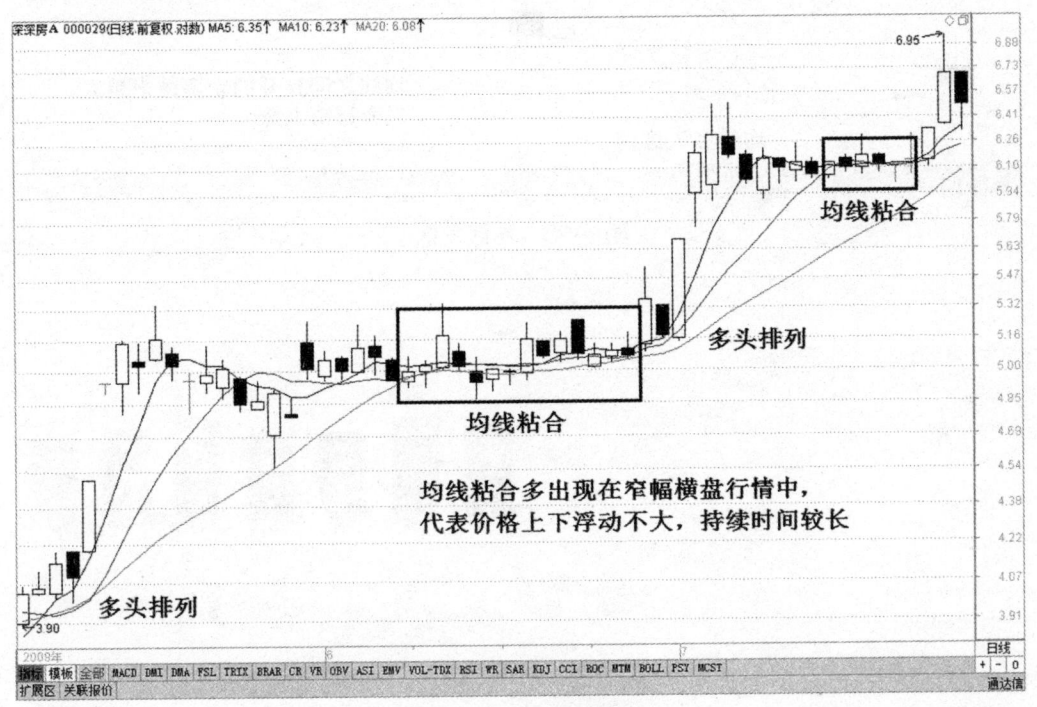

图1-37　均线粘合

均线的粘合是指各条均线间的间隔距离越来越小，而均线的发散是指各条均线间的间隔距离越来越大。（如图1-38）

均线粘合，行情越来越趋向于窄幅震荡，获利空间较小，持续时间较长。

均线发散，行情越来越趋向于单边市，如果是单边上涨行情的话，那未来获利的空间就大。但如果股价已处较高的位置，这种均线发散反而不利于投资者买入。

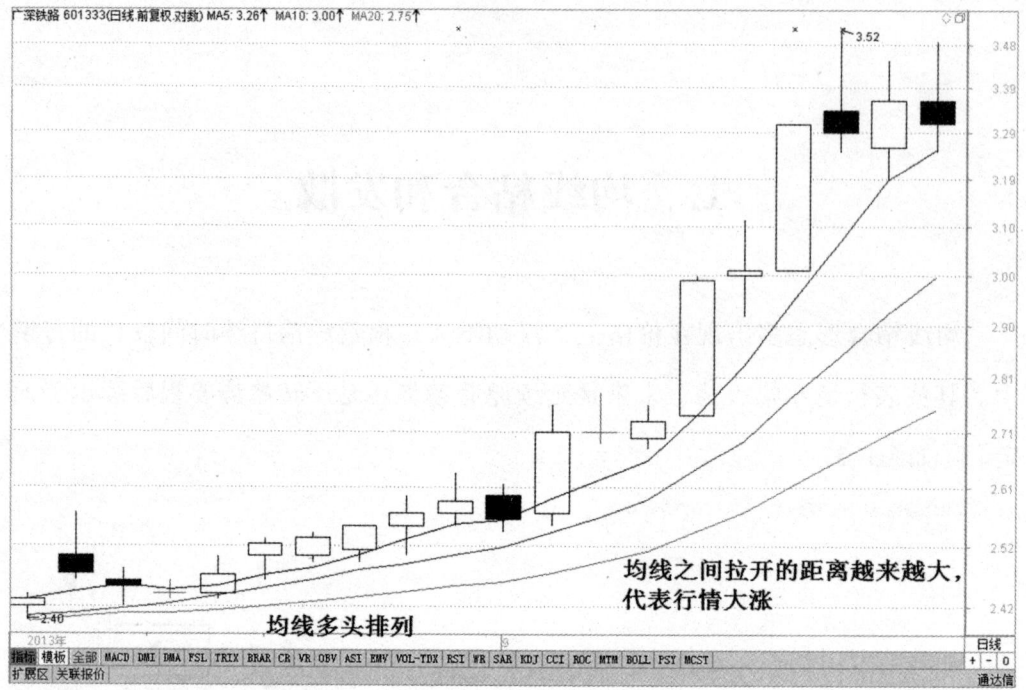

图1-38 均线发散

八、均线的上升与下降

均线大体向上，但幅度不大，这样的均线形态就称为慢速上升形态。慢速上升是指股价开始缓慢上升，但上升幅度不大，是较稳定的上升形态。

均线大幅向上，这样的均线形态称为快速上升形态。快速上升是指股价较之前的上升形态上升的幅度更大、更明显。（如图1-39）

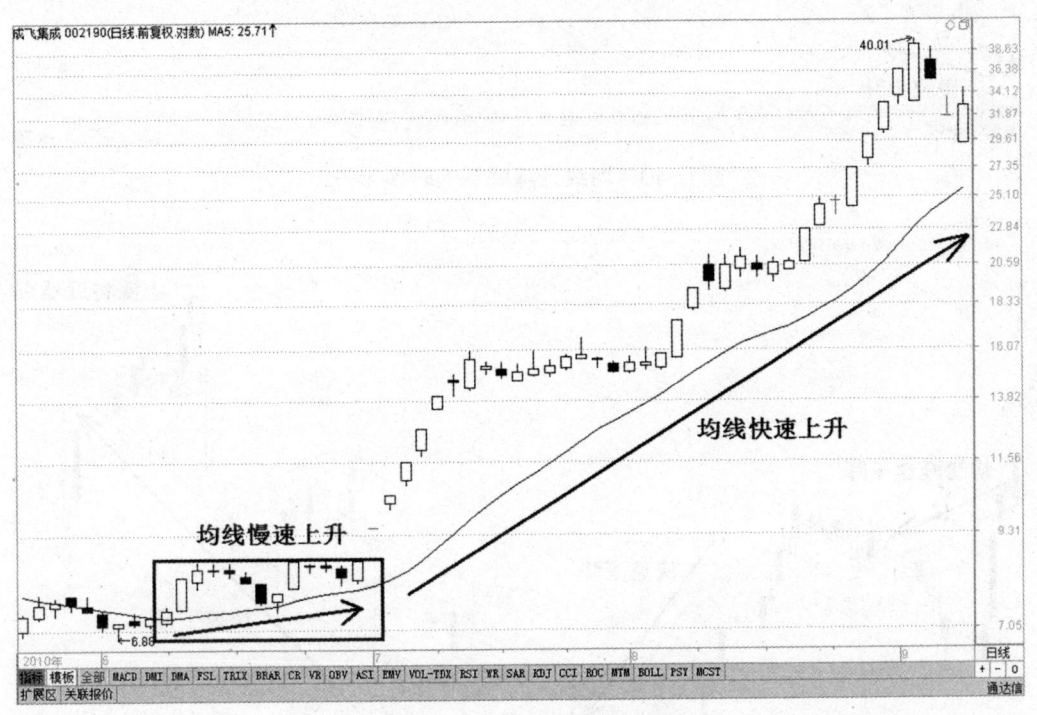

图1-39 均线上升幅度之缓急

不管是慢速上升还是快速上升，都同时含有多头排列、空头排列、金叉、死叉等均线形态。

一般来说，起涨阶段以均线慢速上升开始，以均线的快速上升结束为结尾。然后转为均线慢速下降和快速下降，才能开始新一轮的上涨。（如图1-40）

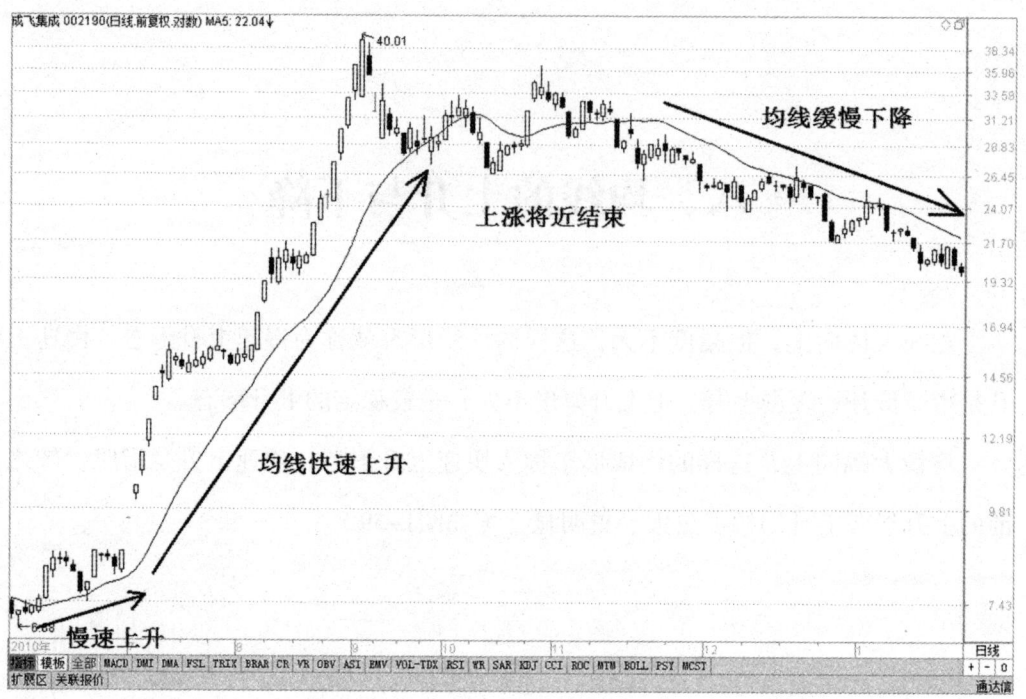

图1-40 均线升降缓急的转换（一）

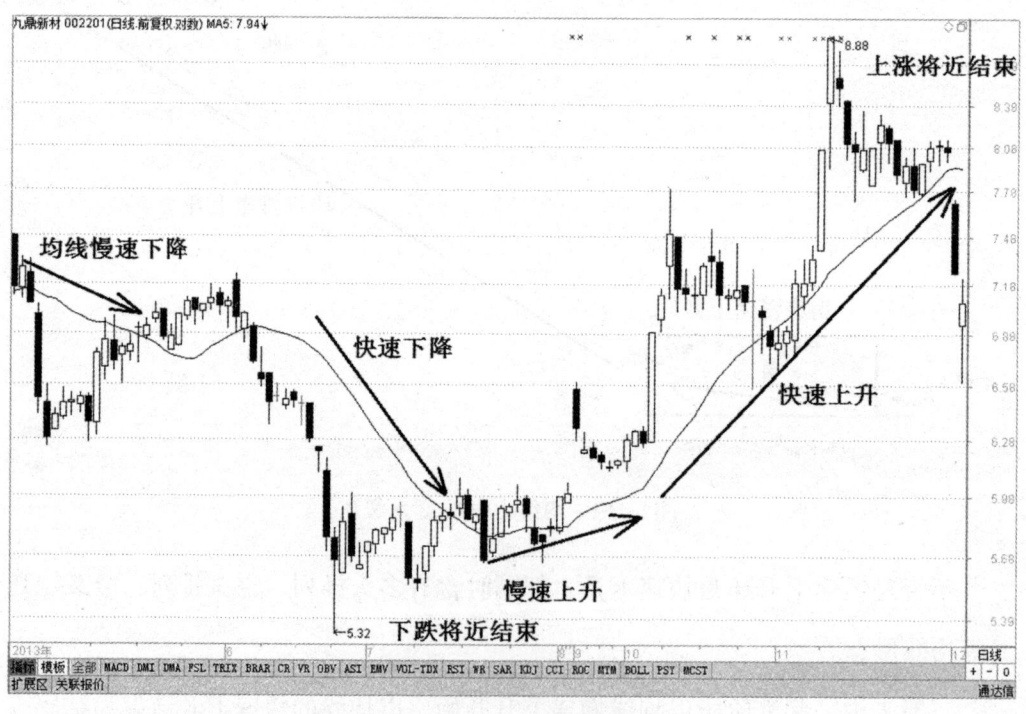

图1-41 均线升降缓急的转换（二）

始跌段是以均线慢速下降开始,以均线的快速下降结束为结尾。然后转为均线慢速上升和快速上升。(如图1-41)

快慢是相对的,再分高位和低位的话,就更复杂些:

高位出现均线慢速上升:这表示多头行情即将到头,不宜看多看涨,宜卖出手中的股票,持币为好。

高位出现均线快速上升:这表示多头行情即将到头,这波看上去很给力的大涨并不是很好的买入机会,而是带有风险的,所谓"飞得越高,跌得越惨"。

高位出现均线慢速下降:这预示着上涨乏力,多头力度减小,适合卖出,避免出现大的亏损。

高位出现均线快速下降:这显示大多数投资者纷纷亏本卖出手中的股票,也意味着卖出是唯一选择。

低位出现均线慢速上升:这表示趋势开始有反转向上的苗头,多头开始缓慢进场,但是否真的反转还要视后市走势方能确认,这只是个初步信号。

低位出现均线快速上升:这表示多头行情已经开始,适合买入操作。

低位出现均线慢速下降:这预示着空头力度在逐渐减小,适合持续关注,暂时不宜买入。

低位出现均线快速下降:这显示空头发力下砸,如果力度够大的话,这有可能是一次很好的进场买入的机会。但同时也蕴藏着较大的风险,所以还是等到均线出现上升时再做打算比较稳妥。

九、葛兰碧均线八大买卖原则

美国投资专家葛兰碧（也有的译作葛兰维、葛南维）所创造的八项法则可谓精典，历来的均线使用者无不视其为至宝，八大法则中的四条是用来研判买进时机，另外四条是研判卖出时机。总的来说，均线在股价之下，而且又呈上升趋势时是买进时机；反之，均线在股价线之上，又呈下降趋势时则是卖出时机。（如图1-42）

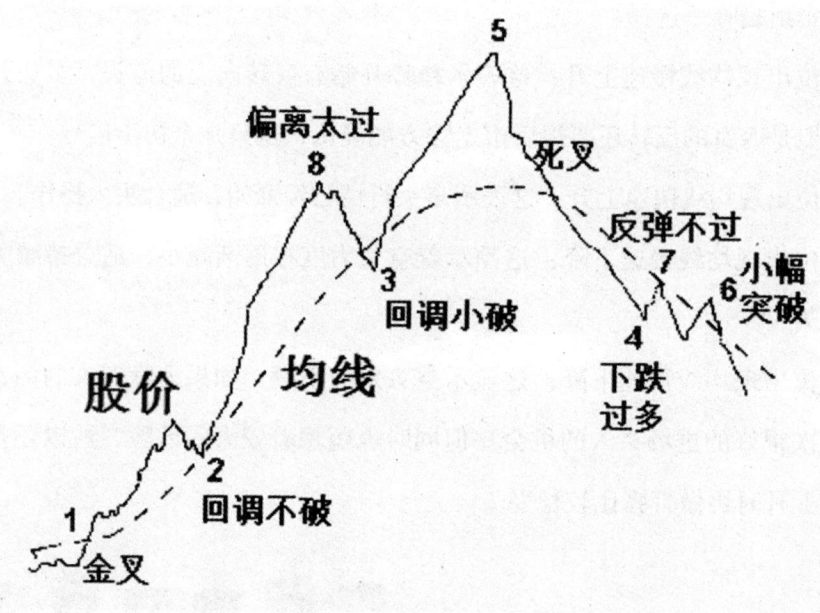

图1-42 葛兰碧均线八大买卖原则

1. 均线从下降逐渐转头向上，股价从均线下方向上突破形成金叉，为买进信号。

2. 股价在均线上运行，回调时未跌破均线，说明该均线形成十分可靠的支撑，其后股价又确实不再下跌而再度上涨时，是第二次买进时机。

3. 股价之前在均线上运行，回调时发生死叉跌破均线，但均线仍呈上升趋势，说明整体还有一段涨幅，此时为买进时机。

4. 股价在均线下运行，连续下跌，距离均线又较远，极可能会向均线靠拢，所谓物极必反，此时是买进时机，但不宜期望过高。

5. 股价在均线上运行，连日大涨，距离均线越来越远，极有可能会回靠均线，随时会产生获利回吐的卖压，是卖出时机。

6. 均线总体向下，股价又再次向下跌破均线时说明卖压再次加重，是卖出时机。

7. 股价在均线下运行，反弹时接近均线但未能成功向上突破，是卖出时机。

8. 股价连续大涨多日，与均线拉开越来越大的距离，是卖出信号，代表了随时可能出现获利回吐卖出浪潮。

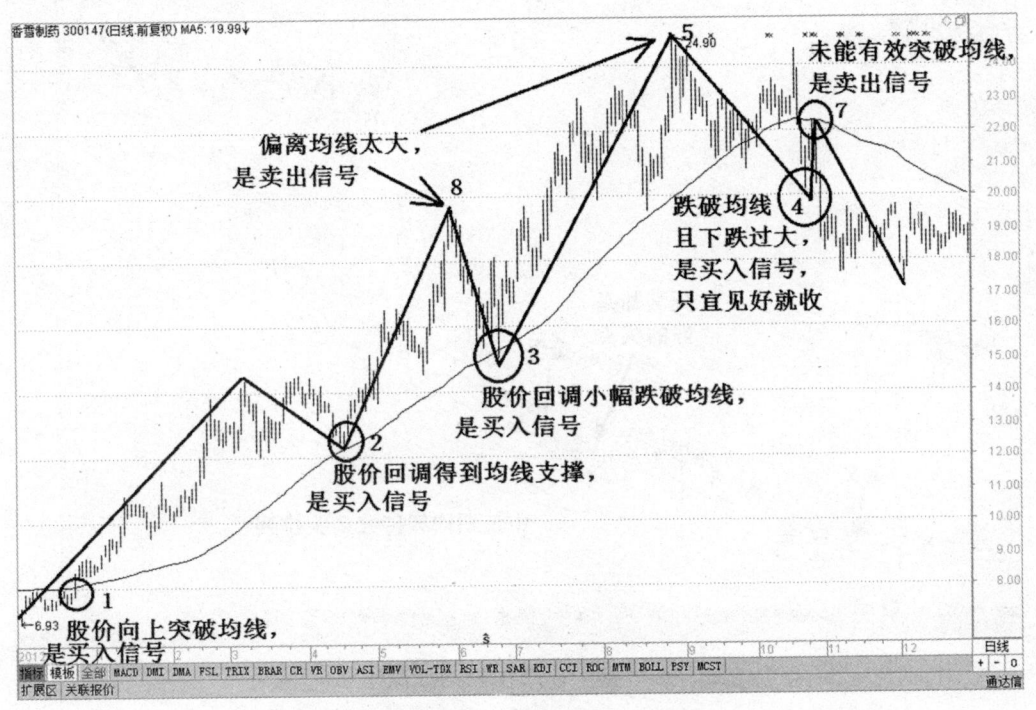

图1-43　葛兰碧八大法则在个股中的应用

在实际情况中，不是所有的八个买卖信号都会完整地呈现出来，它们可以几个或单独存在。图1-43中八个买卖原则除了原则6以外，全部都完整显示出来了。

十、牛市均线操作指南

所谓牛市是指股票市场中绝大多数的个股都在持续上涨。所能看到的是中长期均线总是向上的，较多地出现均线多头排列形态，只有短期均线在上下震荡，但短期均线的总体趋势也是向上的。

在牛市中，金叉买入的可靠性得到增强，得到均线支撑的买入信号也得到加强，甚至有时死叉也是很好的买入点。

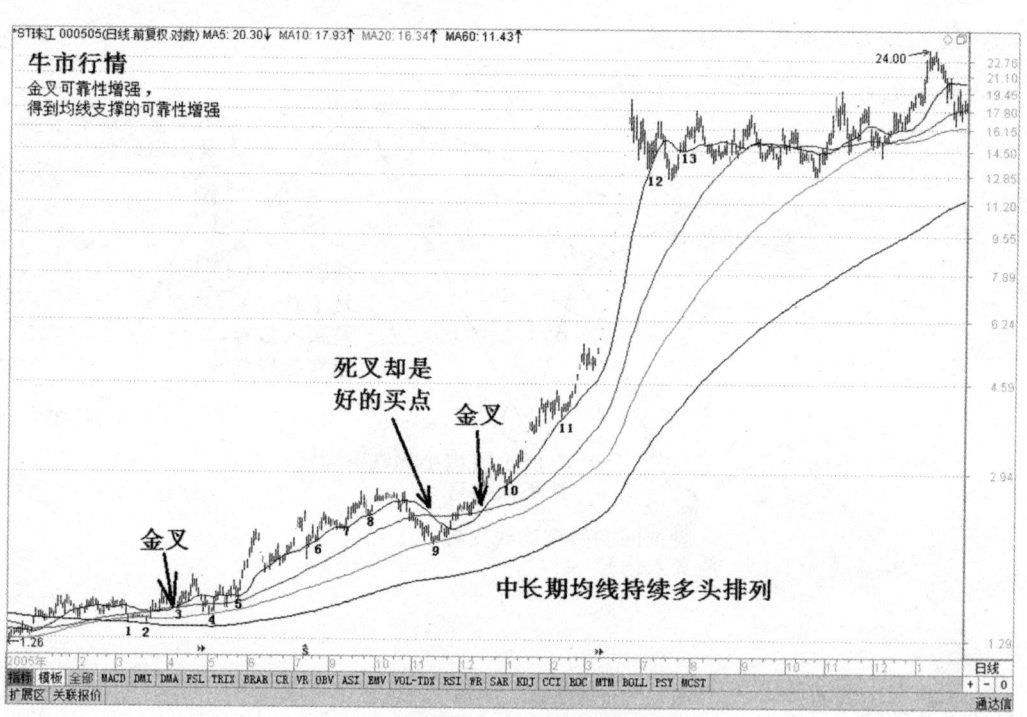

图1-44 牛市中的均线操作

图1-44是某个股的牛市行情走势图，用数字标识的是股价得到均线支撑的位置，在牛市中，得到均线支撑而上涨的概率在增加，但位置要注意，未大涨前得到均线支撑的可靠性相对大涨后得到均线支撑的可靠性要高，在高位得到均线支

撑只适合短线操作,见好就收。

　　金叉也同理,股价低位金叉要优于高位金叉,因为在高位金叉时说明行情已经上升了一段时间和空间,未来的行情时间和空间相对缩短。

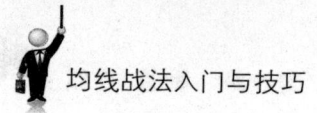

十一、震荡市均线操作指南

所谓震荡市是指行情不大涨也不大跌，基本走平的一种行情，或上下波动幅度非常大的行情走势。这时的均线波动会较滞后，较为适合反向利用均线的金叉、死叉。

在震荡市中，金叉买入的可靠性减弱，死叉买入的可靠性反而增强。

图1-45 震荡市中的均线操作

图1-45是某个股的震荡行情走势，由于均线滞后和来回震荡的原因，均线大都来不及反映行情的变动，所以金叉未必是买入信号，同样死叉也未必是卖出信号。

有趣的是，在这个阶段死叉反而是较好的买入信号，金叉是较好的卖出信号。

十二、熊市均线操作指南

所谓熊市是指在股票市场中绝大多数的个股都在持续下跌。所能看到的是中长期均线总是向下的，较多地出现均线空头排列形态，大都是短期均线在上下震荡，但总体趋势还是向下。

在熊市中，金叉买入的可靠性降低，受到均线压制可靠性也得到加强，极不适合做多，只宜卖出观望。

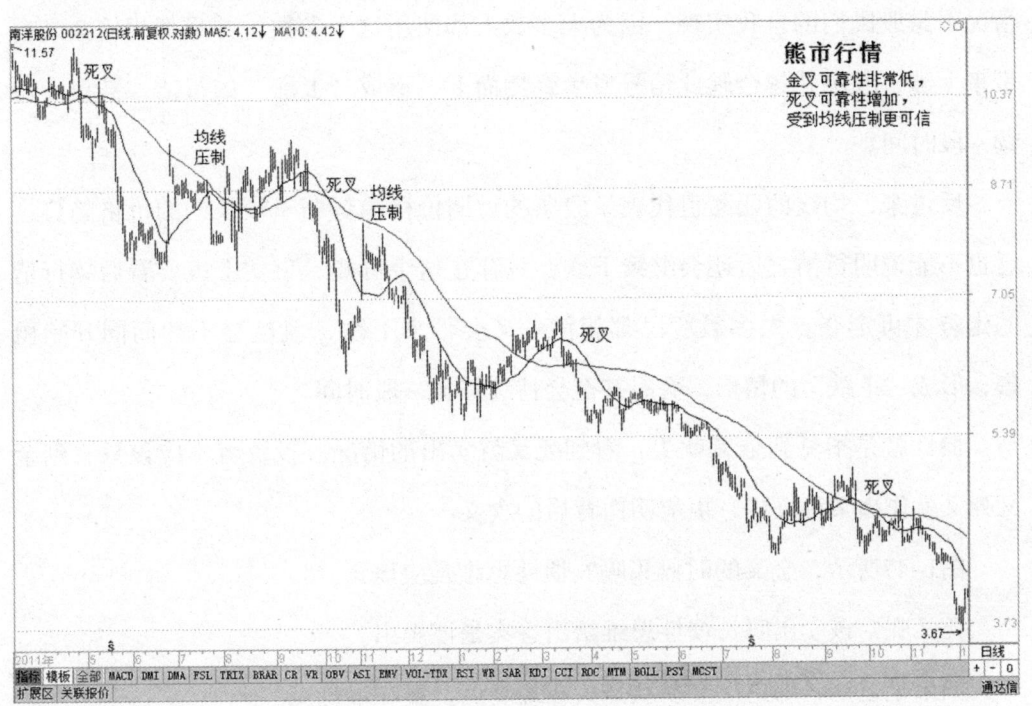

图1-46 熊市中的均线操作

图1-46是某个股的熊市走势，对于看涨买入的投资者来说，熊市是不适合入场交易的。熊市中金叉很少出现，即使出现可靠性也不高，很难从中获利。总的来说就是一个大多数人都不看好后市而纷纷亏本卖出手中所持股票的行情。

十三、跳出惯性思维

在经典均线买卖法则中，金叉总是行情看涨的信号，而死叉总是行情下跌的信号，但在股市中任何事都没有绝对的。

均线金叉意味着一段时间内，股票的短期价格趋势强于较长期的价格趋势。但这不能说明行情之后还会继续上涨。只能说明有这个可能性，但事实上还要看后续行情的走势才可定夺。通常常用的均线参数之所以在金叉后出现疯涨，很多情况下是股民们的自我实现。因为大多数人都使用这个参数，并且都相信金叉会带来上涨，股民就越会趁此信号发生蜂拥而上，形成"上涨"的行情，甚至会持续一段时间。

反过来，均线的死叉也代表了股票的短期价格趋势弱于较长期的价格趋势。这也不能说明行情之后还会继续下跌，只存在这个可能，事实上也要看后续行情的走势才可定夺。大多数股民都相信死叉会带来下跌，就越会不约而同开始抛售，形成"下跌"的情形，有时甚至会持续好长一段时间。

惯性就是指见到金叉就买，看到死叉就卖出的情况。投资者不应该只看到金叉死叉就作出某种反应，更应明白背后的含义。

图1-47所示，金叉的时候买吗？惯性思维是应该买。

死叉呢？该卖出吗？惯性思维给出答案是该卖出。

如果是这样，那这次交易就是买在最高点，卖在最低点。

如图1-48，同样是这只股票，左边死叉的时候敢买吗？惯性思维是不应买。

右边的金叉呢？该买入吗？惯性思维给出答案是该买入。

但如果是这样的话，那就错过了捡便宜价的机会。而且如果真是在右边金叉时买入，就会被高处套牢。

第一章 看懂均线

图1-47 跳出经典

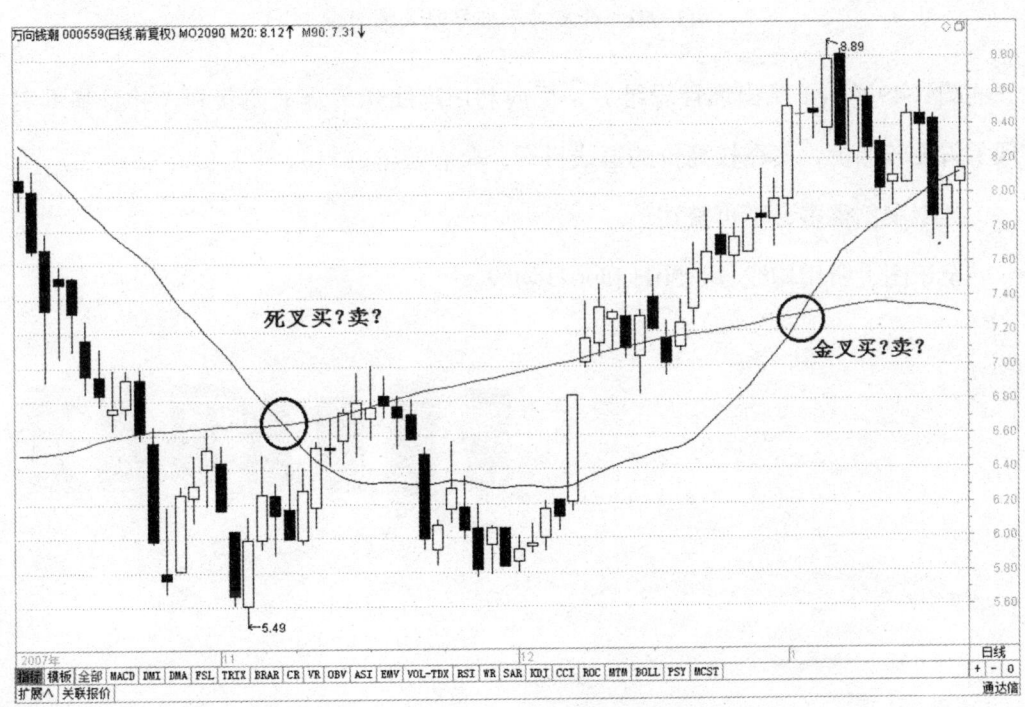

图1-48 逆向思维

如果我们在左边的死叉买入呢？

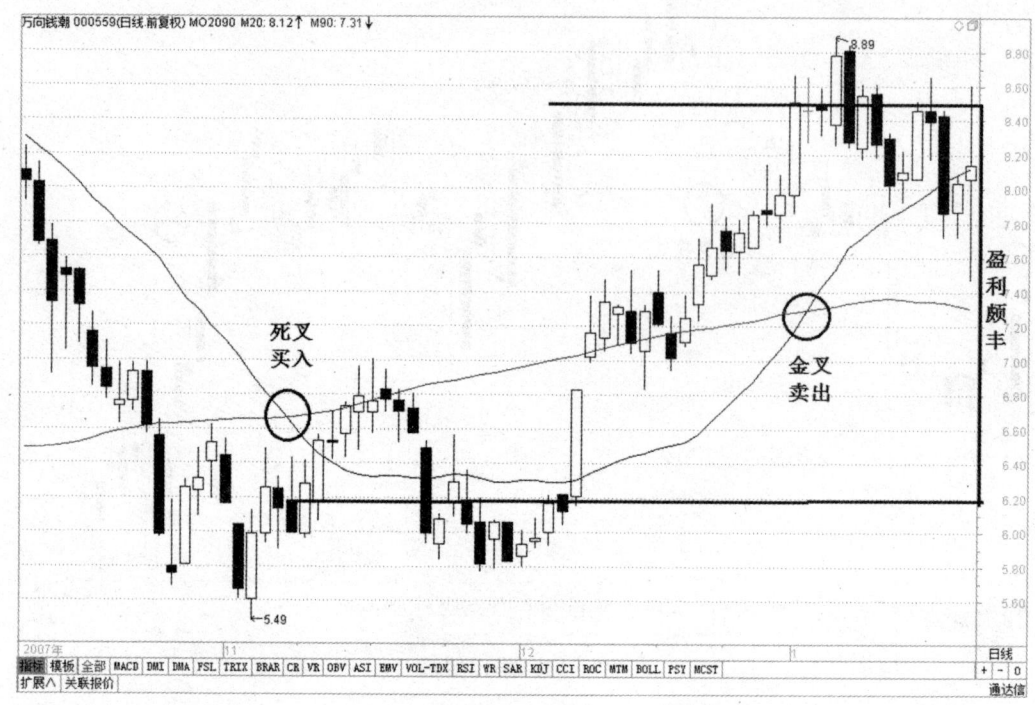

图1-49　死叉并不都是吃人的老虎

图1-49展示了跳出惯性思维后，反向利用均线死叉金叉而获利。并且基本实现了买在较低价，卖在较高价的短线目标，获利颇丰。

类似案例很多，不再赘述。

至于图上所用均线各是20日和90日均线。

十四、均线参数的选择

本书所教授给读者的是两条均线的交易系统。均线的参数选择很重要。一般来说，5日均线、10日均线最为常用，也多是各大股票软件默认的均线参数，很容易影响广大股民。有不少股民一看到5日均线上穿10日均线就买入，下穿就卖出。很容易被人利用，从而能产生蝴蝶效应。

为什么我会选择20日、90日两条均线作为这个交易系统的最终参数呢？

这是因为20日均线差不多代表1个月的时间，代表中小投资者的行为轨迹。

而90日均线约是一个季度的时间，代表更大级别的机构或大户的行为。

通过观察这两条均线的交叉，很容易看出行情的发展变化。

图1-50　20日均线

图1-50是某个股的走势及20日均线走势,可以看出,均线与行情的走势很贴近,很符合中短线的中小投资者所向往的追求目标,所以我认为20日均线基本类似于中小投资者的心理趋势。

下面再来看看90日均线走出什么样来。

图1-51　90日均线

图1-51中的90日均线很平滑,基本不受行情波动的影响,说明它更接近于机构的行为轨迹。因为一般的投资者不会这么淡定地持有股票,而更多的是受一时的涨跌而买卖股票。

十五、为什么用开盘价计算均线

为什么用开盘价来计算均线呢？而不是用传统的收盘价。

这是因为收盘价到了收盘时才可确定，盘中任何价位都有可能导致均线的交叉，但如果尾盘收盘价由于价格变化又有可能使得盘中出现的均线交叉信号消失。

出于收盘价的不确定性，我认为使用开盘价会更有利于判势。因为如此可在一开盘就做好所有预判，而不必等到收盘前的后几分钟。

除了这些特点外，我们还可以将同样的参数的收盘价均线和开盘价均线作个对比，只要收盘价均线高于开盘价均线，就是牛市；反之，就是熊市。

图1-52　开盘价均线与收盘价均线的对比

图1-52左边显示开盘价均线高于收盘价均线,说明行情属于熊市。直到开盘价均线被收盘价均线金叉后,转为牛市开始。在整个上升行情中,粗线始终高于细线,说明牛市中总是收盘高于开盘价。直到高位下跌,并且粗线也向下跌破了细线后,发生"牛转熊"而转为下跌的熊市。

图1-53　格两类不同价格的均线有着深刻内涵

可见开盘价均线和收盘价均线之间的关系也可以用作行情的辅助判断。甚至可以用两条均线的差来衡量所处趋势的"初、中、末"各种阶段,正如图1-53所示。

一般来说,开盘和收盘两条均线的差值越大,说明所处行情正处在中期即最鼎盛的阶段。而到了末期就要警惕反转的发生。

而之所以最终使用开盘价均线,主要是因为它能在开盘时就可以给出一个标准,而不是随着行情不断变化的最高价、最低价、收盘价。这三种价格都只能在尾盘才能确定。

第二章

均线正向操作法则

一、黄金交叉——买入

黄金交叉简称金叉，是指短期均线向上穿越长期均线的情况，通常这是较好的买入信号。从图2-1我们可以看到，金叉之前行情已经从下跌趋势转换为上升趋势，随着时间的延长，短期均线也将随着已形成的上升趋势而改变运行的方向，直至向上突破长期均线，最终形成"黄金交叉"形态。（如图2-1）

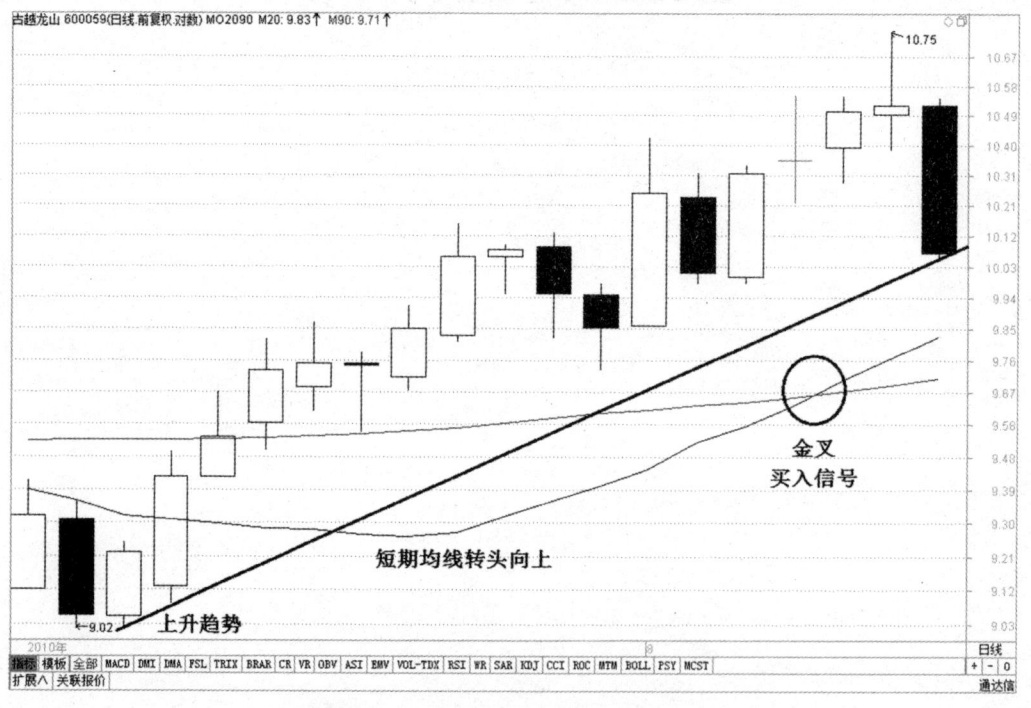

图2-1　正向操作法则　黄金交叉

金叉是趋势反转后一段时间内必然会发生的，因为均线始终滞后于趋势，所以均线也被称为"移动的趋势线"。

传统教科书都倡导投资者在金叉时买入，这是因为行情已从下跌趋势转为上升趋势，并且已持续上涨了一段时间，随后发生金叉就代表了趋势已经确认反

第二章 均线正向操作法则

转,并且已经通过了时间的验证,确实进入上升趋势中,后续继续上涨的概率增加。(如图2-2)

图2-2 金叉后的后续走势

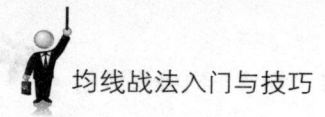

二、死亡交叉——卖出

与金叉相反，死叉即死亡交叉，它通常出现于上升趋势反转为下降趋势后一段时间内。

原来的上升趋势已到末期，随后行情开始形成下跌趋势，导致短期均线掉头向下，直至跌破较长期的均线，从而形成"死亡交叉"。（如图2-3）

图2-3 正向操作法则 死亡交叉

死叉代表经过趋势的反转和一段时间的确认后开始下跌趋势的一种信号。所以死叉通常被认为是一种卖出信号。（如图2-4）

不管是金叉还是死叉，大都出现于趋势反转后，都有一定滞后性，但它们所发出的信号确有可信之处。

第二章 均线正向操作法则

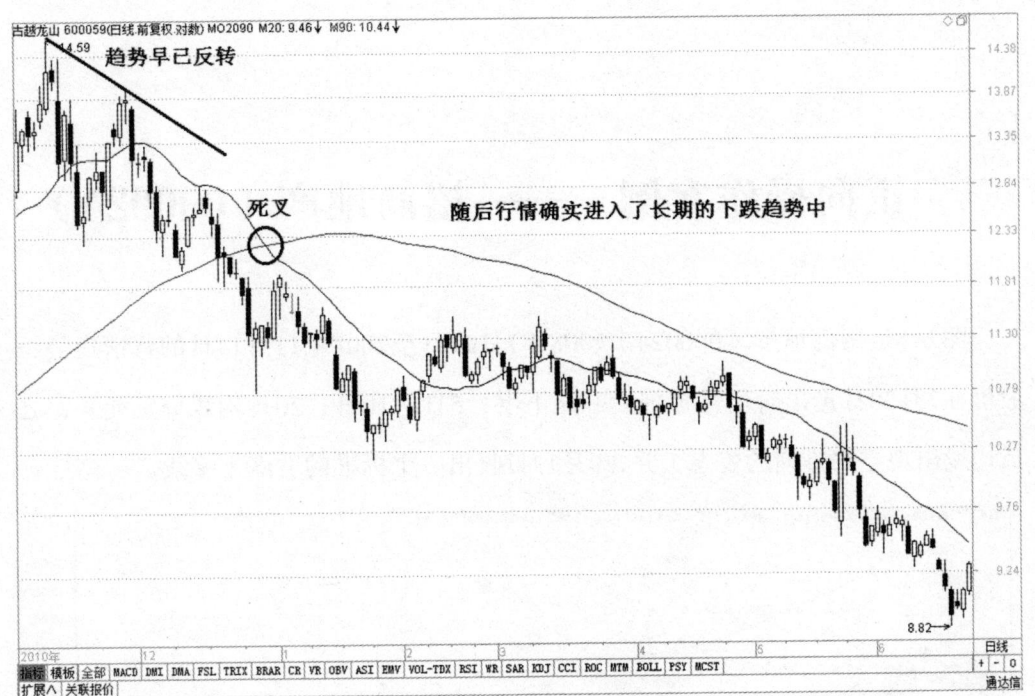

图2-4 死叉后的后续走势

下面我们就用几个案例来说明正向操作的方法和技巧。

三、正向操作案例一——招商地产（000024）

图2-5是招商地产（000024）2008年7月21日至2008年11月14日的行情走势，股价在7月28日走出阶段性顶部后一路下滑，5日、10日、20日均线分别死叉，之后均线出现空头排列的姿态，并在9月12日收出一个标准的看涨十字线。

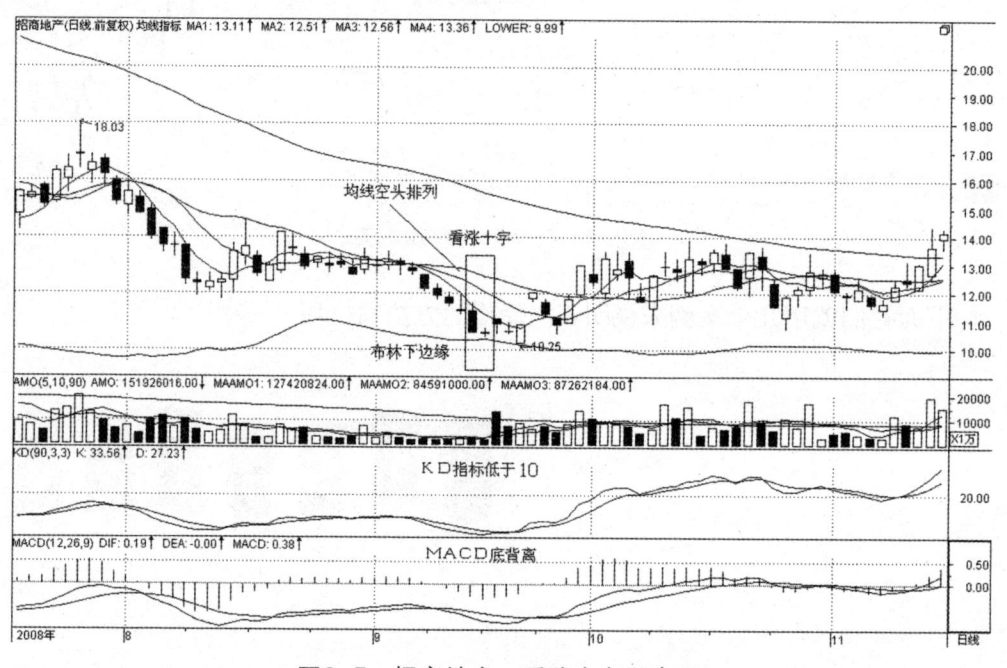

图2-5　招商地产　看涨十字星出现

传统观点：这是一个经典的看涨十字形态，有着明显的下降趋势，近7个交易日连续收阴线并且下跌幅度高达20％，今日收出十字线，上下影线都不长，它预示行情可能因此酝酿着反转行情，下跌可能将告一段落。

K线图分析：9月12日盘中跌破前日低点时有明显放量，创出更低的低点并收于阴线，盘中虽有创出新低但收盘低于前日低点，所以该日属于"带量突破成功型创新低阴线"，预示了下跌趋势还将继续，恐慌情绪仍在延续，并且还能延续

一段时间，直到那些急于卖出的投资者清醒过来时，才接近股价底部转折区域。这类创新低阴线通常显示卖方的力量更强于买方，持有该股股票的投资者没有信心也没有时间再继续持有这个已经给他们自己带来亏损的股票，所以后市很可能还将延续下跌趋势，直到下跌趋势被有效突破。

将此分析结果与传统观点对比可以得出初步结论，今日的看涨十字线很有可能反转目前的下降趋势，但稳健投资者还需要等待一点时间。

综合分析：判断股票的价格走势，主要以单只关键蜡烛图分析为主，搭配传统蜡烛图形态套路分析，再辅助其他技术指标进行综合分析。

看涨十字线，在使用时我们要对照4个附加条件来作出评价：

1．看涨十字线要处于5日、10日、20日均线之下，而且这三条均线处于空头排列中。

评：符合！

2．看涨十字线在90日布林线下边缘附近。

评：符合！

3．看涨十字线出现时，参数90、3、3的KD指标两线都要低于20。

评：实际情况是低于4，符合！

4．看涨十字线出现时，MACD"底背离"或"金叉"或"绿柱较前日缩短"。

评：暂不符合！

最后的评估结果是4条中符合3条，我们将今日的十字线称为"银十字"，寓意价值很高的意思。加上传统和关键蜡烛图的结果，今日报收的十字线反转意义很大，激进的投资者可能已经追进。但作为稳健投资者，最好以今日这只十字线的收盘价和收盘价的 0.95 倍作为将来买入的价格参考，一旦股价回调到这个区域，并且空方的量能被释放。

表现为：

1．在机会出现之前有一天或者数天的成交额突破了90天平均成交额。

2．如果十字线出现前20个交易日内90天平均成交额曾被突破过则可以忽略第1条。

那么我们就可以按计划操作了。这只看涨十字星的收盘价是6.41元，那么它的0.95倍是6.09元，我们就以6.09～6.41元作为进场的成本区间价，一旦后续行情进入这个区间就可以买入进场了。

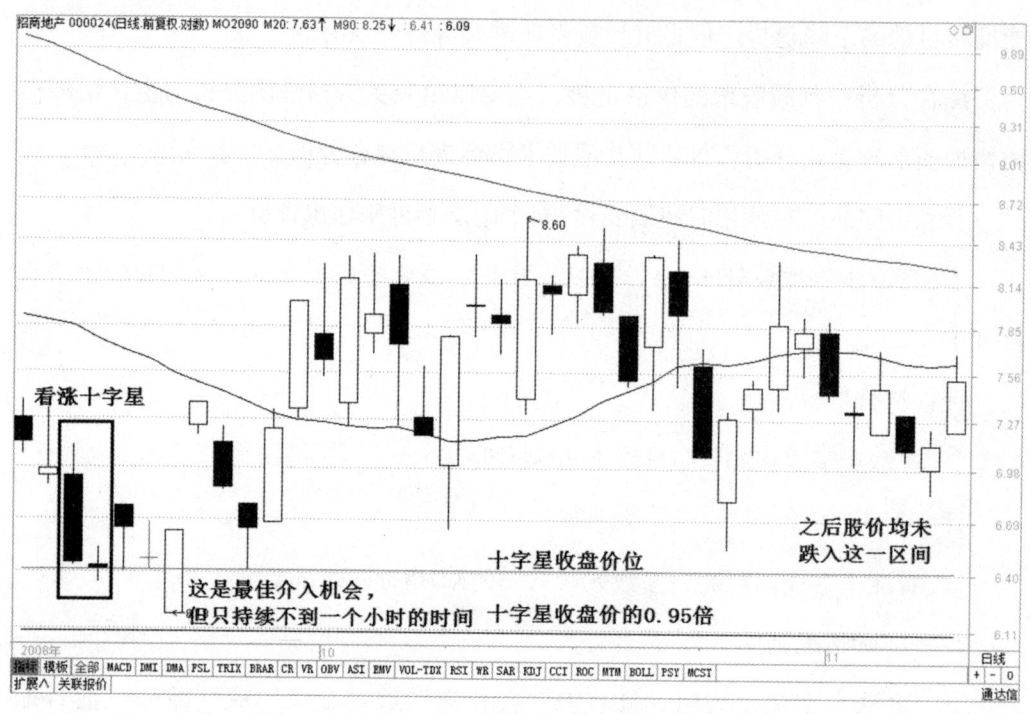

图2-6　招商地产　看涨十字星推荐的买入区间

当然这是比较好的进场机会，但是有时机会转瞬即逝，该股在随后的第三个交易日出现了买入机会，但持续时间不足一小时，很快行情就拉开了这一区间。在之后很长一段时间内均未有买入机会。（如图2-6）

这时我们就要寻找其他交易信号，如均线的金叉信号来介入这只股票。只要出现均线金叉，就可以分批进场。

2008年年底，行情向上突破长期均线的压制达6个交易日之久，足见该均线已失去压制作用，也显示出行情有反转之势。均线方面，短期均线有向上与长期均线靠拢之势，很有可能形成均线的黄金交叉（如图2-7），很适合作为买入该股票的适当理由，但仍不能一口气全仓介入，应分批建仓较为妥当。

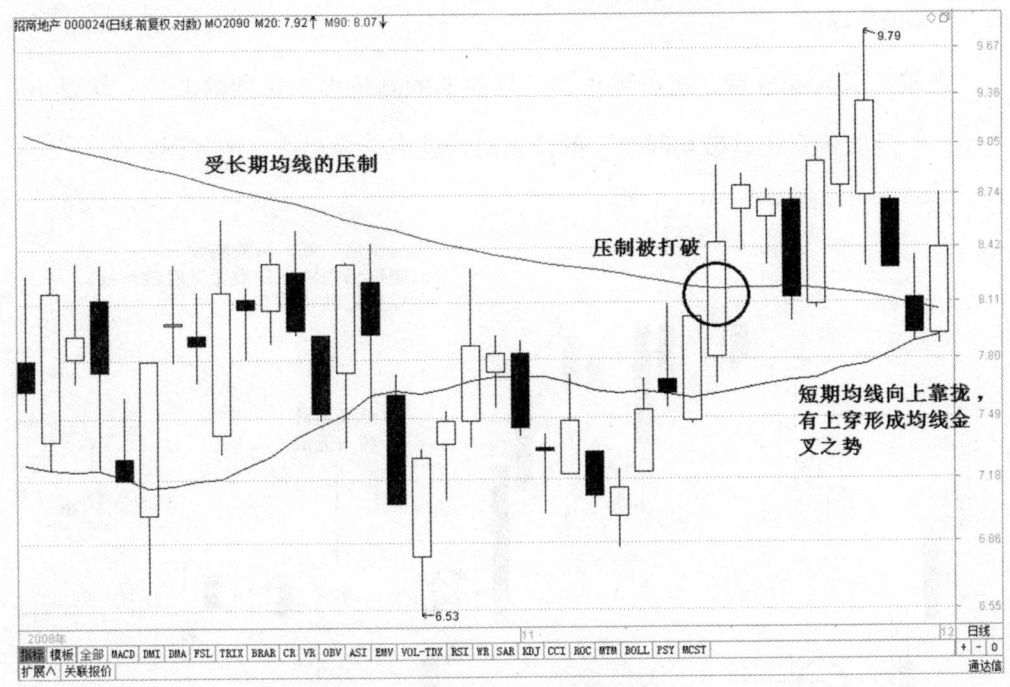

图2-7　招商地产　即将形成金叉

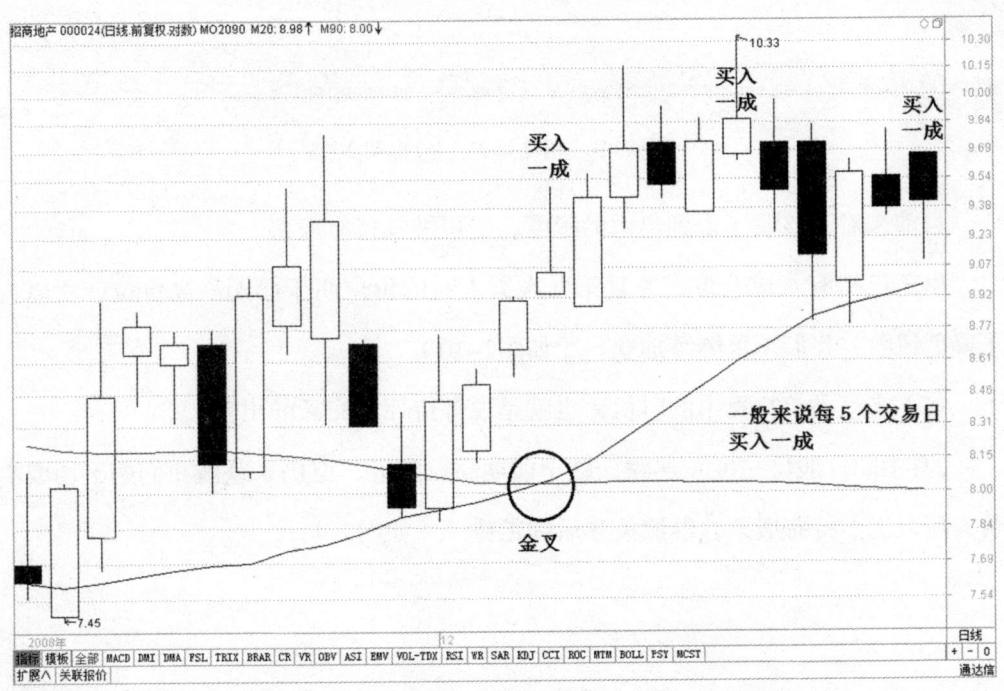

图2-8　招商地产　黄金交叉　买入开始

未来的走势很不确定，所以仍需坚持每5个交易日买入一成的办法，减少风险。（如图2-8）

在累计买入五成后，进行评估，一旦前期的高价多于后期的低价，就要小心谨慎，一旦股价真正跌破均线金叉的位置时，就应全仓出逃。（如图2-9）

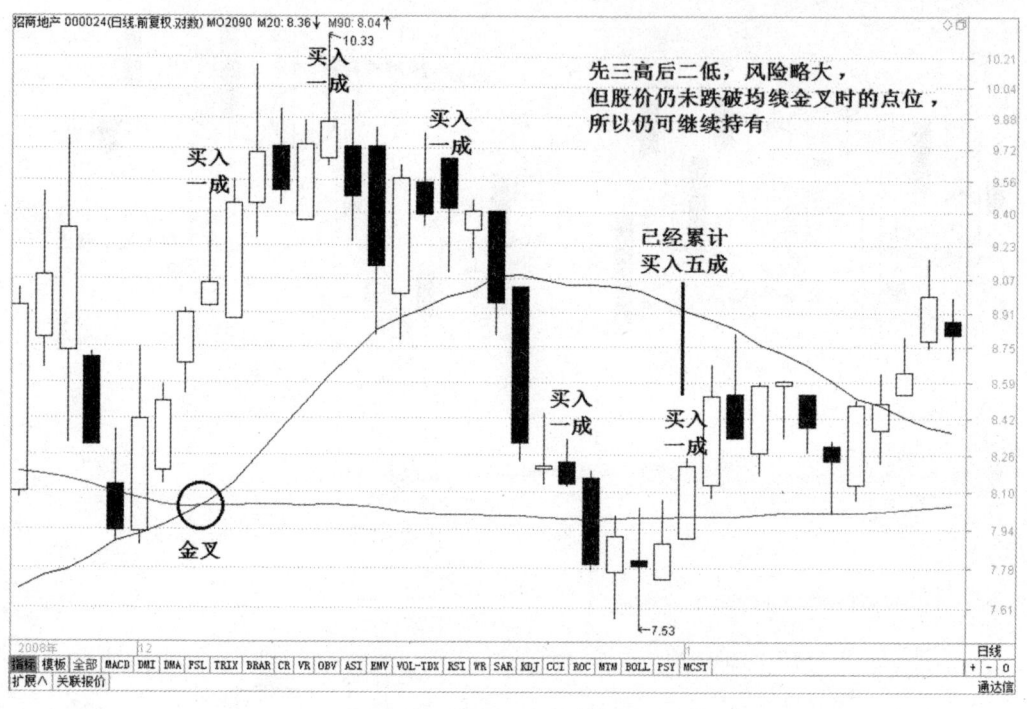

图2-9　招商地产　分批买入

目前来看，该股还未到出逃的程度，仍可继续持有股票。

由于已持有八成仓位，并且第九次买入时的价位高于前期三高价位，所以为了降低风险，我们不再继续加仓。（如图2-10）

接下来就是等待卖出的时机，也就是说等待死亡交叉的出现。

2月中旬，股价一度三连跌，跌至前期高点附近，但仍未跌破我们的平均成本价，所以仍然持有股票，继续关注后续走势。（如图2-11）

第二章 均线正向操作法则

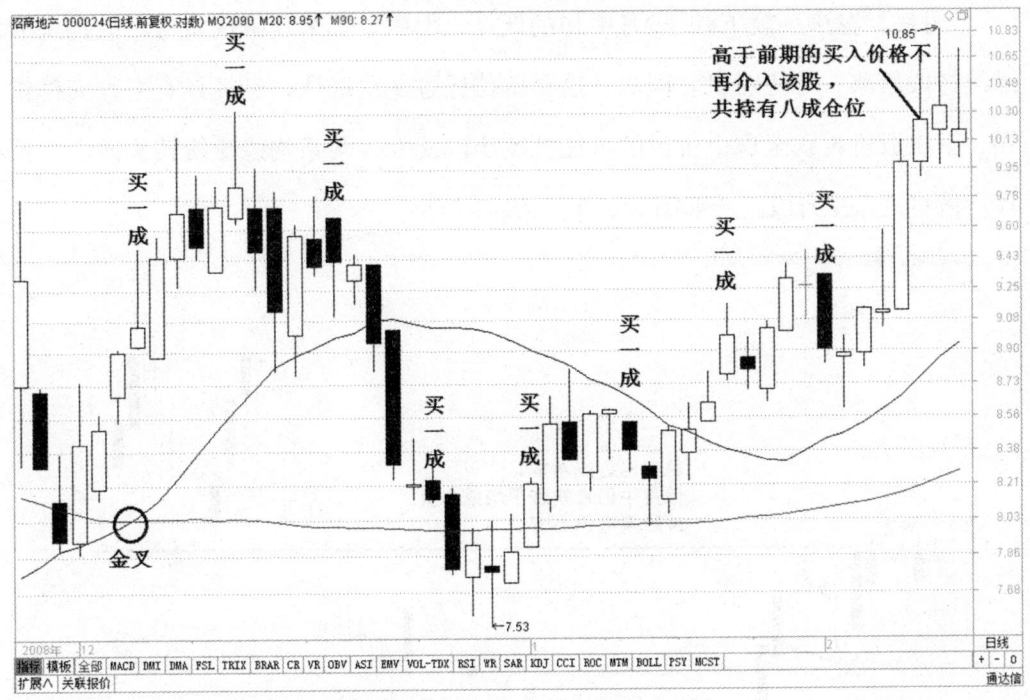

图2-10 招商地产 买入全程

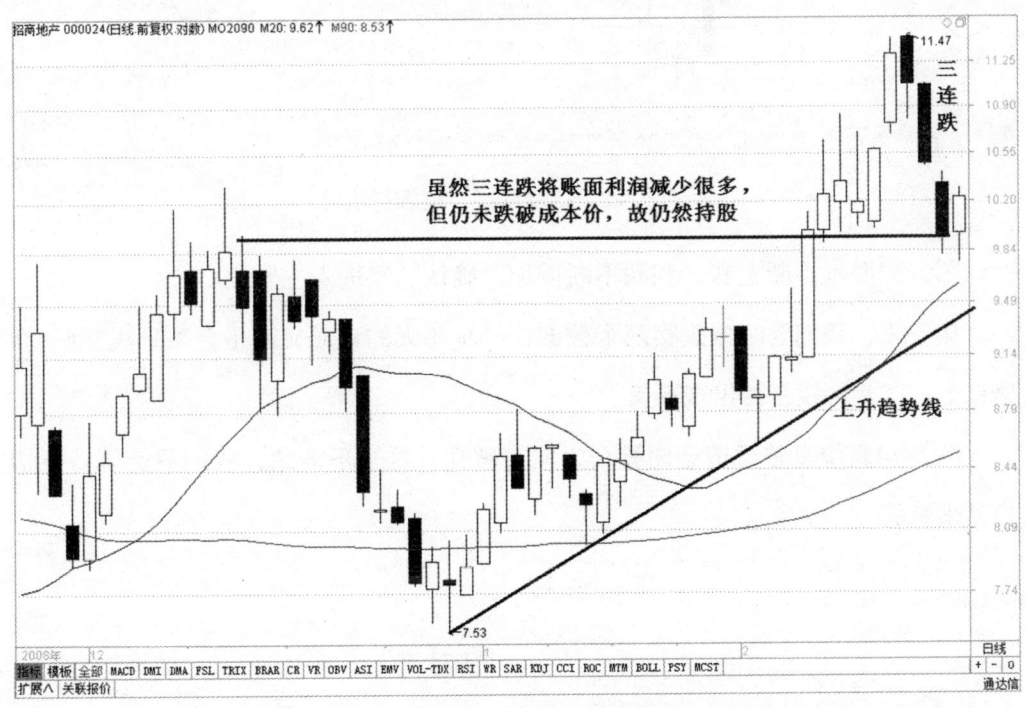

图2-11 招商地产 未跌破成本价，继续持股

2月底，盘中一度下跌至2月中旬的低点，但由于仍未跌破成本价，故仍采取继续持股策略，等待时机。同时，这个价位经过2次确认，已经具有某种支撑作用，下次股价再跌至这个价位的可能性变小。此外，两条均线纷纷转头向上，预计行情将进入主升段。（如图2-12）

图2-12　招商地产　继续持股

图2-13股价不断上涨，利润不断增加，确认已经进入主升段。

接下来，我们要时刻观察两个数据：一是每天的日成交额是金叉日成交额的4倍以上；二是均线是否出现死叉。

图2-14高位盘整行情会向哪个方向突破呢？这个不清楚，我们只能等待行情自己来解答。

第二章 均线正向操作法则

图2-13 招商地产 进入主升段

图2-14 招商地产 高位盘整

图2-15　招商地产　高位盘整后股价继续向上突破

在图2-15中，个股招商地产高位盘整最终带来了向上突破，但量能不足，恐怕后劲不够，涨上去也有可能，但已显示出多方力疲之象了。

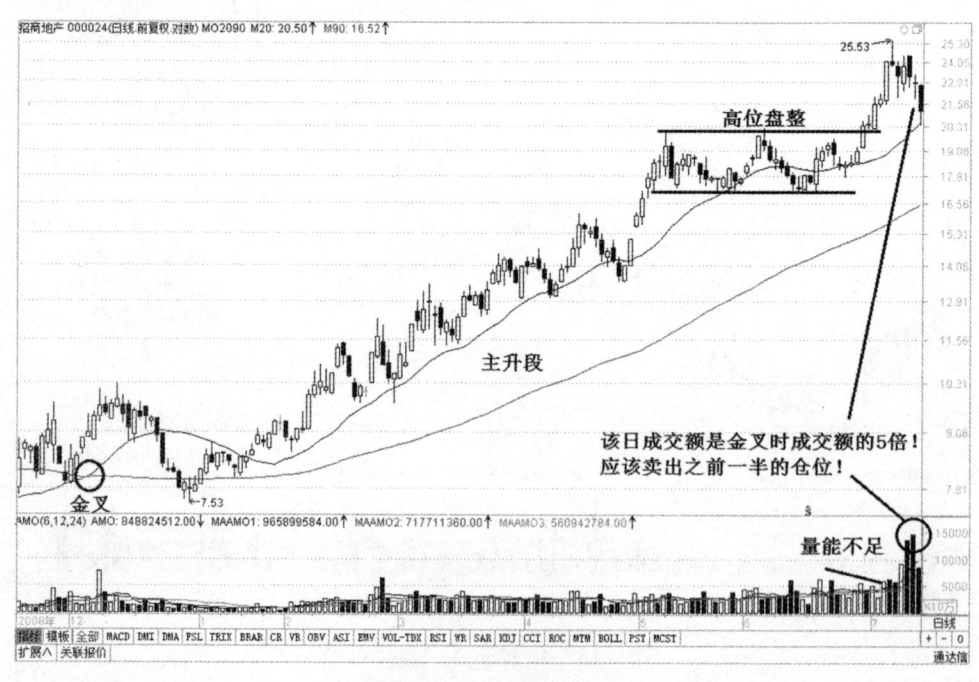

图2-16　招商地产　估算风险，采取行动

根据日成交额是金叉当日成交额的将近5倍,我们就可以先卖出之前的一半仓位,那么剩下的一半仓位再分两份,一份在均线死叉时卖出,另一份在股价跌破长期均线时卖出。(如图2-16)

图2-17　招商地产　分批卖出

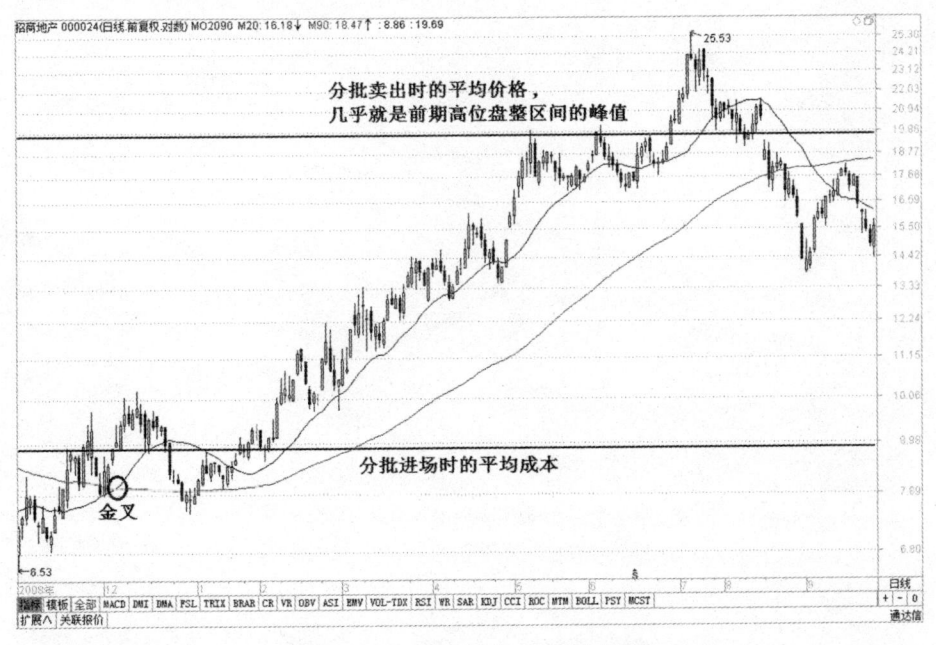

图2-18　招商地产　交易全程

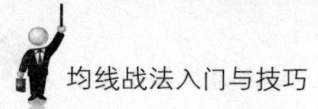

当我们错过了蜡烛图所发出的信号后,依据均线金叉和死叉也一样能获得丰厚的回报。虽然我们做不到买在最低点,卖在最高点,但此次我们依然可以获得122%的丰厚利润。(如图2-17、图2-18)

四、正向操作案例二——珠海中富（000659）

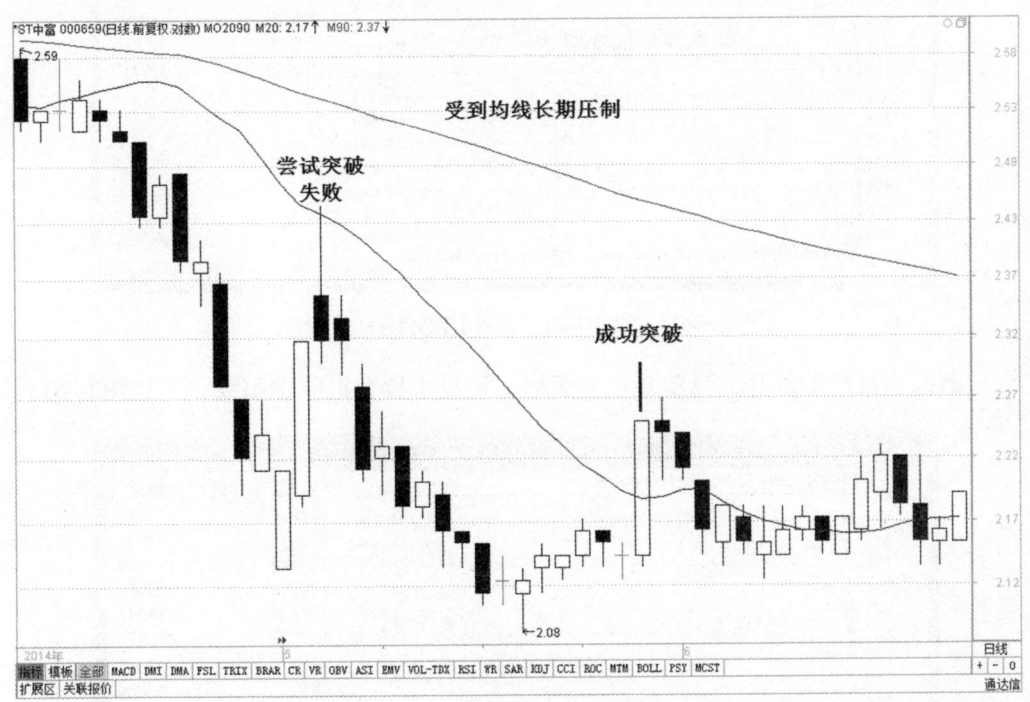

图2-19 珠海中富 等待买点

图2-19是个股珠海中富4月至6月的走势图，至从上一次死叉发生以来，已经受到20日和90日两条均线的长期压制，导致股价不断往下行走。

5月5日，被戴上*ST帽子，行情反而连续暴涨。

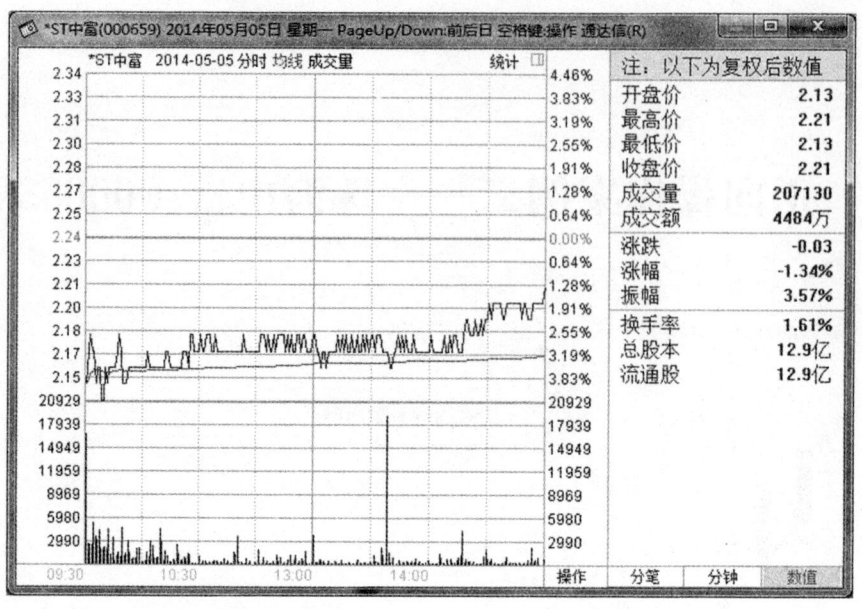

图2-20 珠海中富 2014年5月5日分时图

戴帽当日严重低开，盘整几乎一天后，尾盘小拉，报收中阳线。（如图2-20）

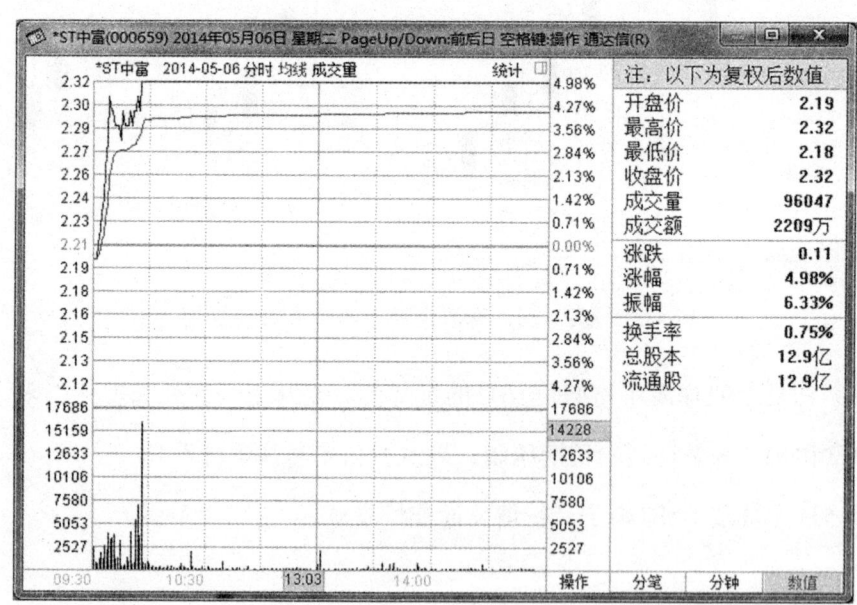

图2-21 珠海中富 2014年5月6日分时图

次日，行情略微低开便在半小时内封住涨停。但换手率较前日更小，居然还不到此前换手率的一半。可以预见这是虚涨升势，未来行情再向上的可能性不大，不可盲目追高。（如图2-21）

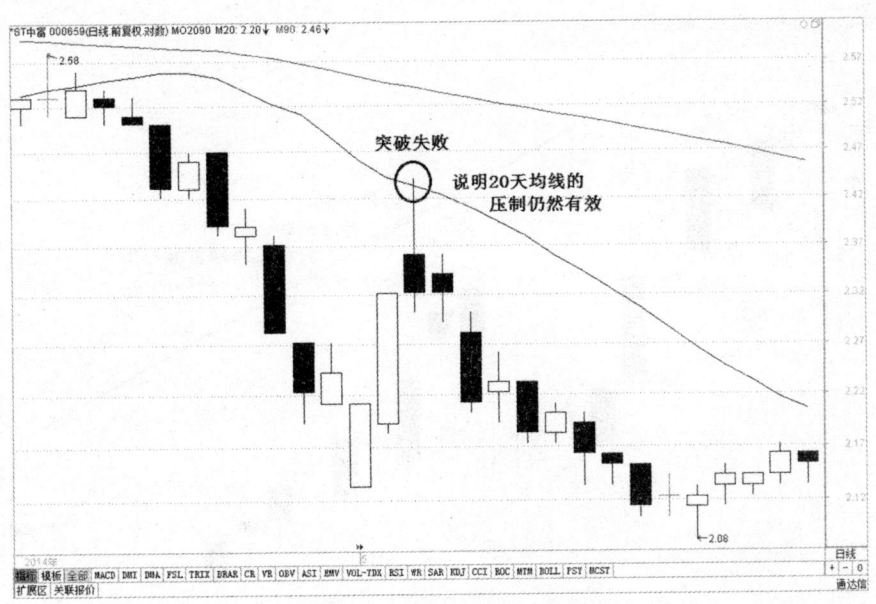

图2-22 珠海中富 突破失败，继续等待买入信号

细观分时图，虽然早盘冲高，一度站上20日均线之上，但未能站稳，不久便开始连续下跌，说明多方进攻力度不够，而且防守也做得不好，连续遭受空方的打击。（如图2-22）

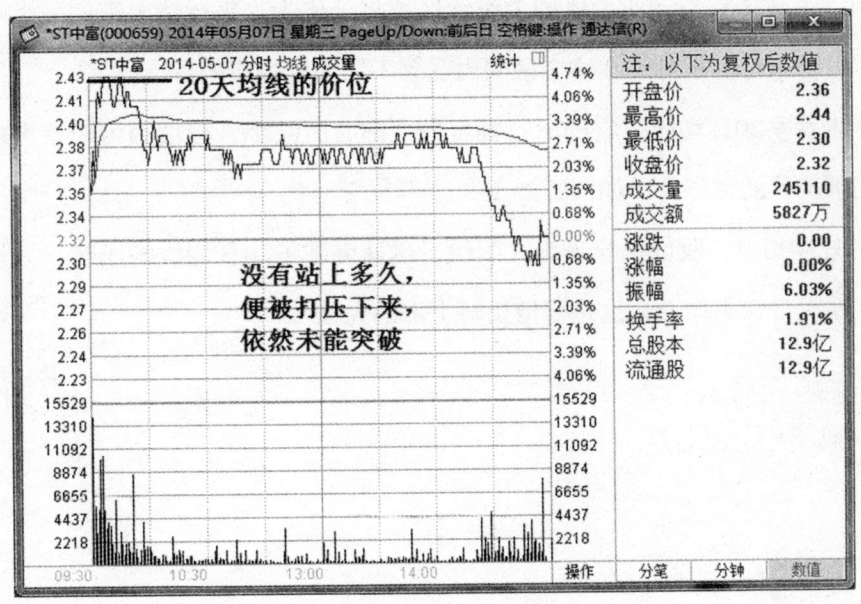

图2-23 珠海中富 2014年5月7日分时图

这说明均线的压制依然有效，行情未进入反转阶段。（如图2-23）

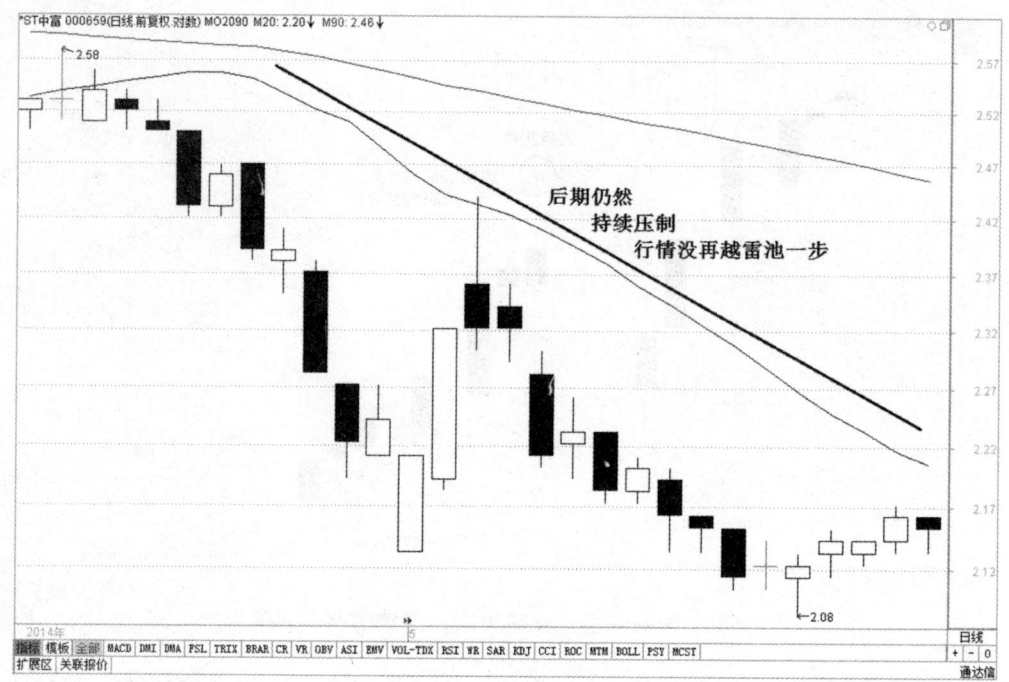

图2-24　珠海中富　继续持币　等待机会

从突破失败开始，行情仍然屈居于20日均线之下。（如图2-24）

预计突破失败当日所形成的上影线区域将会成为未来行情上涨的一个阻力区间，所以未来行情很可能在这个区间内受到不同程度的影响。

再来观察20日均线，它的下行幅度较之前有所减小，行情很可能有再次尝试向上突破均线的可能。（如图2-25）

在图2-26中，股价报收光头大阳线，迅速突破了20日均线的压制，另外20日均线也在次日转头向上，这是行情反转上涨的先兆。

第二章 均线正向操作法则

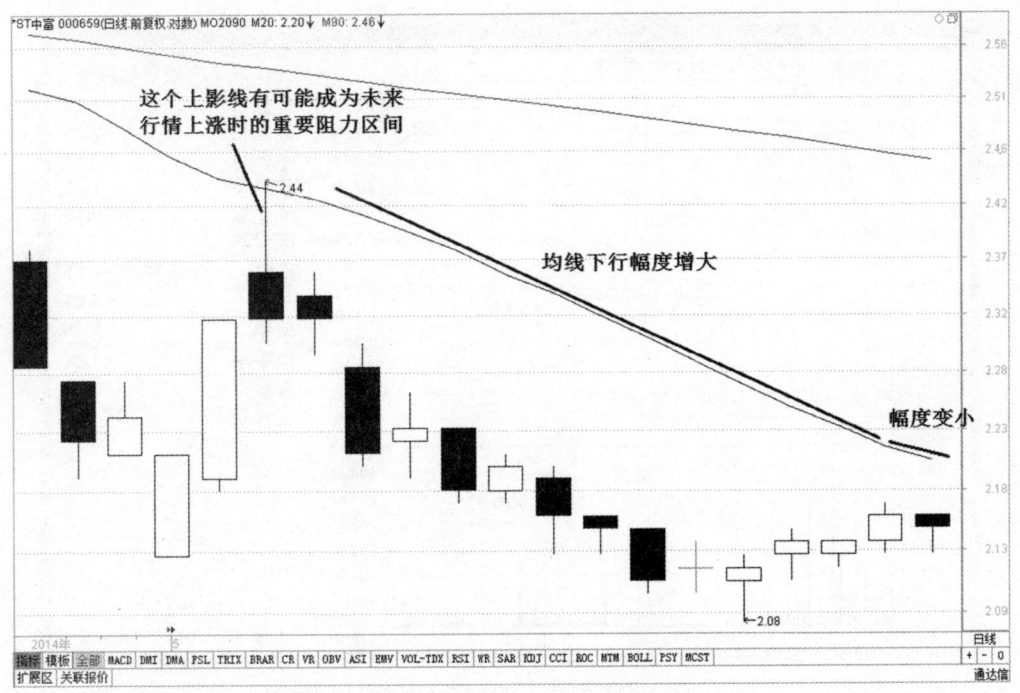

图2-25 珠海中富 耐心等待

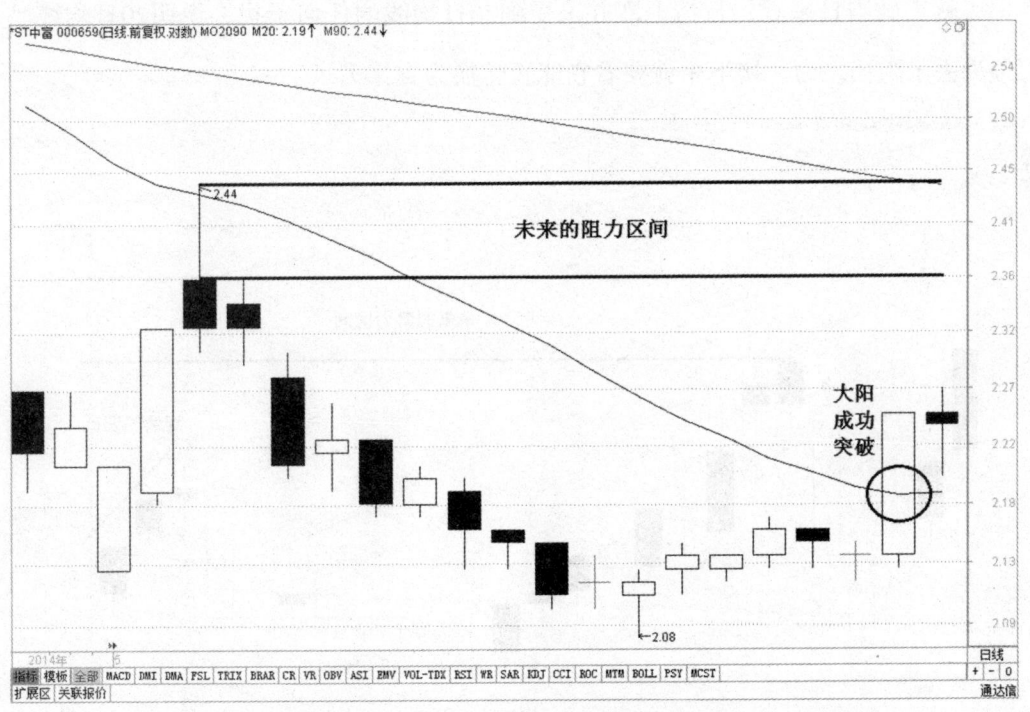

图2-26 珠海中富 用前期的长上影线作为未来的阻力区间

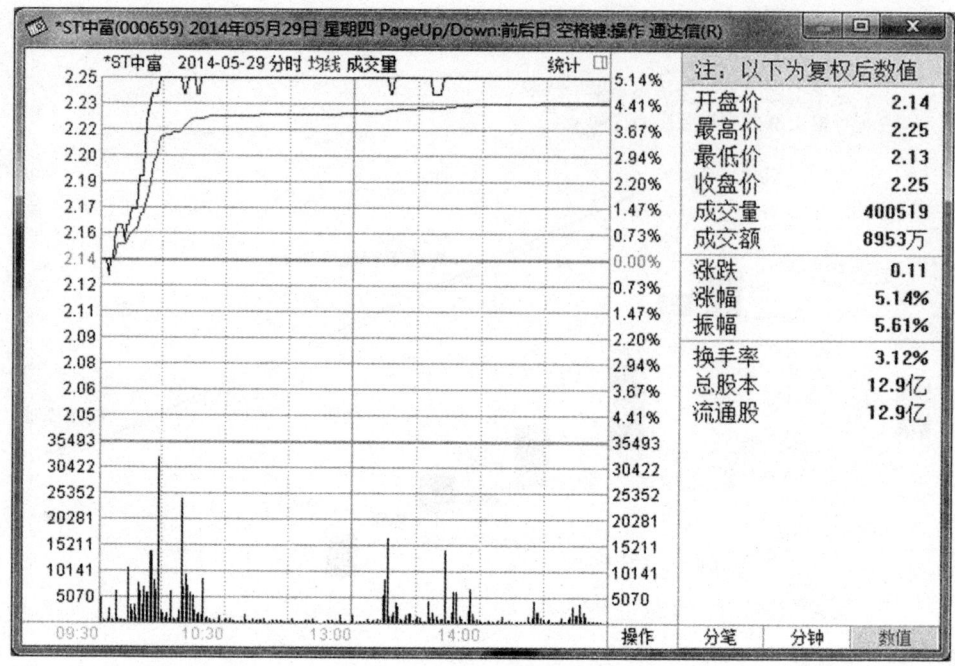

图2-27 珠海中富 2014年5月29日分时图

就突破当日来看，行情上涨并未受到20日均线的任何干扰，说明20日均线已经失去了阻挡之力。接下来就要看它能否转换为支撑力了。

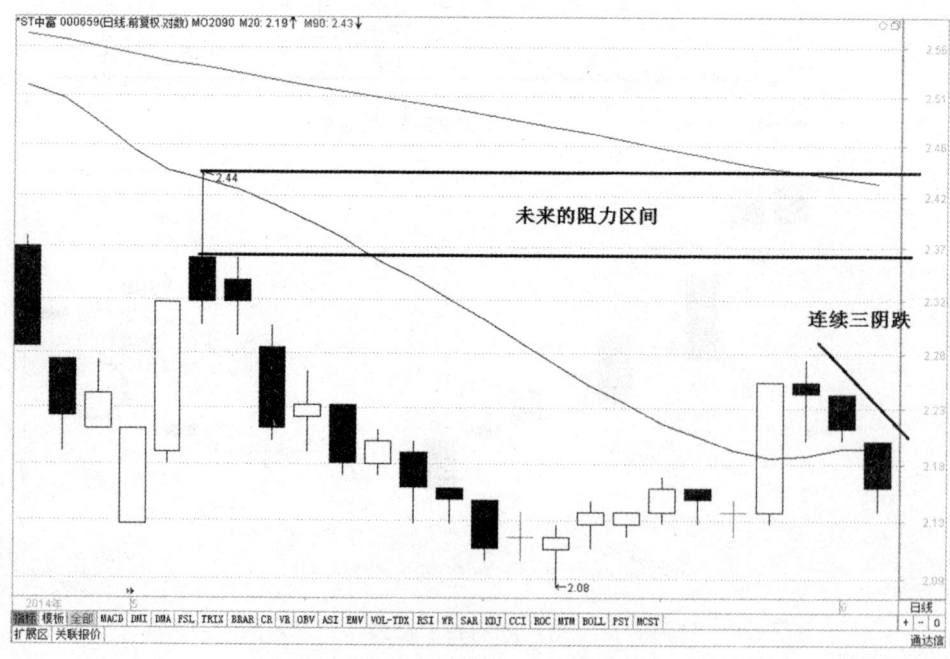

图2-28 珠海中富 连续三阴跌

6月初连续的三个交易日下跌,而且一个阴线比一个阴线大,预计行情将有一段盘整行情,区间应该就是这个成功突破的大阳线价位附近。(如图2-28)

正如预计的那样,行情在这之后盘整了1个多月的时间,20日均线也由横向转为缓慢上升,奠定了上升主调,现在就等着有一天行情向上突破区间的高点了,带量突破那是再好不过。(如图2-29)

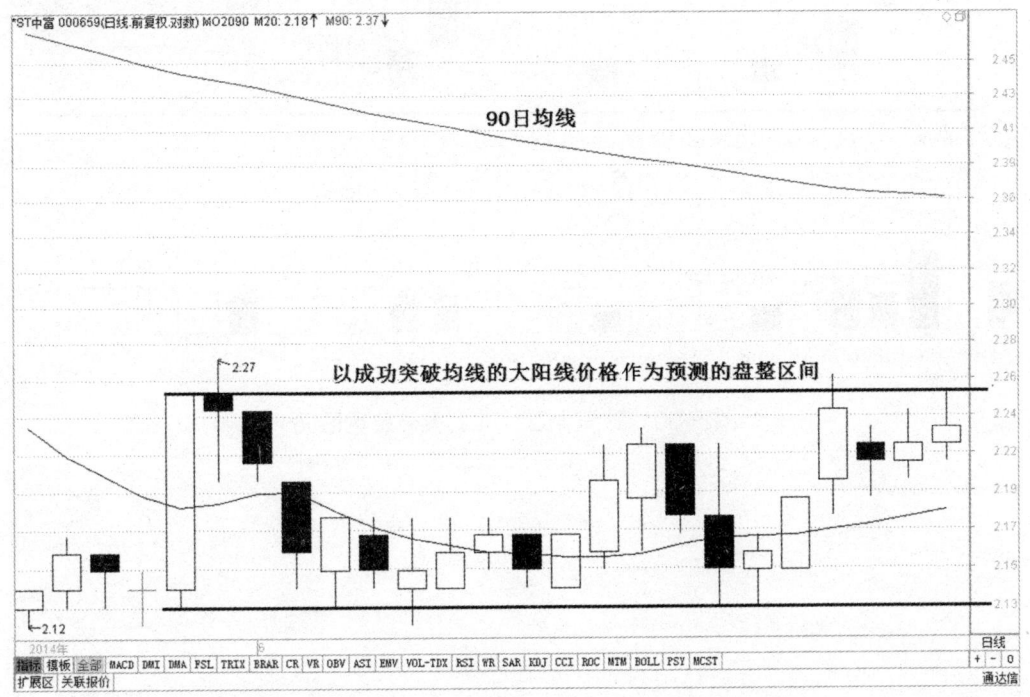

图2-29　珠海中富　大阳线价格区间做为整理区间看待

再次突破后(如图2-30),虽然量能增加不明显,但已能维持在高位数个交易日,已然突破了区间高位。

区间高位盘整并未再跌破,说明突破是真实可靠的。20日均线也由盘整时的横向转为缓慢向上,行情很可能将再次向上攀升。另外盘整时的量能没有跟着增加反而不断减少,说明震仓的可能性很大。所以未来数个交易日很可能有新的上涨行情。(如图2-31)

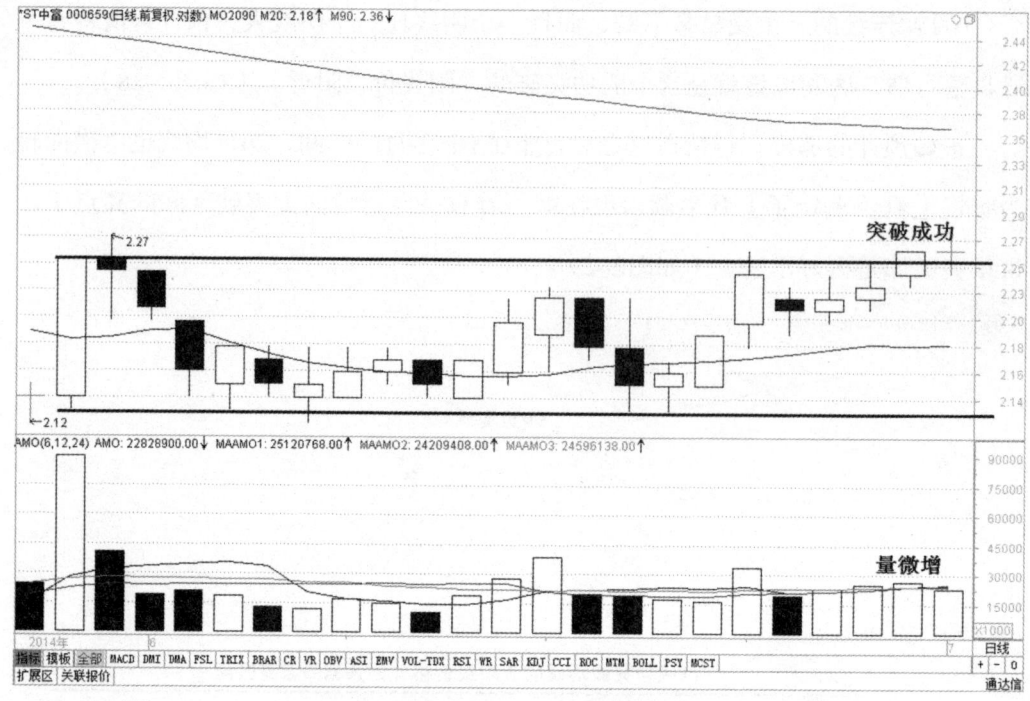

图2-30 珠海中富 向上突破整理区间

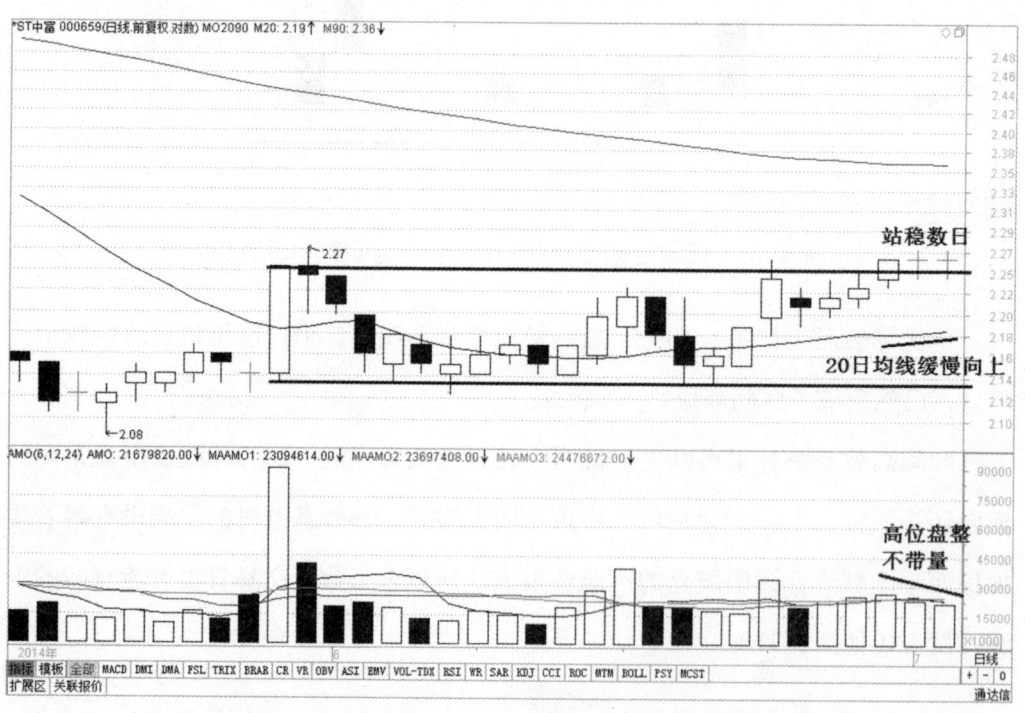

图2-31 珠海中富 向上突破区间并且突破不带量

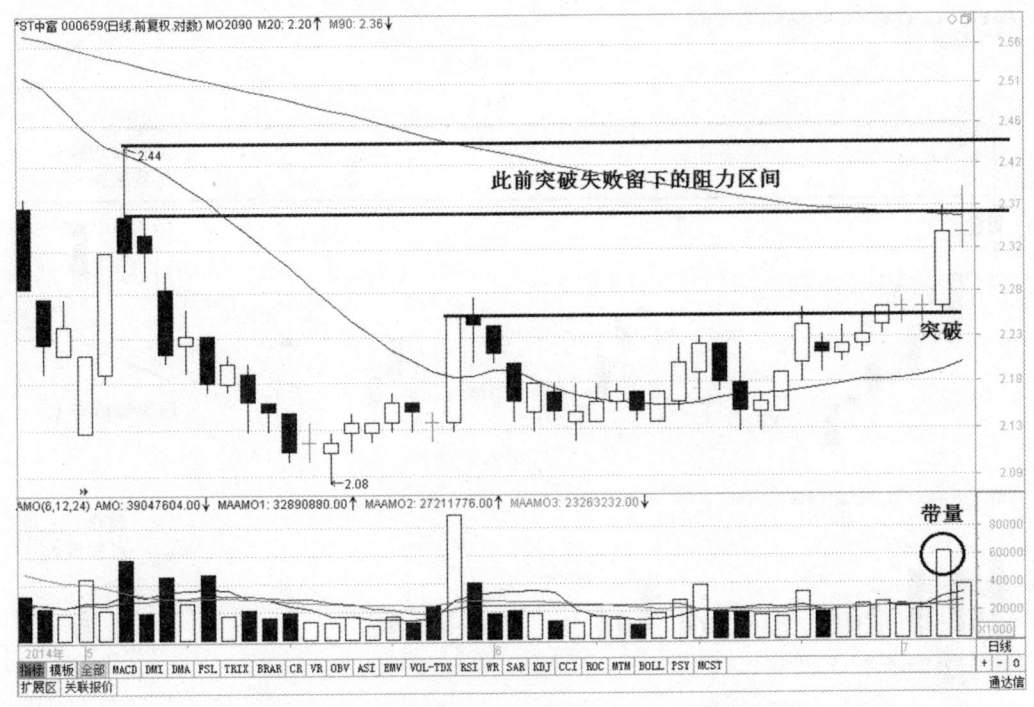

图2-32 珠海中富 试图进入前期上影线区间

7月3日，再收一大阳线，马上拉开了盘整区间，使我们没有机会再在低价位买进。另外之前预计的上影线阻力区间看到了效果，股价虽然大步走高，但碰到了这个高压区间，连续两天站在这个阻力区间之下，另外还受到20日均线的压制，所以在此双重压制的情况下，很可能再行盘整或是下跌，具体看盘整期间的量能变化。（如图2-32）

图2-33显示，股价在压制期间虽然行情下跌，但跌得不深，另外均线仍然维持向上趋势，而且从量能上看，盘整期间成交额不断减小，震仓的可能性更大，所以我们认为这又是一次短暂的下跌，未来还会继续上涨。

果不其然，7月10日、11日、14日连续三连阳，一举突破重重阻力，带量上涨。（如图2-34）

7月10日，股价突破阻力区间的下限，限于时间和涨跌幅度，当日并未再有进一步行动。（如图2-35）

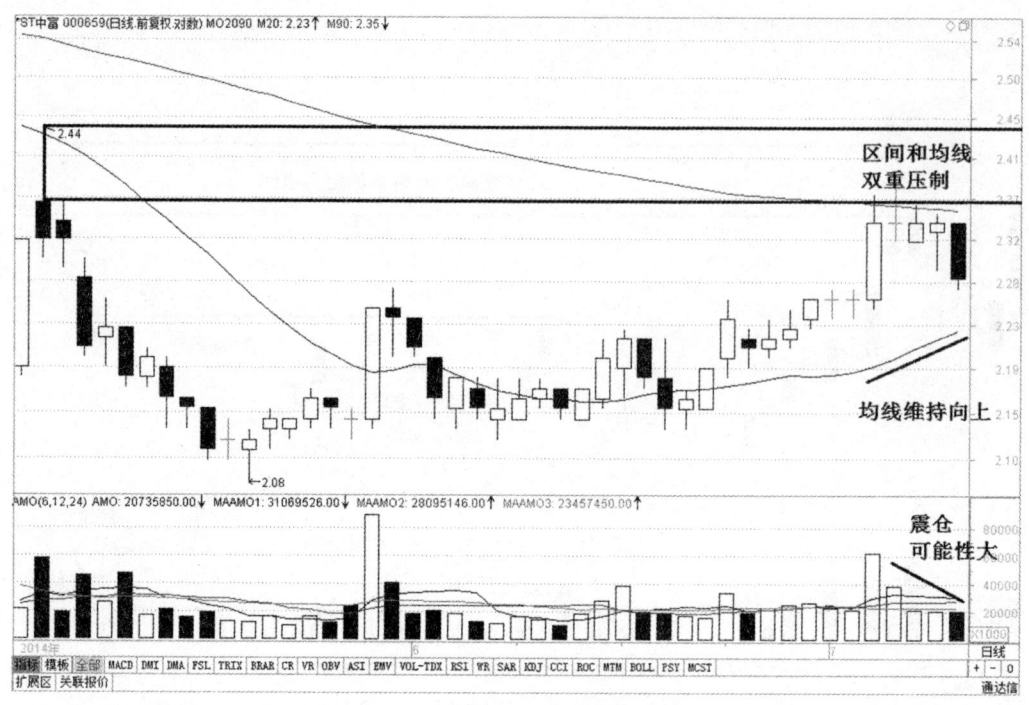

图2-33 珠海中富 缩量回调

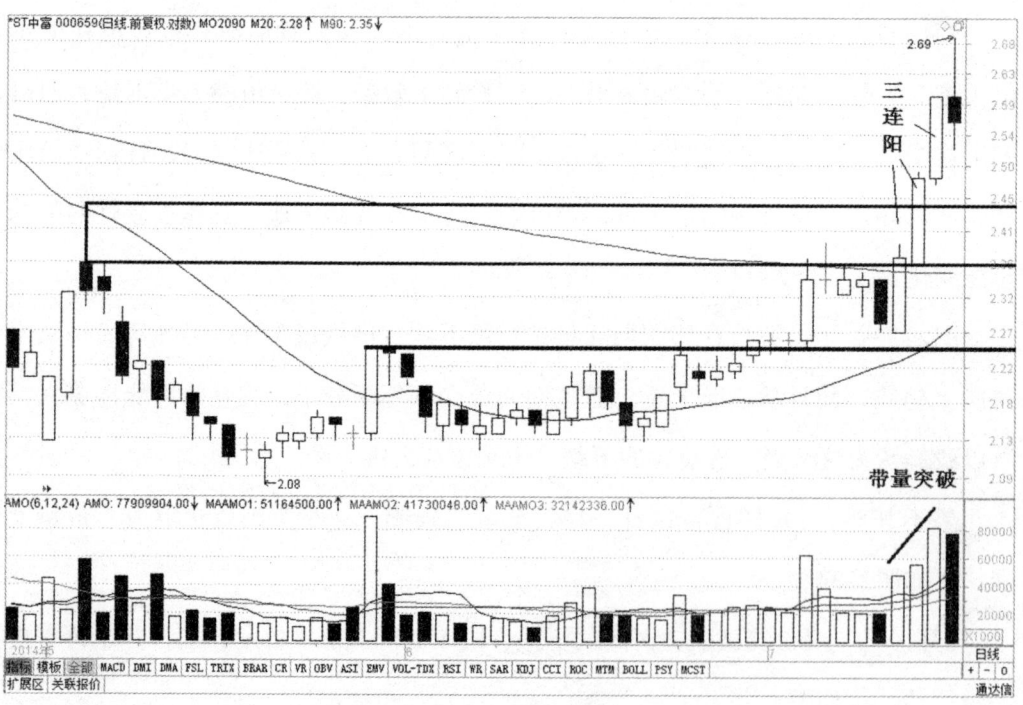

图2-34 珠海中富 放量直线突破

第二章 均线正向操作法则

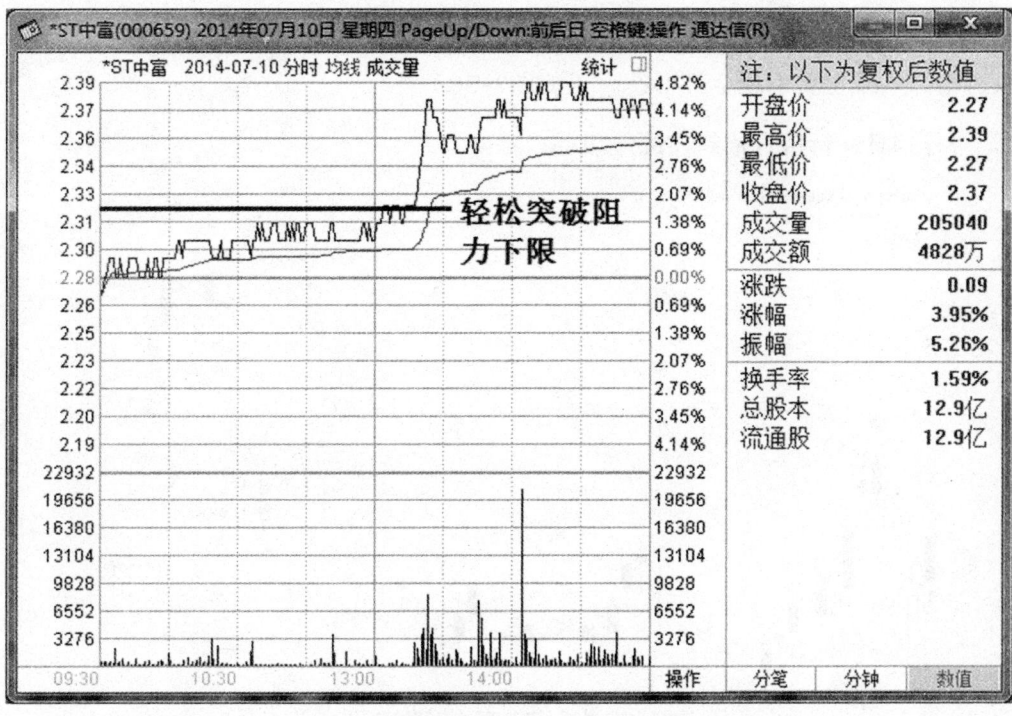

图2-35 珠海中富 2014年7月10日分时图

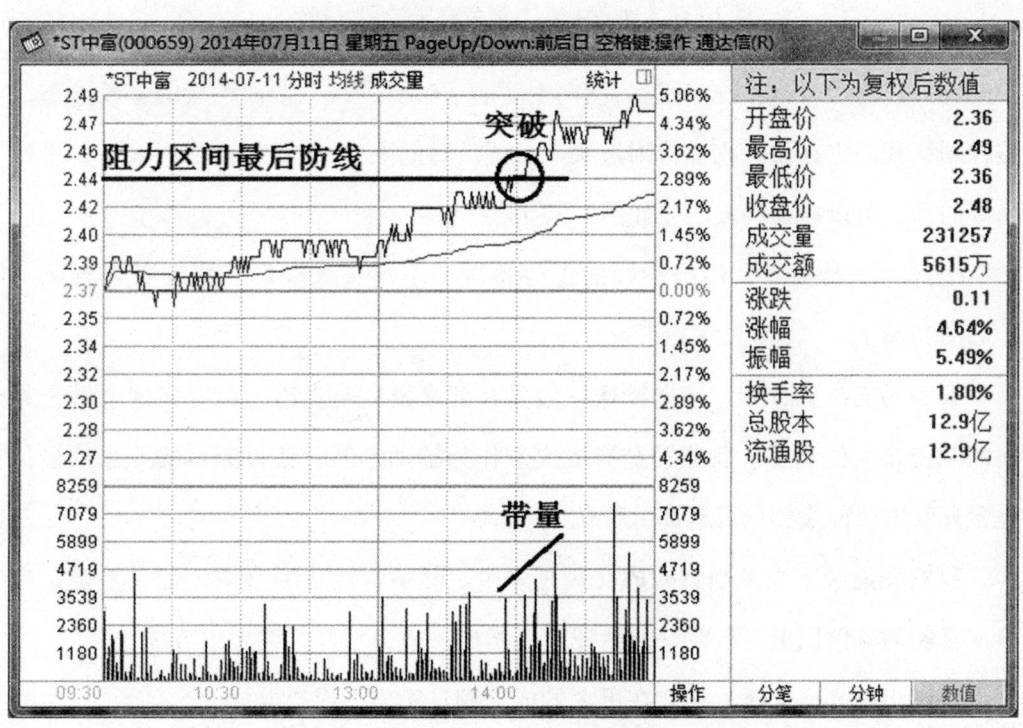

图2-36 珠海中富 2014年7月11日分时图

7月11日，股价尾盘前突破阻力区间的最后一道防线，带量轻松突破，走出多头行情，均线也将出现金叉形态。（如图2-36）

7月14日，行情直接封住涨停板。

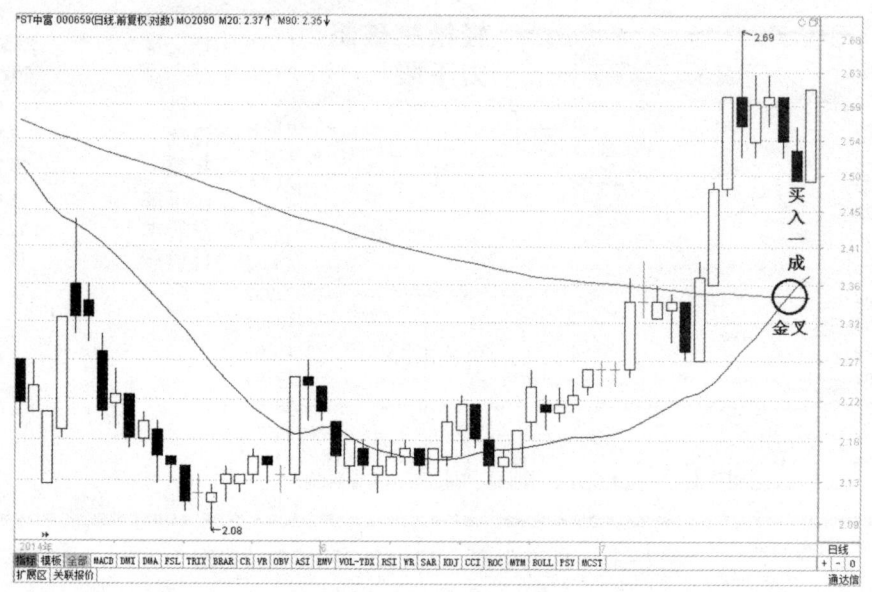

图2-37 珠海中富 黄金交叉 买入操作

7月21日，20日均线在开盘后便向上穿越了90日均线，形成均线的金叉形态，按计划，我们先在该日收盘价附近买入一成。每间隔5个交易日再行买入，如果行情好的话，可以连续买入。（如图2-37）

按计划进行买入，但当均线的走势趋缓后不再买入操作，累计买入五成。（如图2-38）

下面是卖出的计划，正向操作一般是在死叉发生时卖出，但有时这个做法并不能获得多大的利益。我通常选择成交额作为辅助判断，代替滞后的死叉信号，先于死叉发生前卖到尽可能高的价位。

我们先记录下金叉当日的成交额是多少，然后对比之后行情，如果是金叉当日成交额的4倍以上，行情好的话我会先卖出一成，不好的话卖出五成。

连续出现高成交额，我会在更大的成交额日卖出一成或五成。

本例金叉当日成交额是0.279亿元，它的4倍是1.11亿元，凡是之后日成交额达到这个规模的，我都会先卖出一成。

图2-38 珠海中富 分批买入

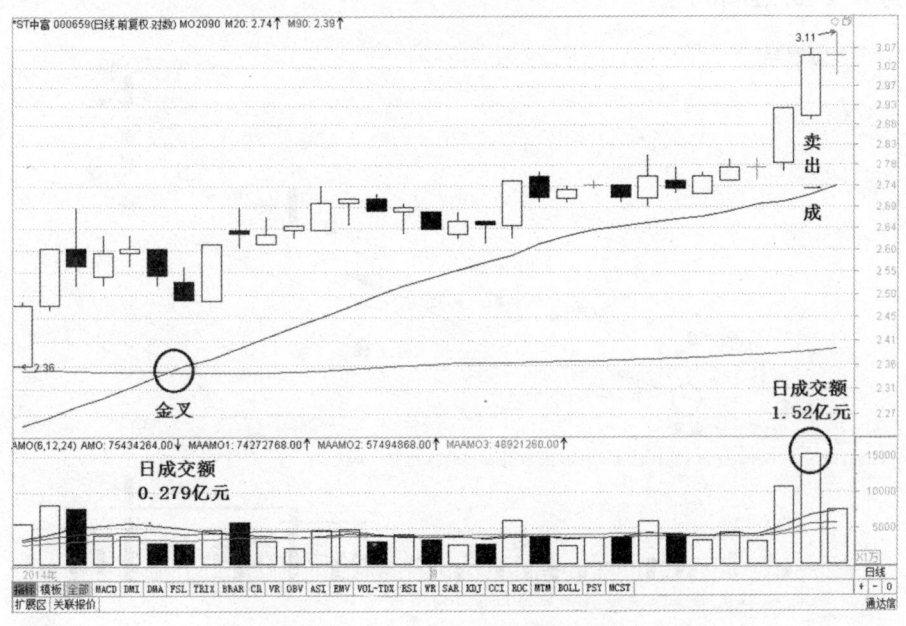

图2-39 珠海中富 卖出操作

8月21日，由于当日暴涨带量，导致成交额暴增，较之前金叉当日成交额已有数倍之巨，所以在当日接近尾盘时，先行卖出一成。（如图2-39）

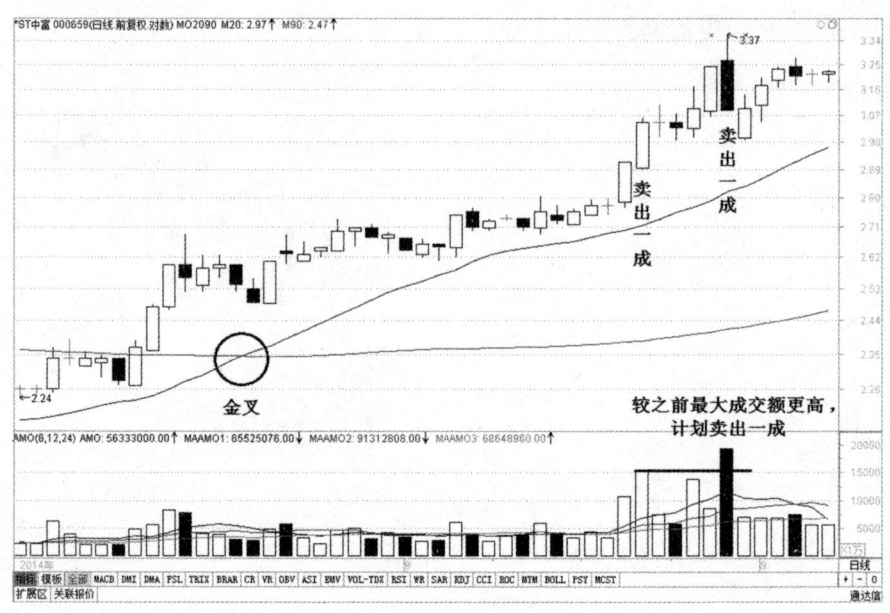

图2-40 珠海中富 是否卖出？

可是当日尾盘封跌停板，遇到这种情况就忽略这次卖出计划，等待下一次卖出信号。（如图2-40）

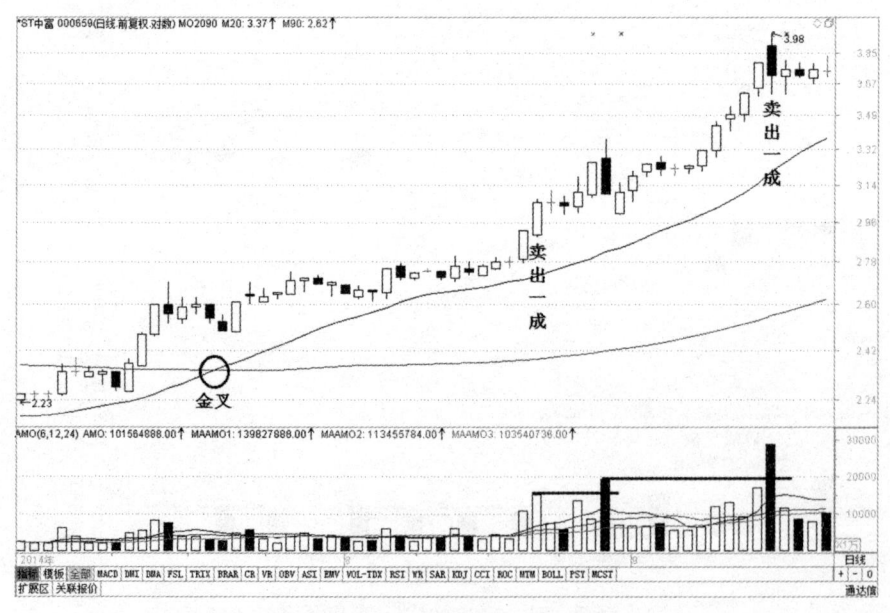

图2-41 珠海中富 卖出操作

图2-41的9月16日，日成交额再度创出新高，成为新的卖出信号，按计划再卖出一成。

第二章　均线正向操作法则

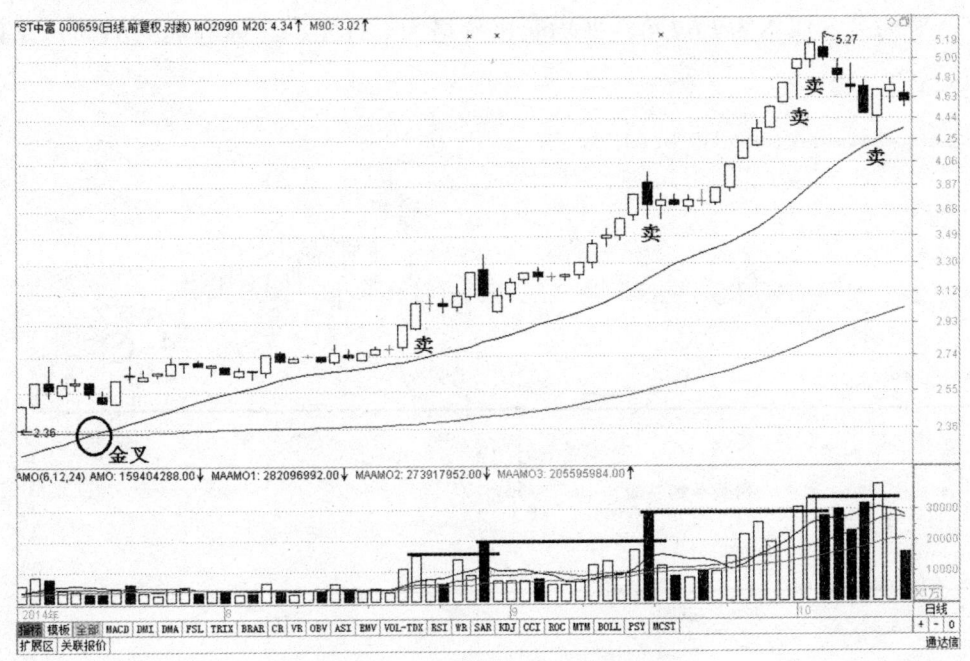

图2-42　珠海中富　高位卖出

直到10月中旬，已累计卖出五成，完成清仓计划，先于死叉发生前卖出所有筹码。（如图2-42）

图2-43　珠海中富　交易全程

平均买入成本为2.67元，平均卖出价格为4.31元，总体利润约61%。（如图2-43）

图2-44　珠海中富　死板交易利润大减

如果非要等到死叉才一起卖出，那利润还不到61%的一半。（如图2-44）

所以尽可能地按照成交额指标来辅助判断，提前在高价位卖出，是提高利润的一个技巧。

五、正向操作案例三——经纬纺机（000666）

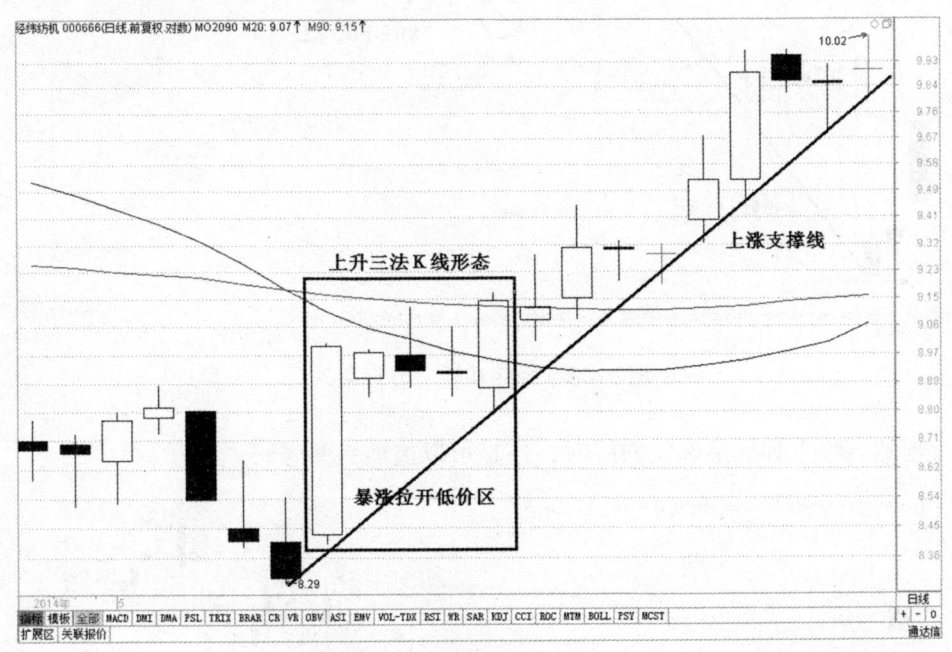

图2-45 经纬纺机 前期分析

如图2-45，该股虽然刚刚发生完均线的死叉，但立马引发强力反弹，收出大阳线，接着连续数日形成上升三法形态，这是一个看涨的K线形态。

之后的走势也证实了这一点，趋势一直向上，基本上图中的上涨支撑线都没有被跌破过，可见趋势之强劲。

反观两条均线，有将要出现金叉的可能。

2014年6月3日发生均线金叉，行情已经跌破之前的上升支撑线，可是行情进入的不是下跌行情，而是横向盘整行情。各条均线纷纷向上，可以逐步买入一成仓位，当第四次买入时，20日均线走平略往下走，所以后续不再进行买入操作。

（如图2-46）

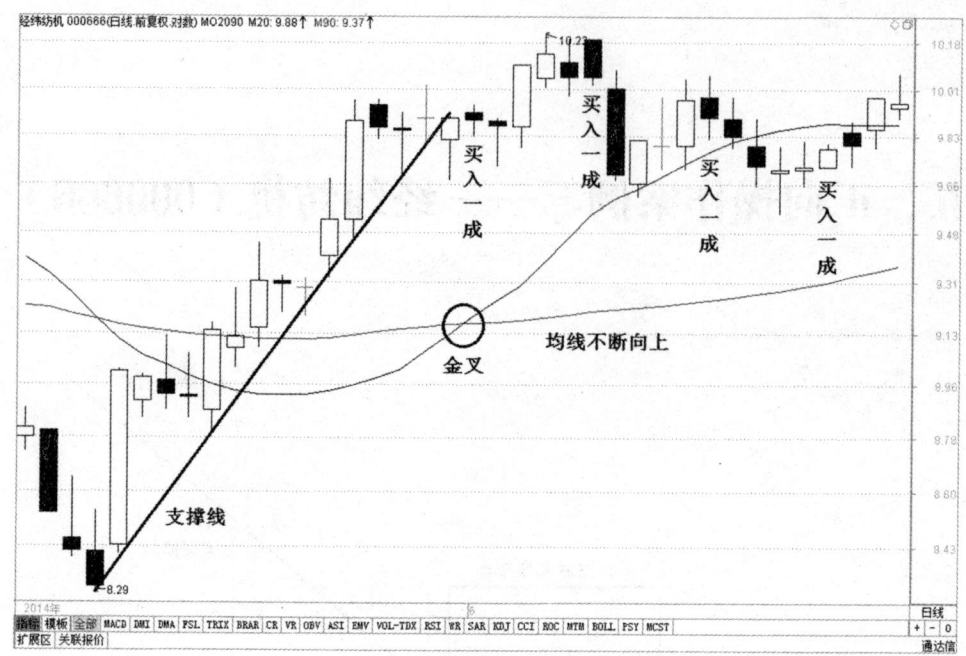

图2-46 经纬纺机 分批买入

当然后续走势如果确实向好时，还是可以追加一些筹码。

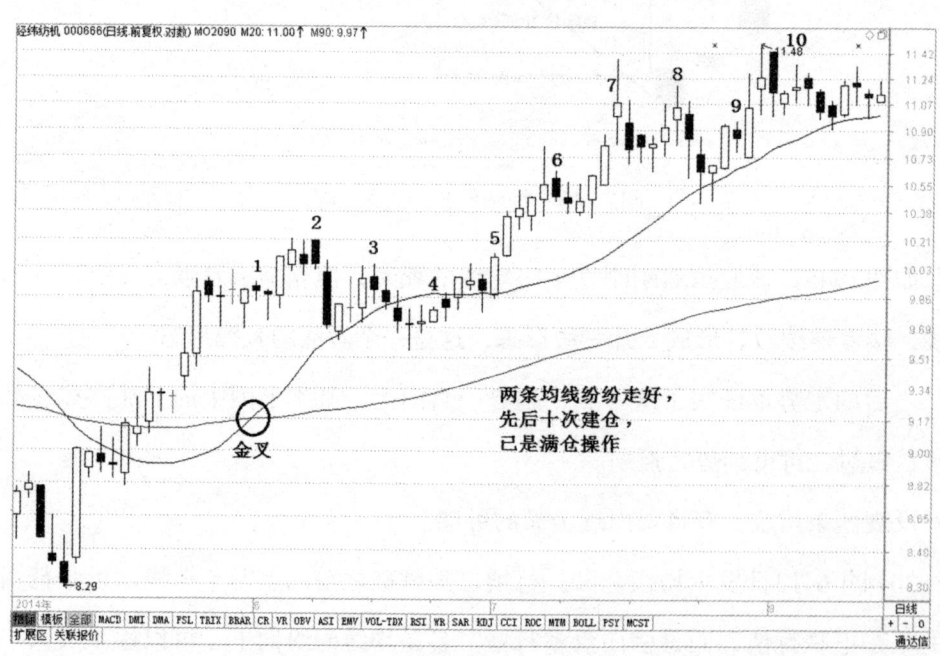

图2-47 经纬纺机 后期买入机会很多

已经满仓操作，这一般属于极佳的行情中才这样做，如果行情不好还应尽快

清仓。（如图2-47）

图2-48 经纬纺机 平均成本价位

该股先后十次买入，平均成本价为10.43元。（如图2-48）

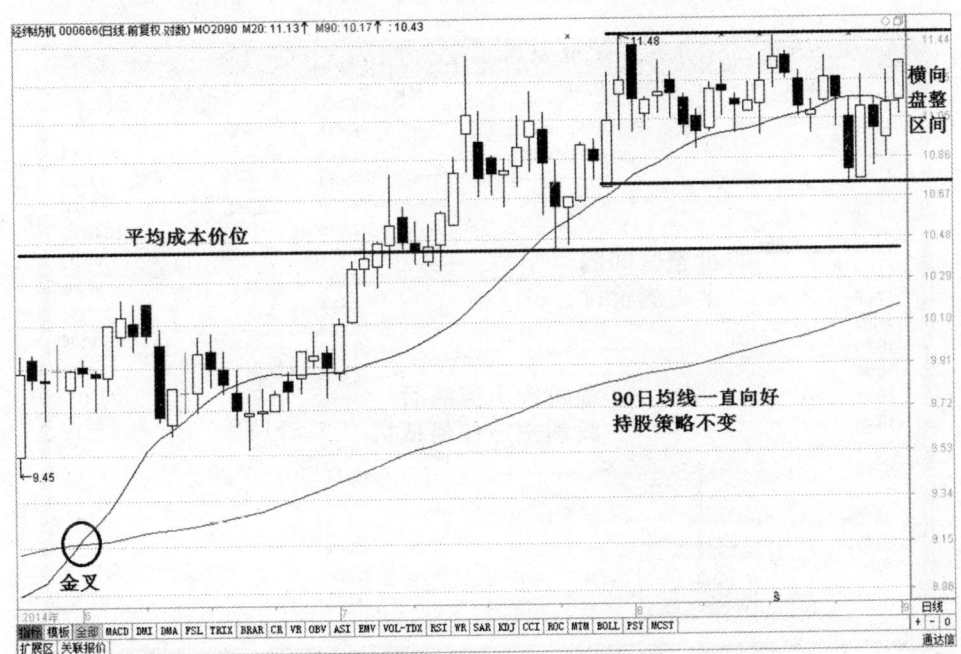

图2-49 经纬纺机 高位横盘

行情在高位横向盘整，成交量却不断下滑，震仓的可能性高，后市仍然看好。（如图2-49）

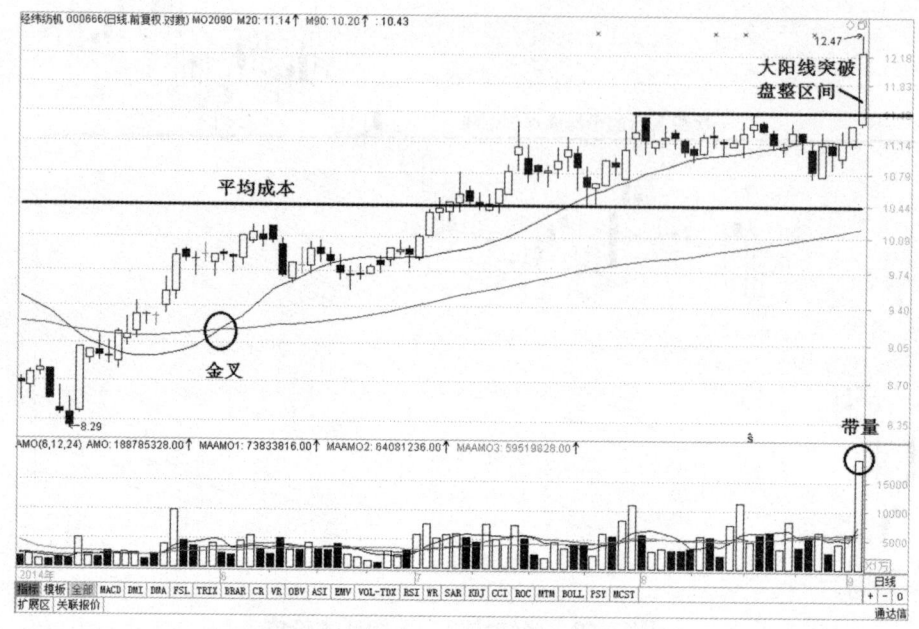

图2-50　经纬纺机　高位再次向上突破

果然，次日报收大阳线一举上破盘整区间的上边缘。（如图2-50）

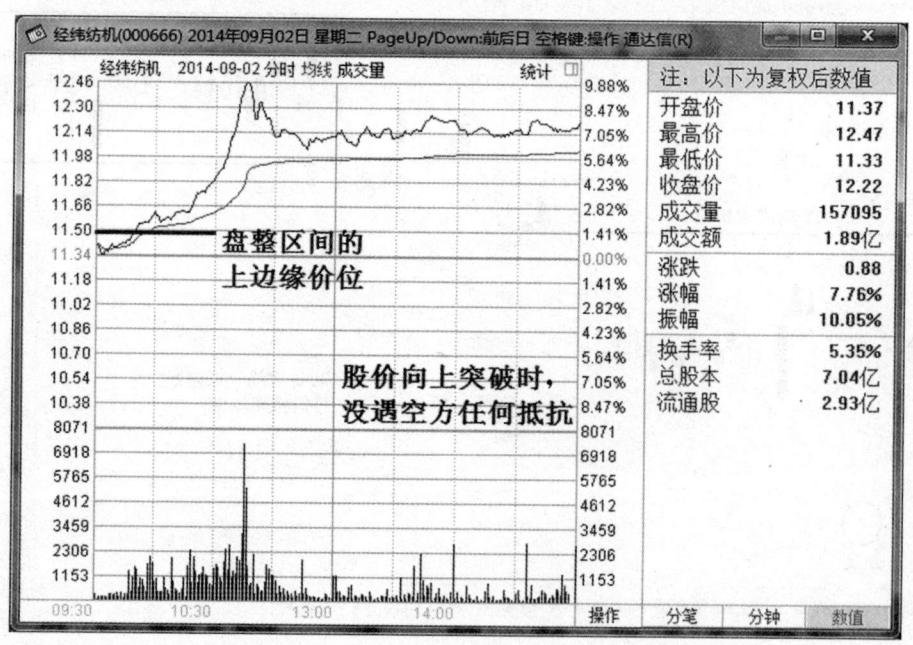

图2-51　经纬纺机　2014年9月2日分时图

股价向上突破时没遇到任何抵抗，上行很轻松，预示看空的投资者在减少。这对于后市上涨是极为有利的状况。（如图2-51）

当然按计划，我们应该在今日收盘前卖出一成筹码，因为当日成交额已是金叉日成交额的4倍以上。

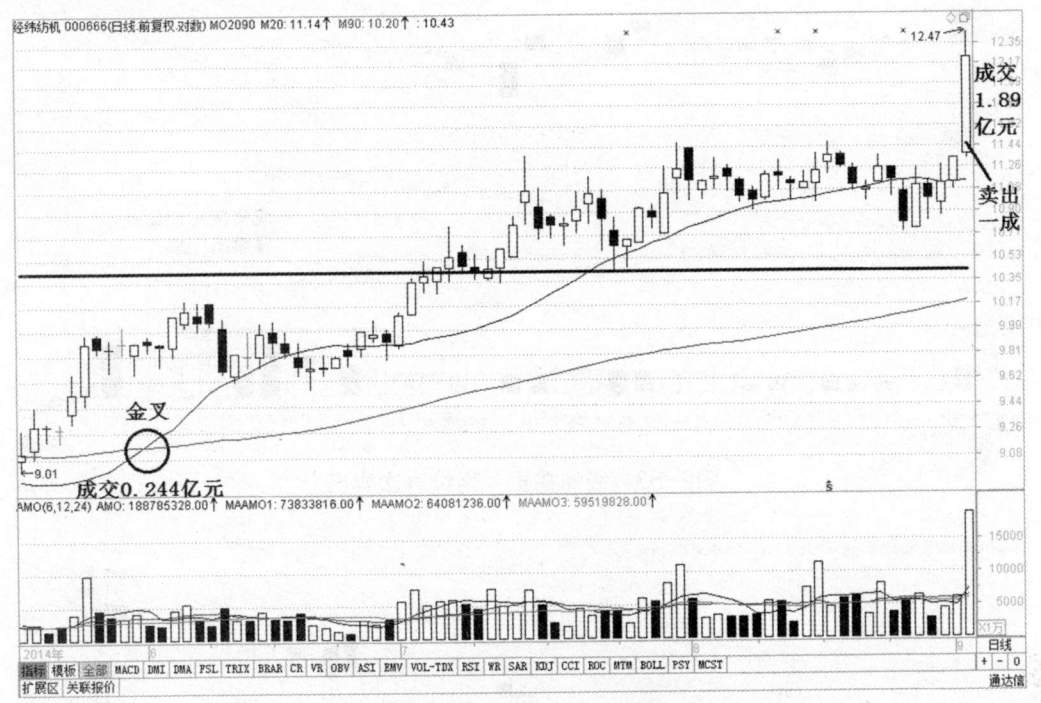

图2-52　经纬纺机　卖出操作

虽然这笔卖出的账面利润并不高，但可以确保在均线死叉前卖出，平均利润仍然高于死叉卖出的利润。（如图2-52）

9月11日，成交额再创出上涨以来的新高值，所以在当日收盘前又卖出一成筹码。（如图2-53）

11月6日，成交额暴增，再创新高，应该在今日收盘前卖出一部分筹码。（如图2-54）

通过分析分时图（图2-55）发现，当日成交额集中于前一个小时内。而且完全是在盘中下跌3%时发生的放量下跌，随后又回涨7%～8%，很明显是在盘中诱空震仓。

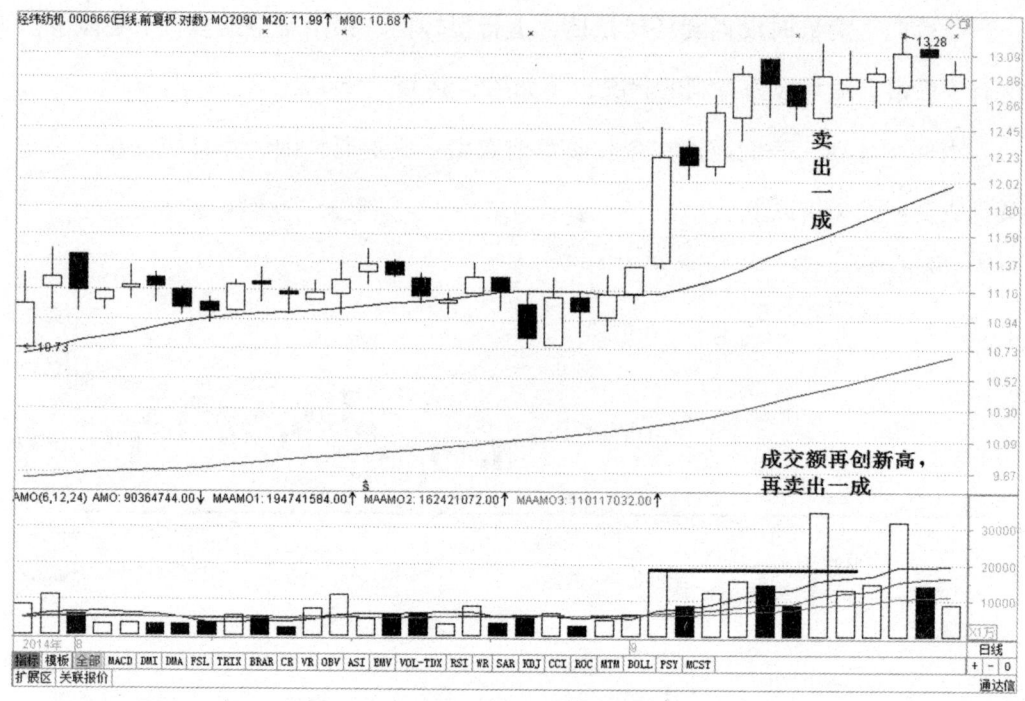

图2-53 经纬纺机 高位再次卖出

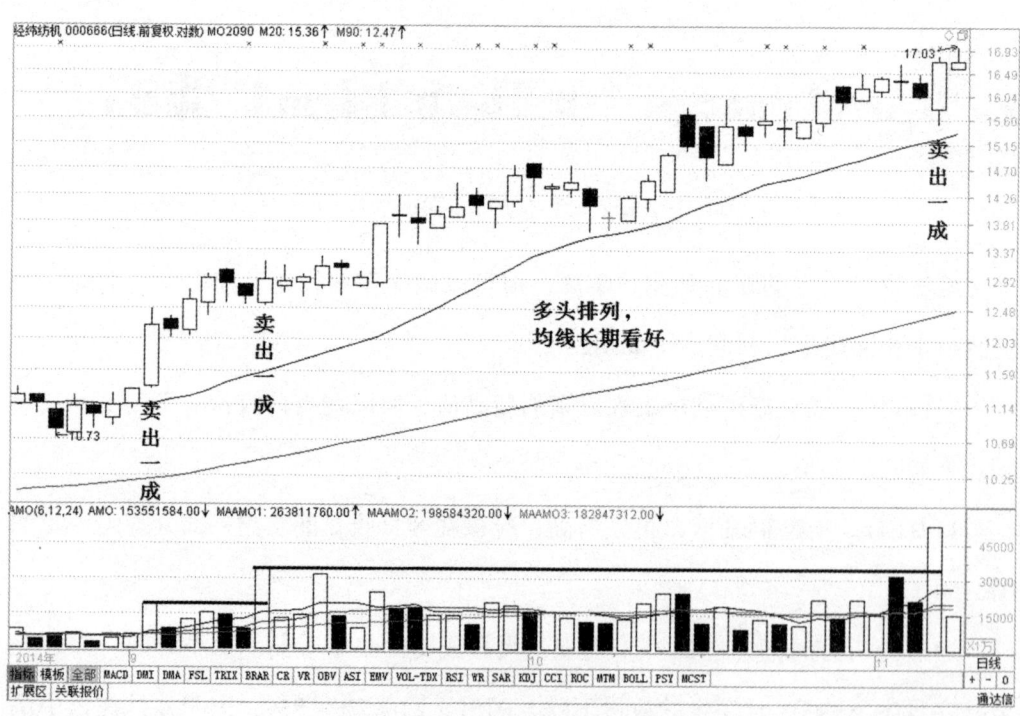

图2-54 经纬纺机 第三次卖出操作

第二章 均线正向操作法则

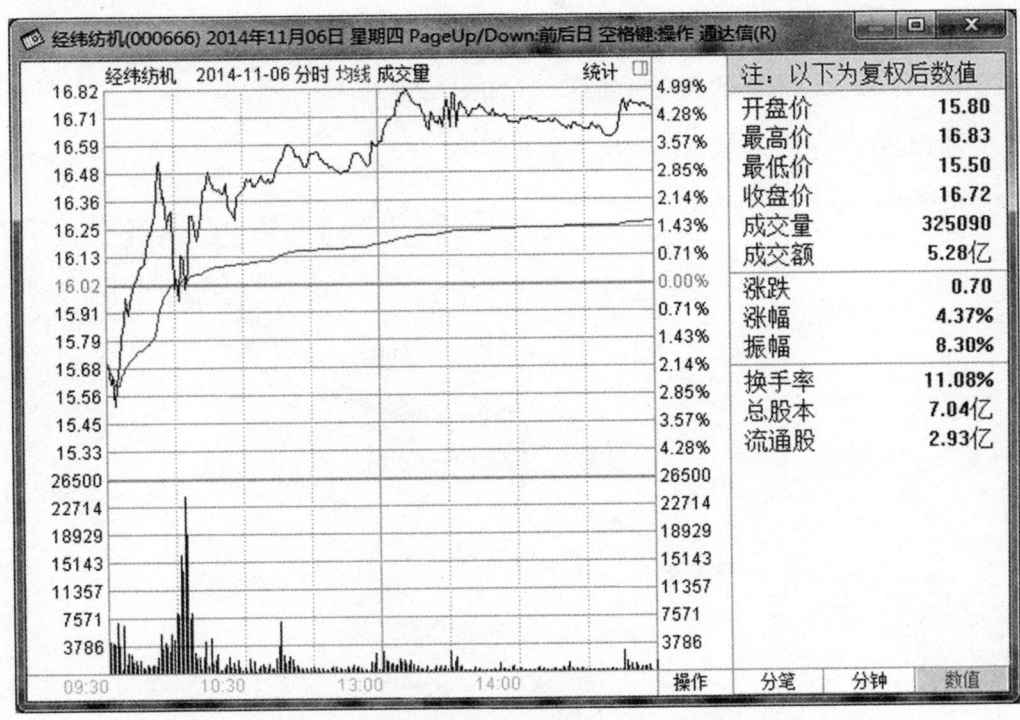

图2-55 经纬纺机 2014年11月6日分时图

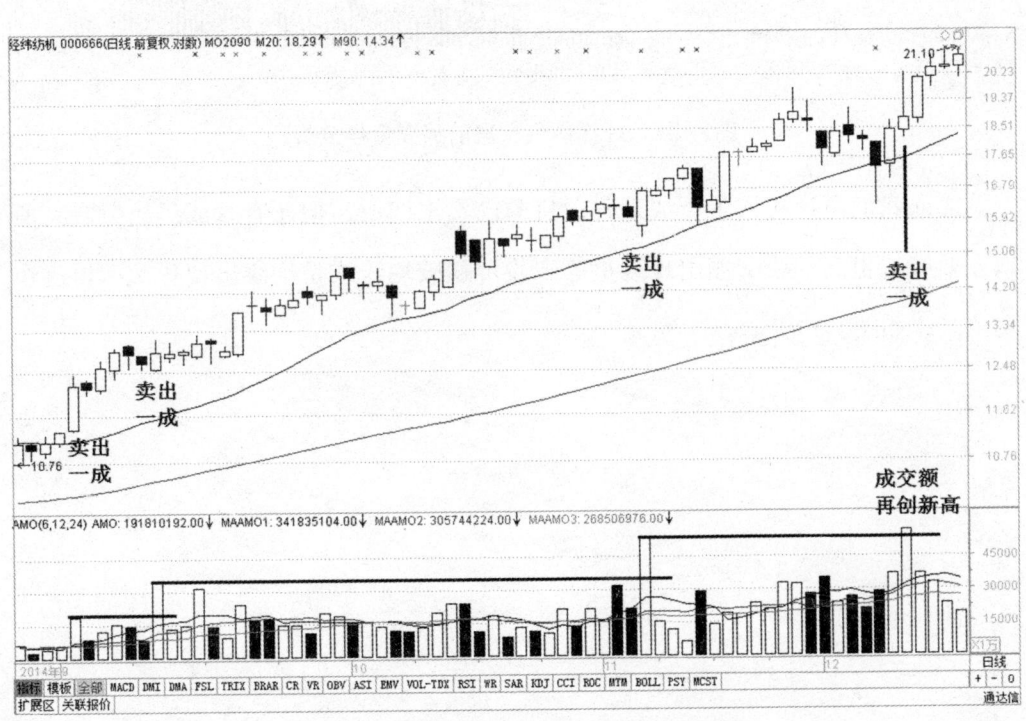

图2-56 经纬纺机 再创新高,再现卖点

之后的行情验证了这个观点，所以两条均线继续向上攀升，并且在12月9日再创出该上涨波段以来新的成交额高点。（如图2-56）

所以我们再在今日收盘前卖出一部分筹码。

图2-57　经纬纺机　当前买卖全程分析

之前我们累计买入了十成筹码，目前已卖出四成，但还有六成仍然持有，所以还要等待更高的成交额出现或是等到股价跌破均线或是均线出现死叉后再逐个卖出。（如图2-57）

第二章 均线正向操作法则

图2-58 经纬纺机 全程图

随着时间的推移或许还有更大的单日成交额，或者股价又被拉升至更高，到时卖出的平均价格也会随着抬高，利润肯定比45%更高。（如图2-58）

六、正向操作案例四——博瑞传播（600880）

图2-59　博瑞传播　买前分析

该股经历长期下跌后，于2013年4月16日突破这条长期压力线。（如图2-59）

4月16日，该股盘中一度试图突破这条长期压力线的压制，仅受到轻微压制，便开始转换为支撑线了，这是一个好兆头。（如图2-60）

4月17日，早盘一路上扬也未见空方强有力的打压。（如图2-61）

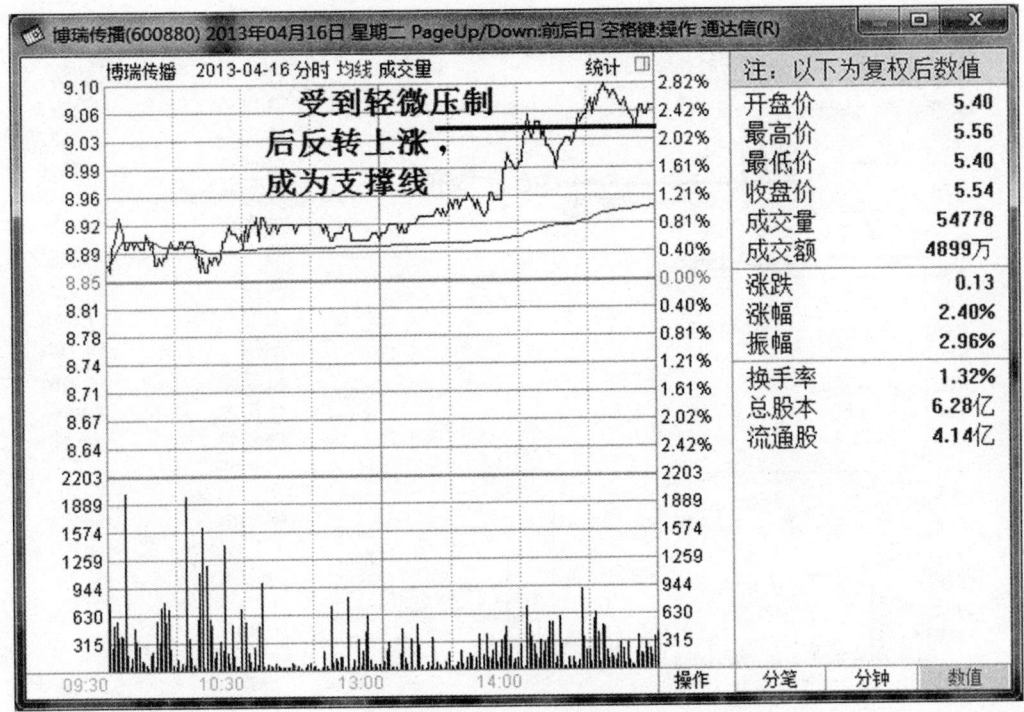

图2-60　博瑞传播　2013年4月16日分时图

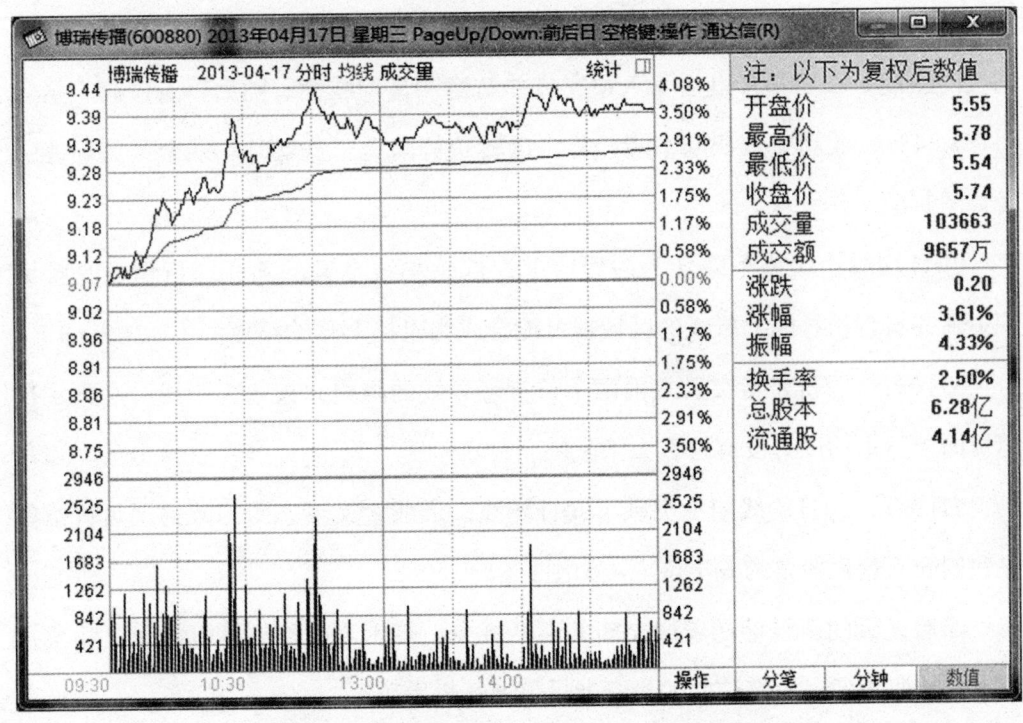

图2-61　博瑞传播　2013年4月17日分时图

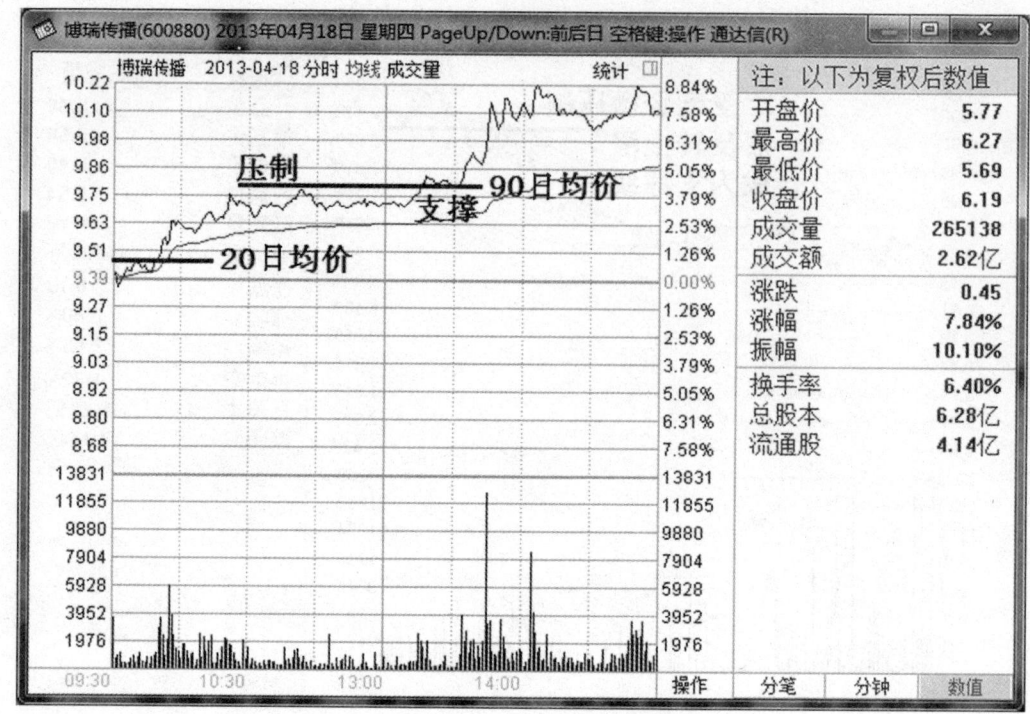

图2-62　博瑞传播　2013年4月18日分时图

4月18日，早盘受到20日均线的压制，而后带量成功突破，随后又受到90日均线的压制，在下午开盘后不久便突破并站稳90日均线上，随后巨量拉高，全天上涨7.84%，成功突破长期下降趋势，反转趋势向上。这就是均线金叉的前兆。（如图2-62）

20日均线由缓慢下降转为缓慢向上，这是均线金叉的前兆。行情在盘整期间，那些有着长长的上影线的区域很可能会成为阻挡上涨的路障。（如图2-63）

5月6日，股价带量突破之前两个长上影K线的阻碍，报收大阳线。这预示行情再向上行走的压力没有这么大了。

5月9日，20日均线向上突破了90日均线，形成金叉形态。当天的尾盘价格就是我们介入这只股票的成本价。（如图2-64）

随后几天的下跌伴随着成交额的不断减少，暗示当前的下跌可能只是吓唬投资者，让胆小的、没有信心的投资者早早地吐出筹码。

第二章 均线正向操作法则

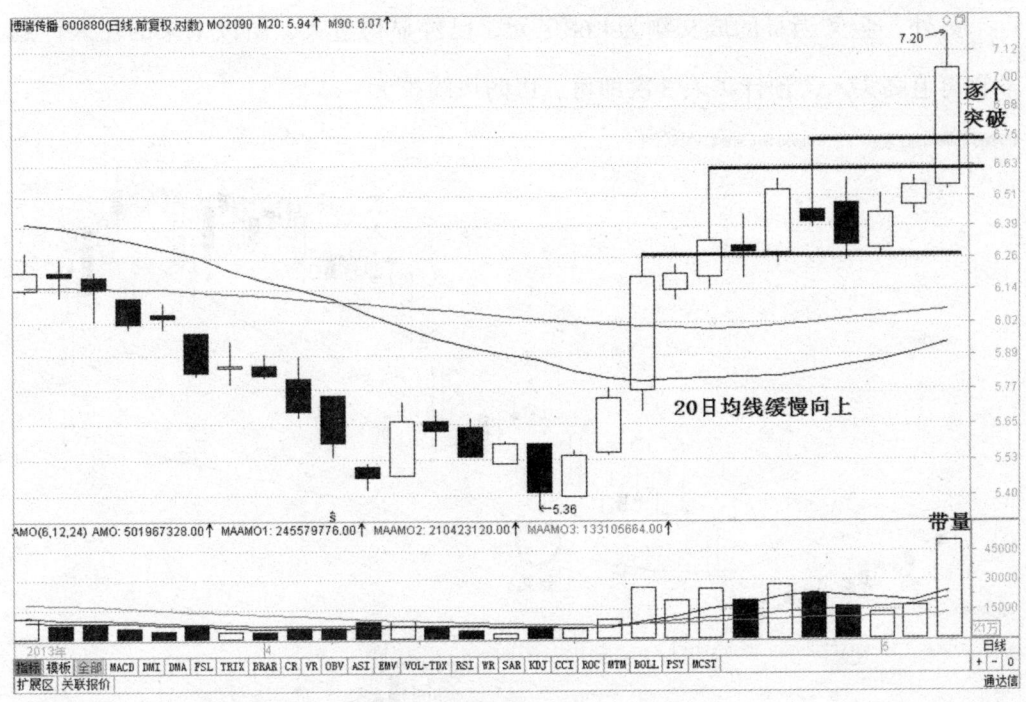

图2-63 博瑞传播 逐步上破

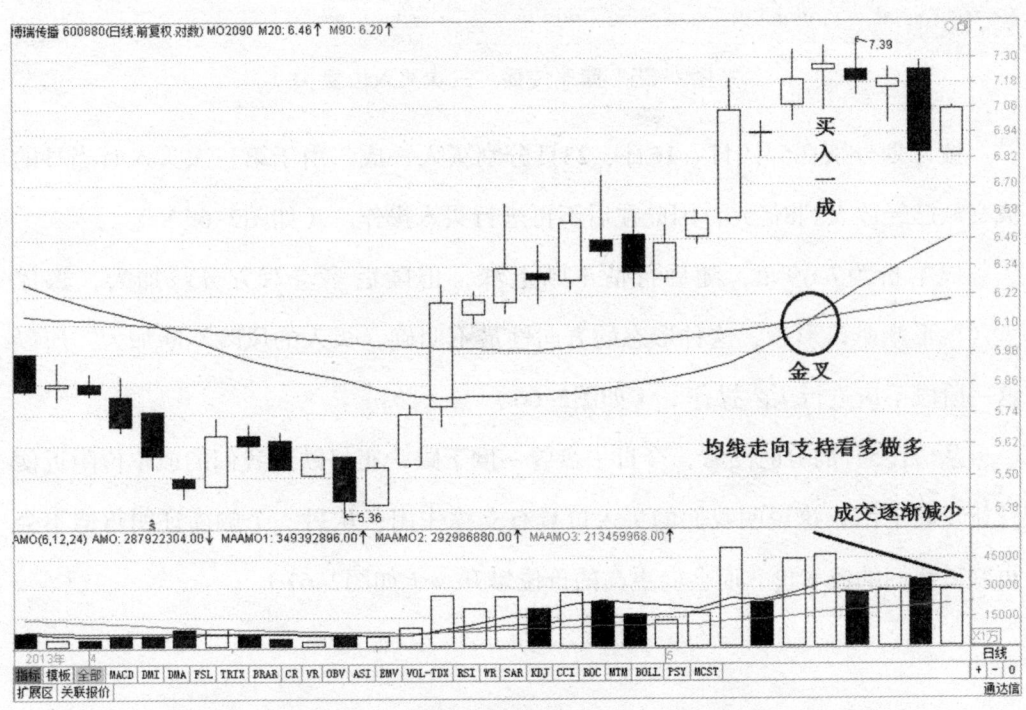

图2-64 博瑞传播 黄金交叉 买入操作

另外，金叉当日的成交额为4.68亿元，已经显得过大，所以未来的买入计划不宜再追高买入，预计买入3次即可，以防风险扩大。

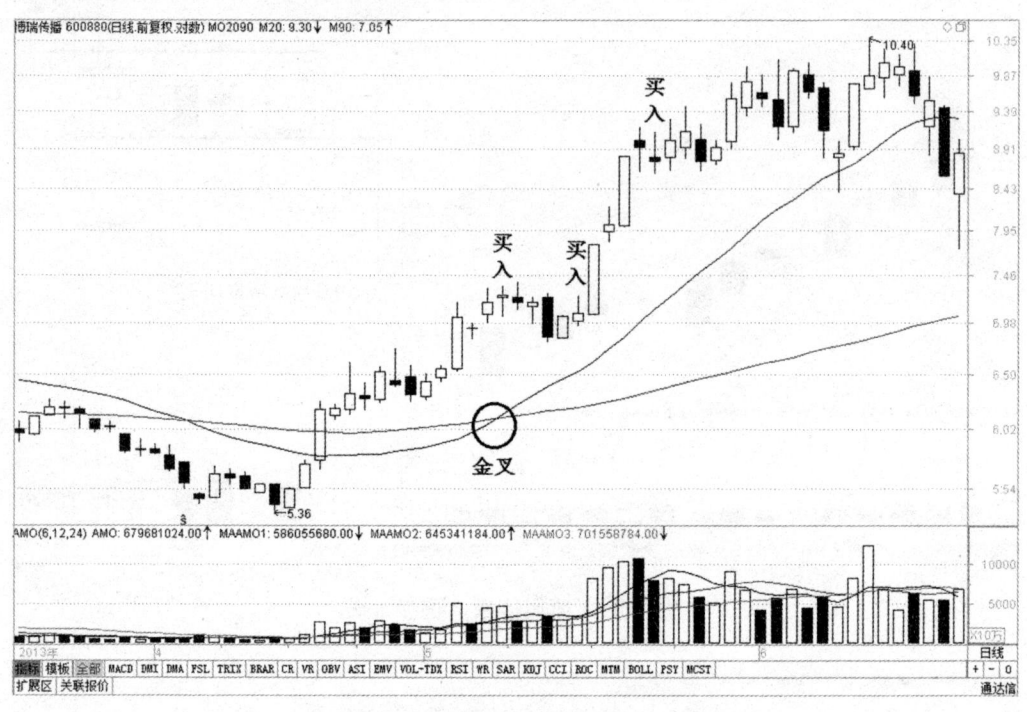

图2-65　博瑞传播　三次买入位置

按计划分别在5月9日、16日、23日分别买入一成。由于第三次买入时当日的成交额已经放大到8亿元，因此往后不再进行买入操作。（如图2-65）

成本价为7.69元，随后行情不断上涨，但随后多空双方分歧加大，形成"〈"形喇叭口形态，这种形态的方向性最不明确，买入的风险不断加大。所以这一阶段不应进行买入操作。（如图2-66）

从6月25日的分时图看，今日午盘曾一度下跌，正好跌到我们的成本价附近便开始反转上涨，这说明我们的买入价具有支撑作用，从另一个侧面证明行情不会再跌破我们的成本价，而会向更高的价位攀升。（如图2-67）

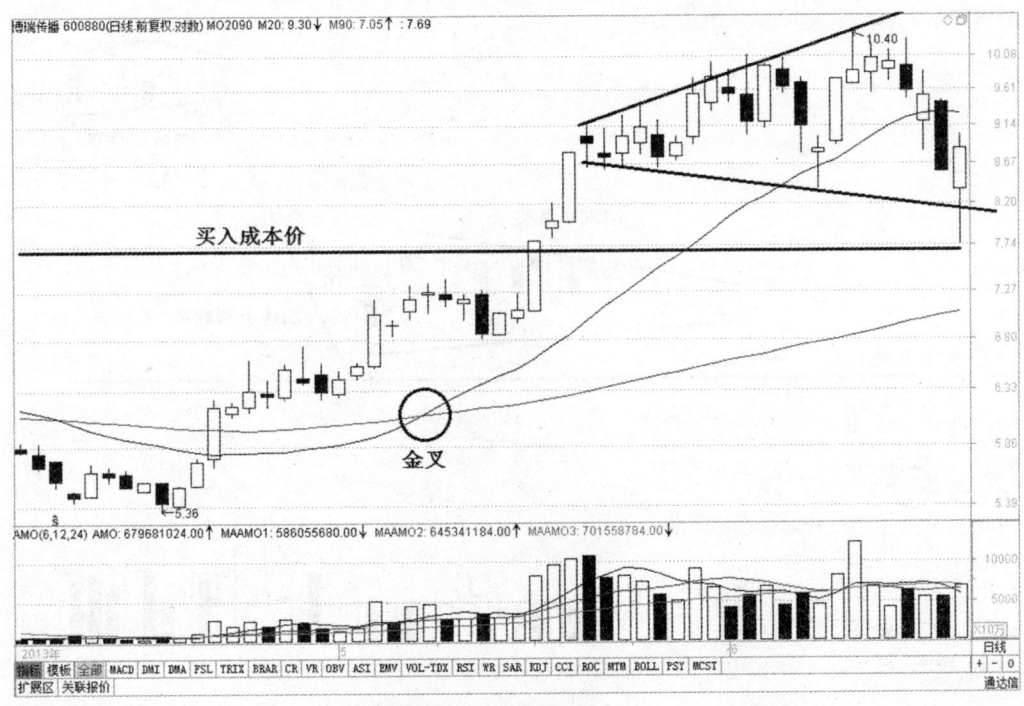

图2-66 博瑞传播 高位震荡幅度拉大，风险增加

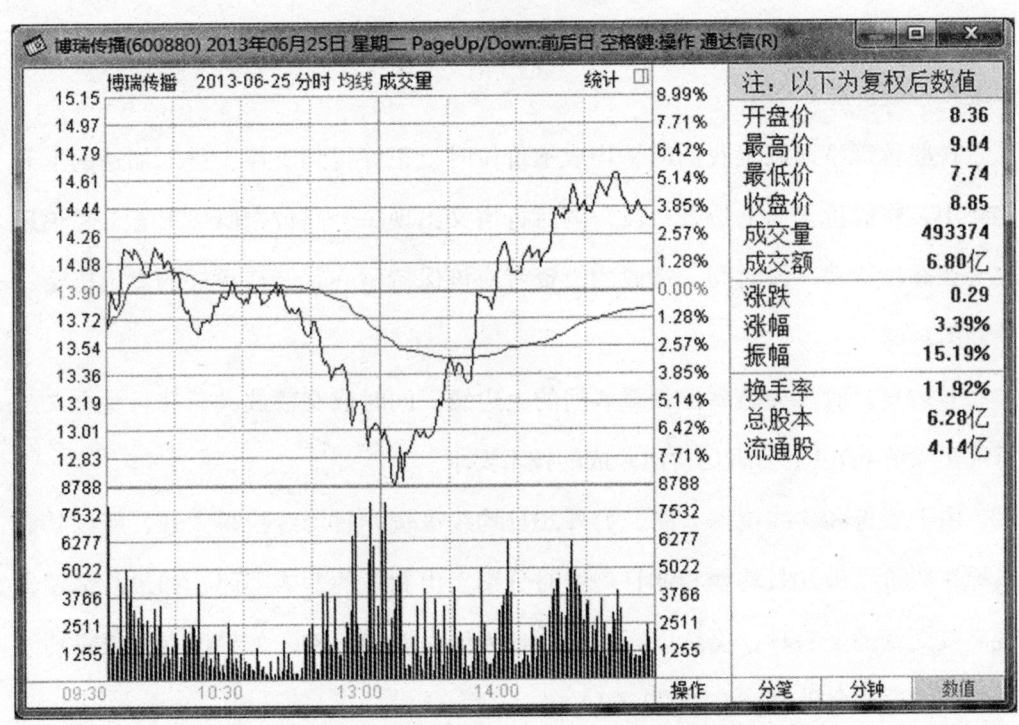

图2-67 博瑞传播 2013年6月25日分时图

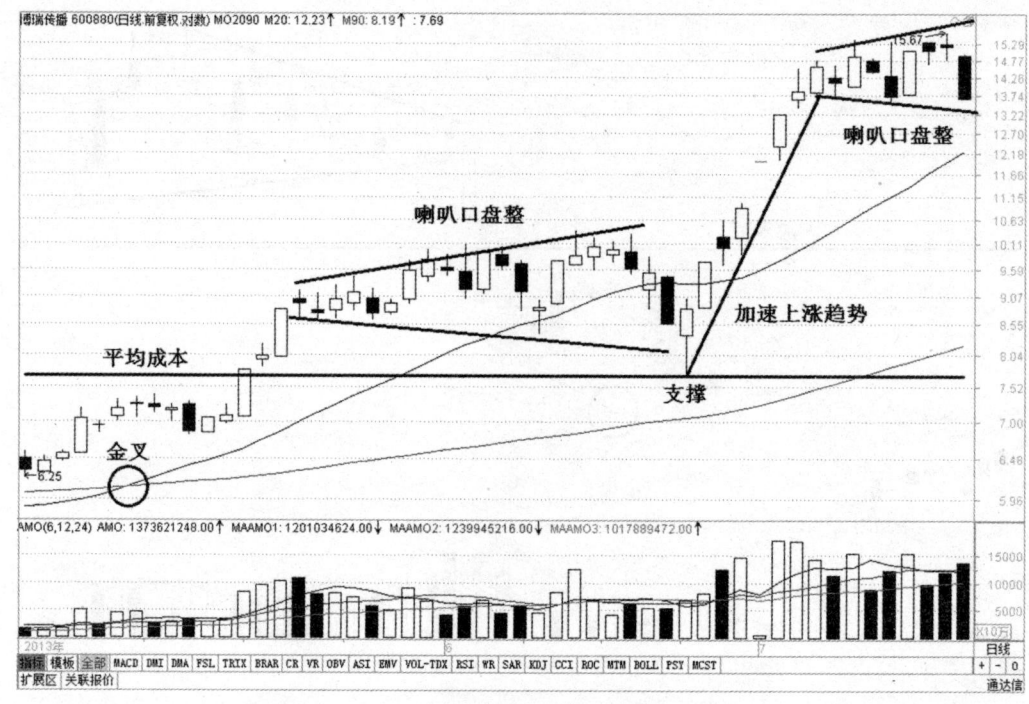

图2-68 博瑞传播 再次爬升与再次高位震荡

由于金叉当日成交额是4.68亿元,近期还没有超过它4倍的日成交额出现,所以继续持股待涨。

在股价盘整回调至我们的平均成本价位时,正好得到支撑,进入加速的上升趋势中,将股价又向上拉升一段,随后行情又出现一个高位喇叭口形态,恐怕还将会在高位耗费一段时间,持股的投资者应该保持耐心,等待更好的卖出机会。(如图2-68)

9月7日,股价突破高位盘整区间的上边缘,同时成交额放大,并且是金叉当日成交额的4倍以上,满足卖出一成的技术要求。

由于股价和均线拉得太高,另外20日均线也较90日均线拉得太开,所以我们选择在股价跌破20日均线和90日均线时分别卖出剩下的两成筹码,如果行情还出现高成交额的交易日,仍然以高额成交日为优先卖出条件,如果没有就依靠均线被跌破进行清仓操作。(如图2-69)

第二章 均线正向操作法则

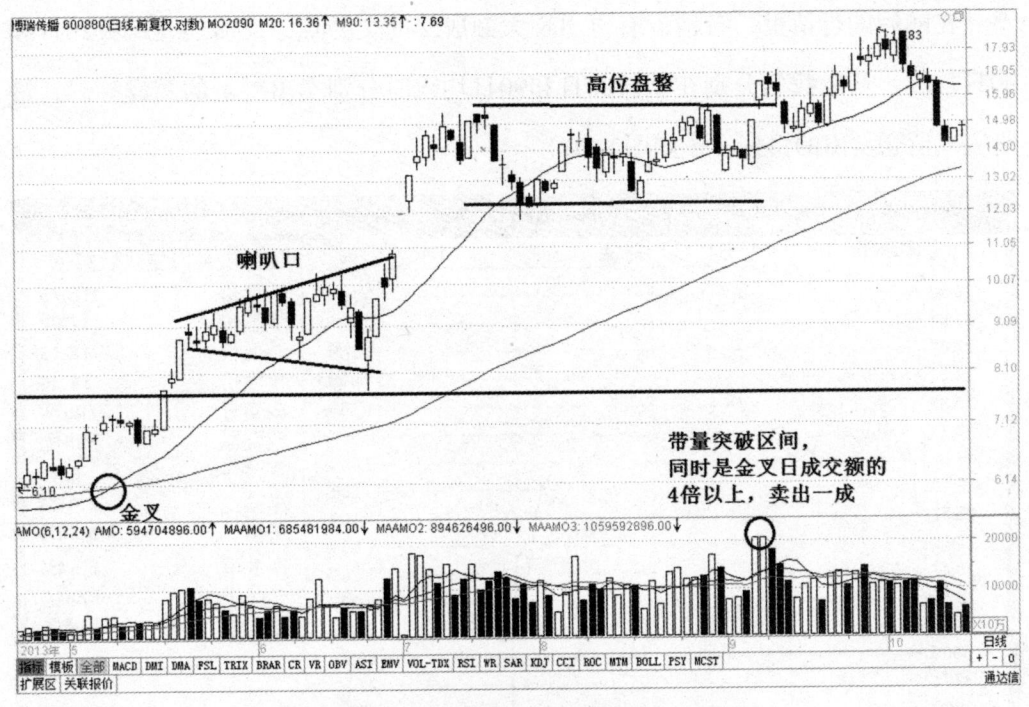

图2-69 博瑞传播 盘整后再拉升再盘整

图2-70 博瑞传播 卖点分析

在随后的行情里，行情没有再出现大额成交的交易日，反而连续跌破20日和90日均线，所以我们分别在跌破20日和90日均线时分别卖出剩下的两成筹码，最终完成清仓卖出的目标。（如图2-70）

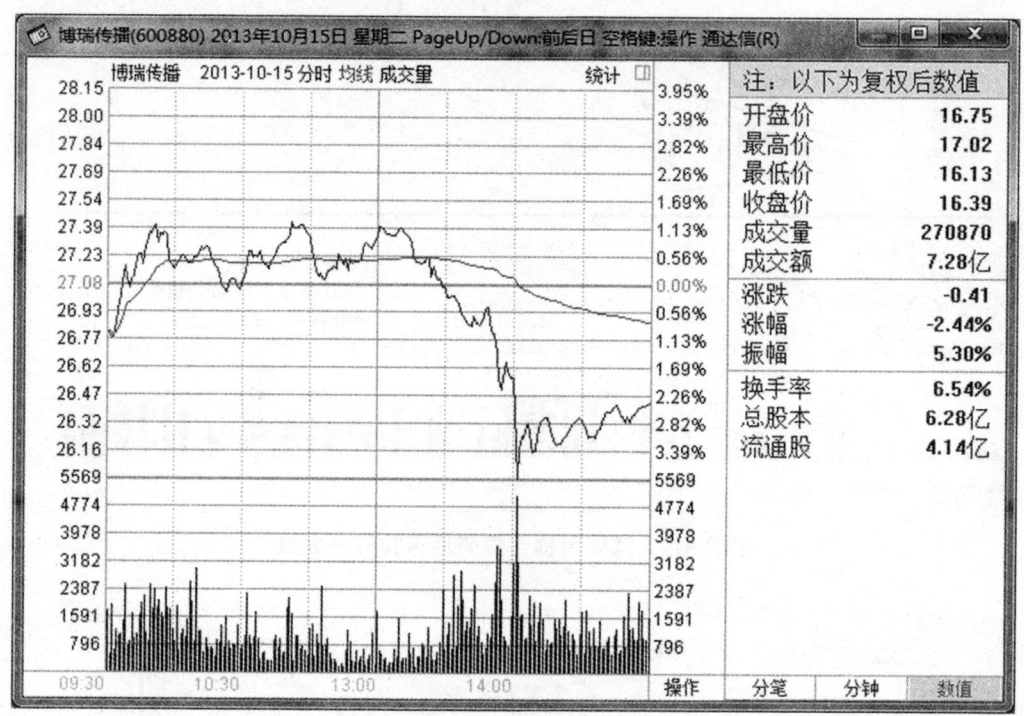

图2-71　博瑞传播　2013年10月15日分时图

这是首次跌破20日均线的交易日，该日上午盘走势尚可，未见异动，但午后开盘便一路带量下跌，引起恐慌性抛售潮。尾盘虽然缓慢回升，但无量支撑。后市不太妙。（如图2-71）

图2-72即10月22日继上次下破20日均线后，再破90日均线，由于尾盘直接跌停板，故而无法按计划卖出剩下的一成筹码，预计在次日随便找个价位卖出或最好是市价卖出，以完成这次交易。

总体来看，操作还算顺利，虽然没有买在低价和卖在高价，但基本上赚得不少，账面盈利超过100%。（如图2-73）

第二章 均线正向操作法则

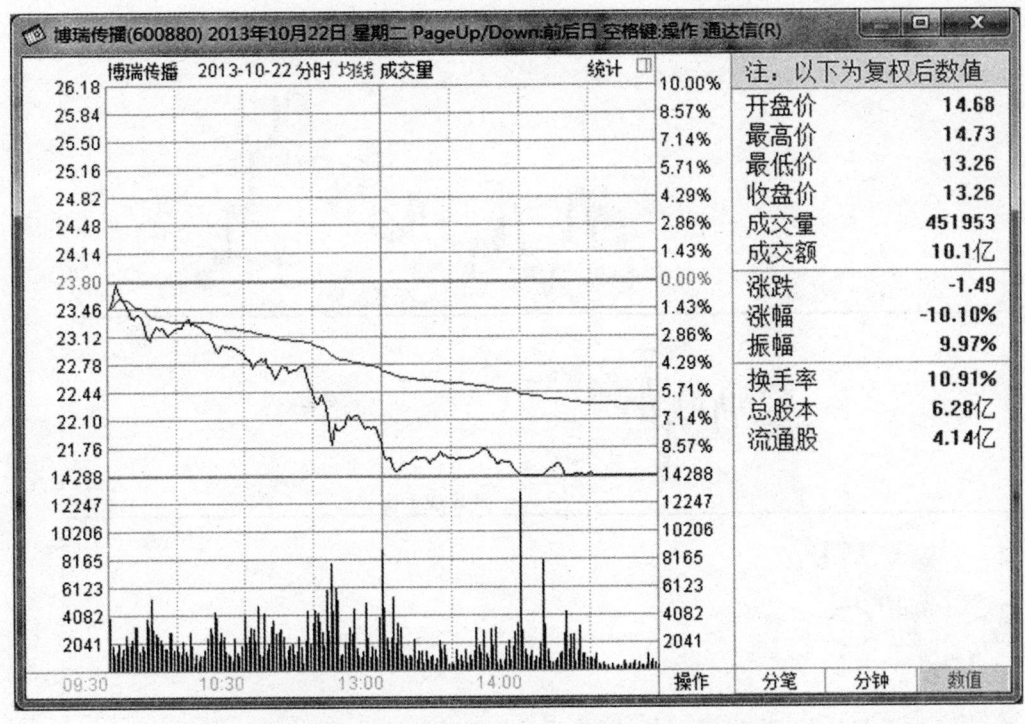

图2-72 博瑞传播 2013年10月22日分时图

图2-73 博瑞传播 交易全程

图2-74　博瑞传播　死板运用金叉买死叉卖，盈利相对较少

如果死板地非要在死叉出现时才卖出，那么利润将会减少一半，只能赚到52%。（如图2-74）

七、正向操作案例五——广弘控股（000529）

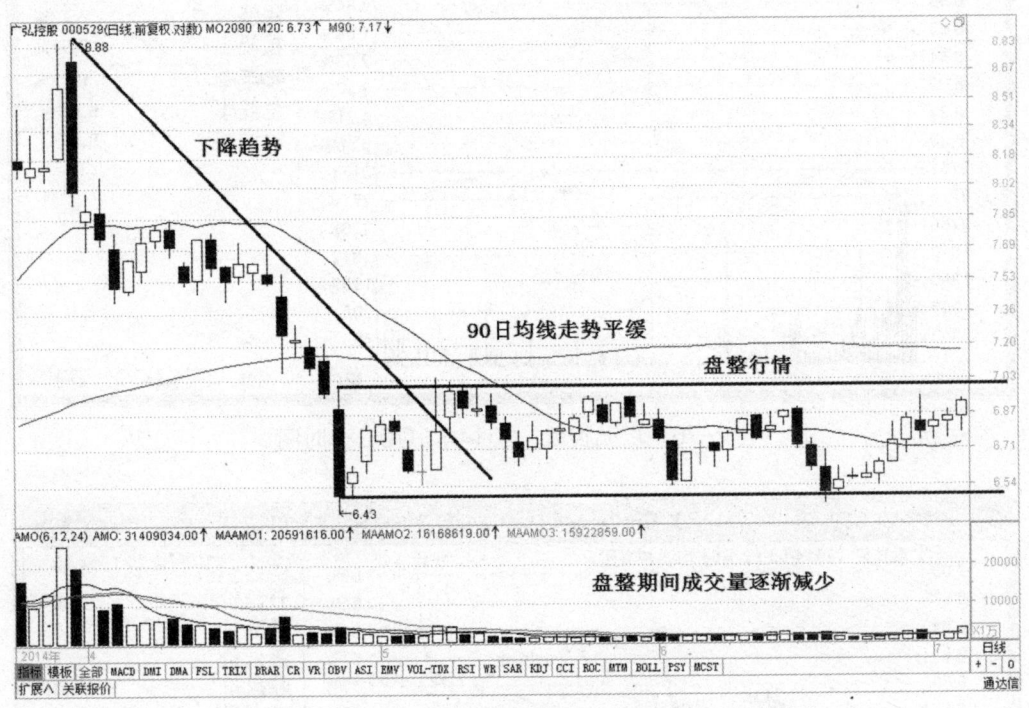

图2-75 广弘控股 前期分析

图2-75是广弘控股（000529）2014年3月至7月的日K线走势。图中可以看到此前高位下跌已持续一段时间，形成一条下降趋势线，股价直到5月9日才不断突破这个下降趋势的压制。

5月9日，行情早盘一度带量突破了下降趋势线，但好景不长，在随后便失守下跌，直到尾盘也未能重新站稳。后市还需继续观察。（图2-76）

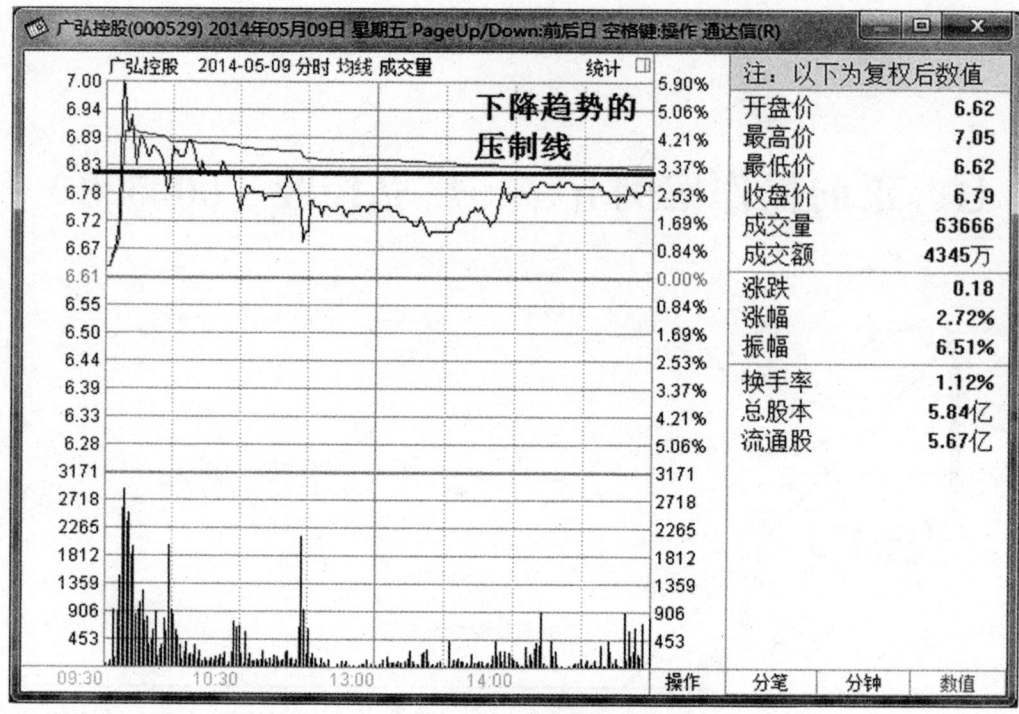

图2-76 广弘控股 2014年5月9日分时图

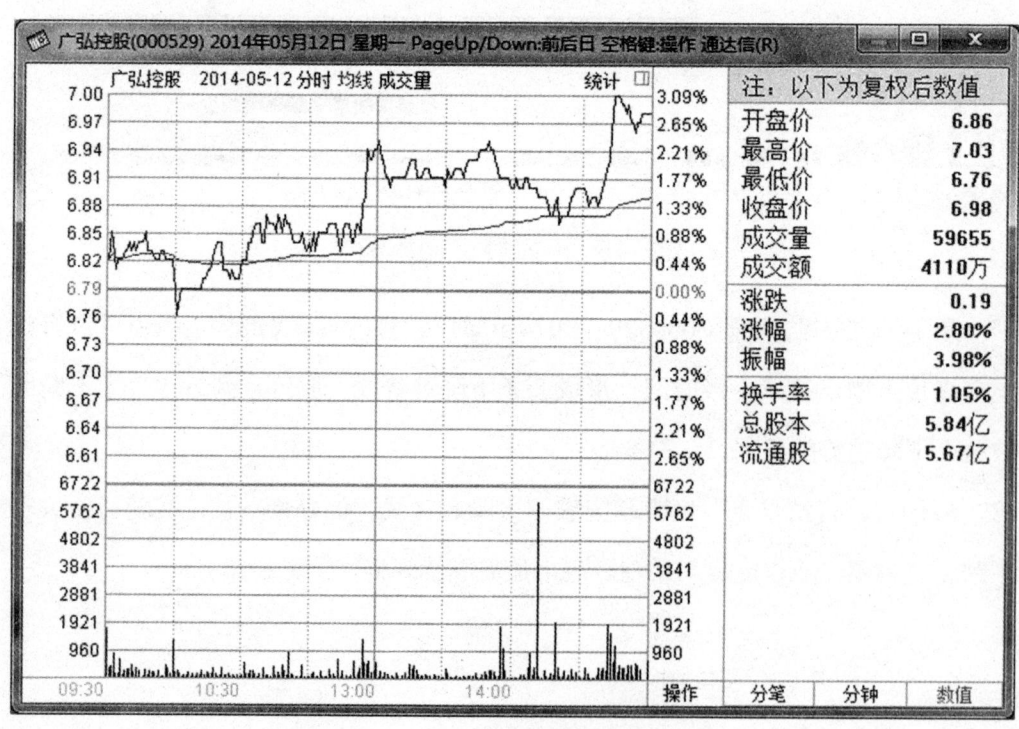

图2-77 广弘控股 盈利相对较少

第二章 均线正向操作法则

在下一个交易日,股价直接突破了这个趋势的压制,轻松报收一中阳线。(如图2-77)

在这之后,行情开始长达数月之久的横向盘整,成交量也逐渐减少,持股不耐心的投资者纷纷卖出手中的股票,这极像是震仓行为,所以在这之后极有可能进入下一轮上升行情。时刻关注盘整行情最终所选择的突破方向。

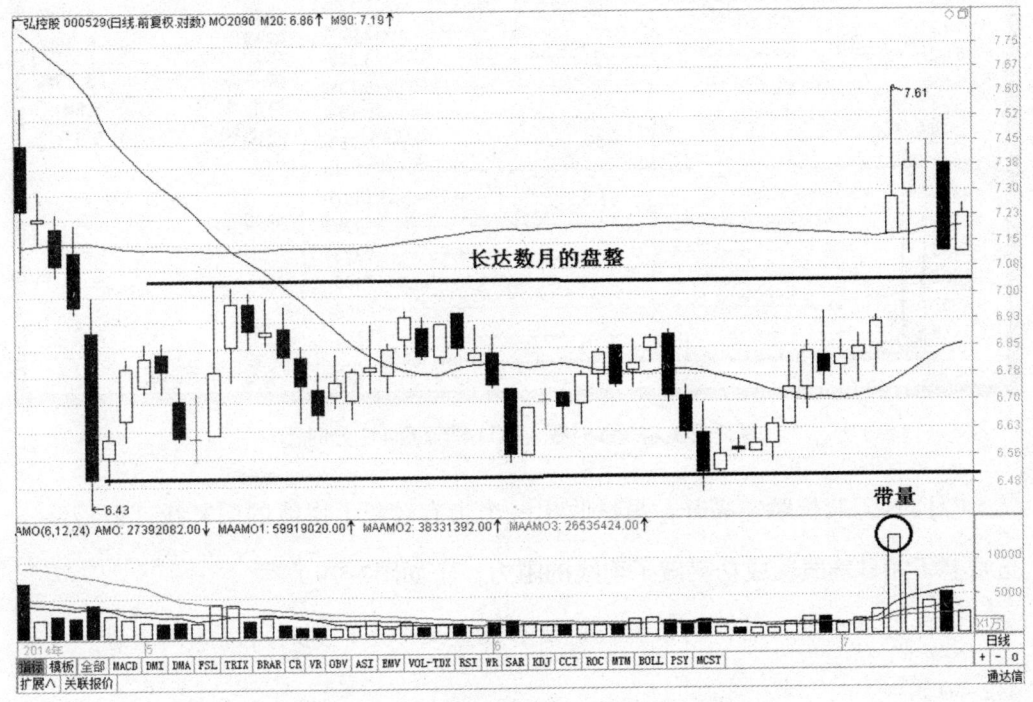

图2-78 广弘控股 等待买入机会出现

盘整考验的是持股者的耐心,一些信心不坚定的持股者很可能在这几个月的时间里耐不住性子而提早卖出。从成交量的数据来看,不少不坚定的持股者纷纷卖出,所以成交额都不大,卖出的大多是中小投资者。(如图2-78)

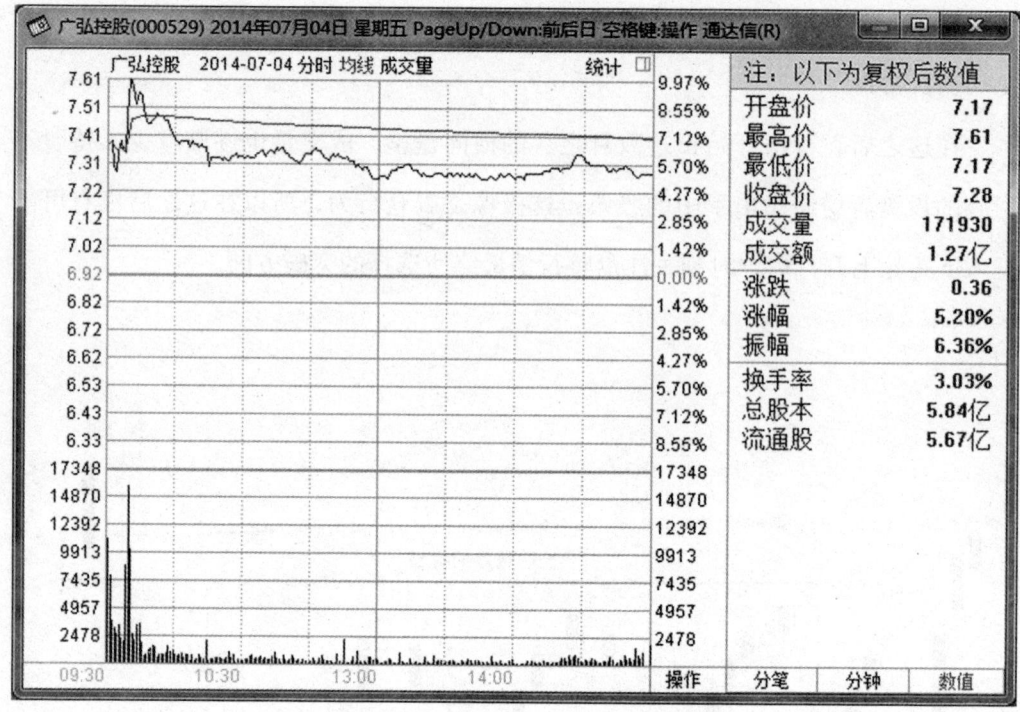

图2-79　广弘控股　2014年7月4日分时图

7月4日，股价跳空高开，虽然收出一个带有较长上影线的阳K线，但最终还是站上了90日均线，成功突破了均线的阻力。（如图2-79）

预计数个交易日后，两条均线将要形成金叉形态，到时可以如期买进。（如图2-80）

在金叉出现前，上升通道已受到破坏，行情急速下跌，同时金叉出现当日仍按原计划买入一成。（如图2-81）

第二章 均线正向操作法则

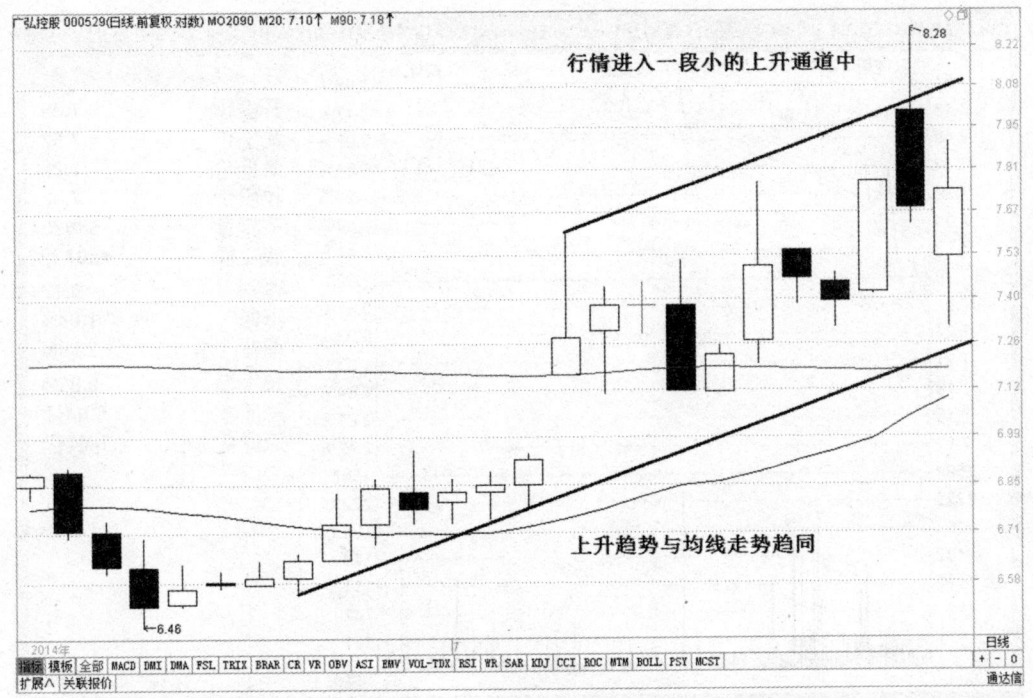

图2-80 广弘控股 上升通道已形成，即将形成均线金叉

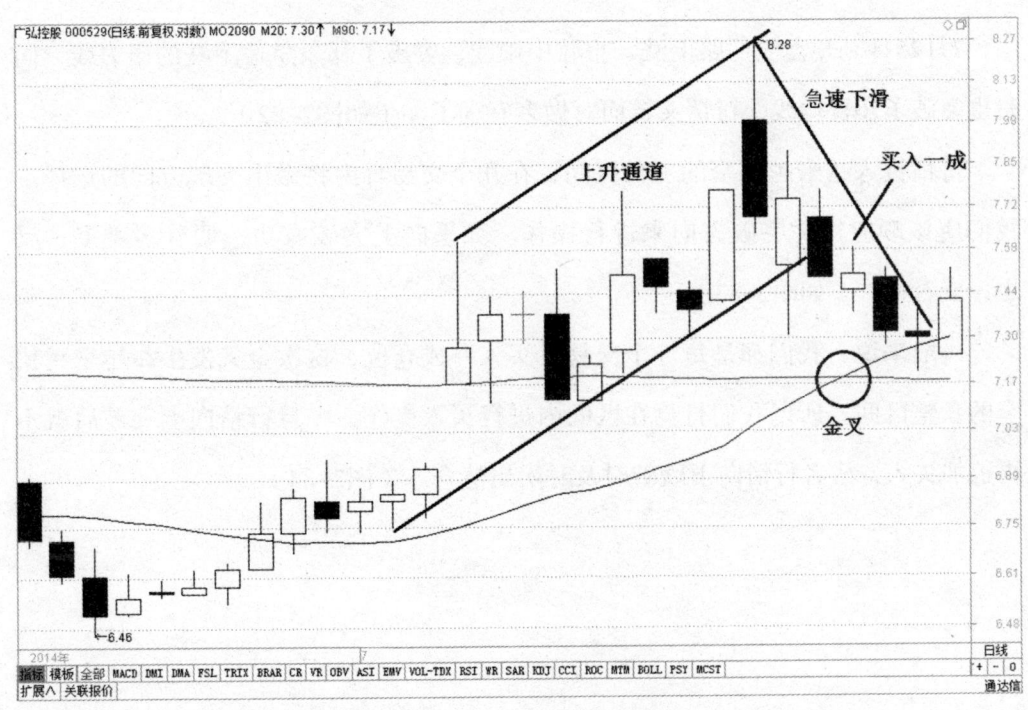

图2-81 广弘控股 金叉买入

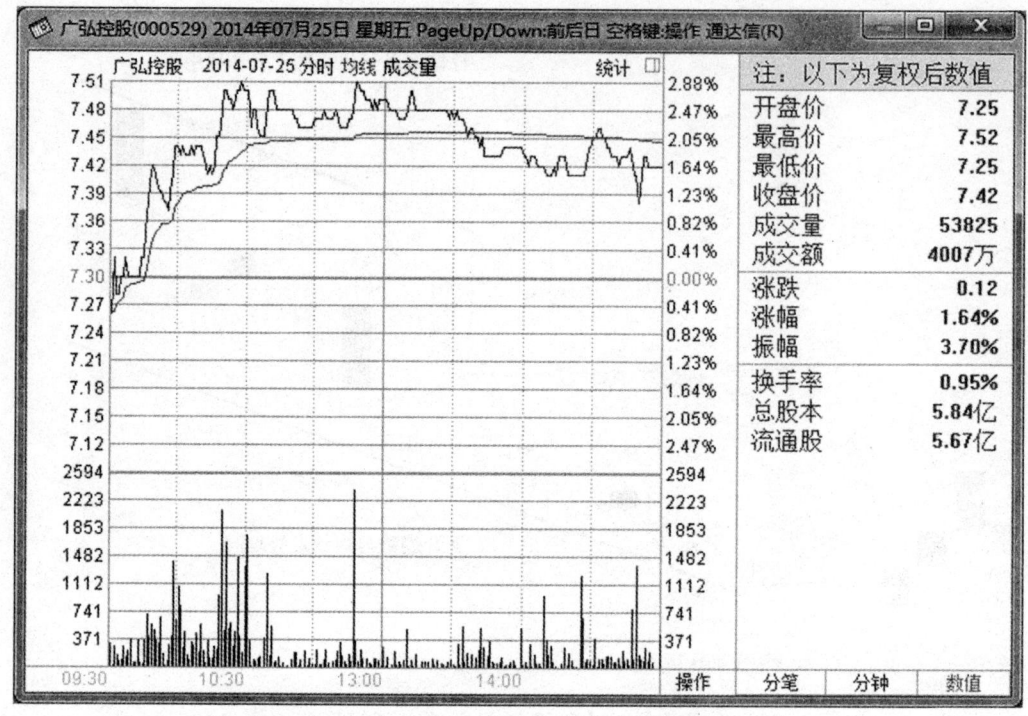

图2-82　广弘控股　2014年7月25日分时图

7月25日，开盘便一路上涨，报收中阳线，突破了那条急速下跌的压力线，同时也突破了20日均线，行情又转而对做多有利了。（如图2-82）

行情进入越来越狭窄的三角区间，在几个交易日内将做出突破方向的选择。我们应该顺应这种突破方向来进行操作。如果向上突破成功，便看多做多；反之，就看空。（如图2-83）

一般来说，我们都是每5个交易日买入一成仓位，这次金叉发生在越来越狭窄的盘整区间，所以我们打算在区间内进行买入操作，一旦行情向上突破后就不再追加买入，或者行情向下跌破时及时卖出清仓。（图2-84）

第二章 均线正向操作法则

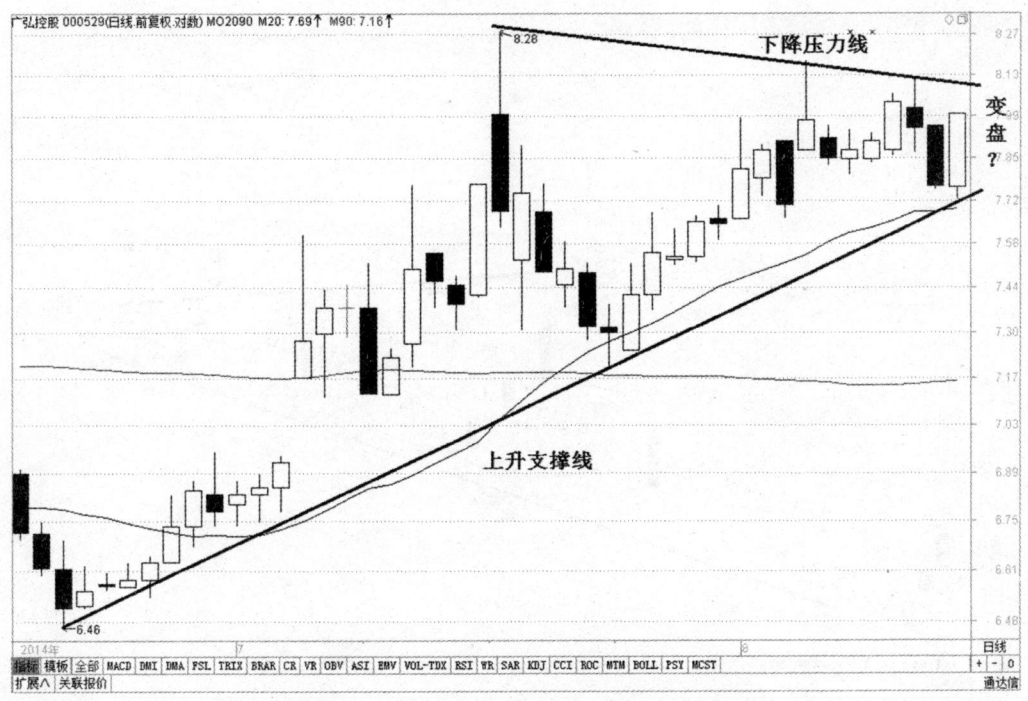

图2-83 广弘控股 盘整即将结束 变盘？

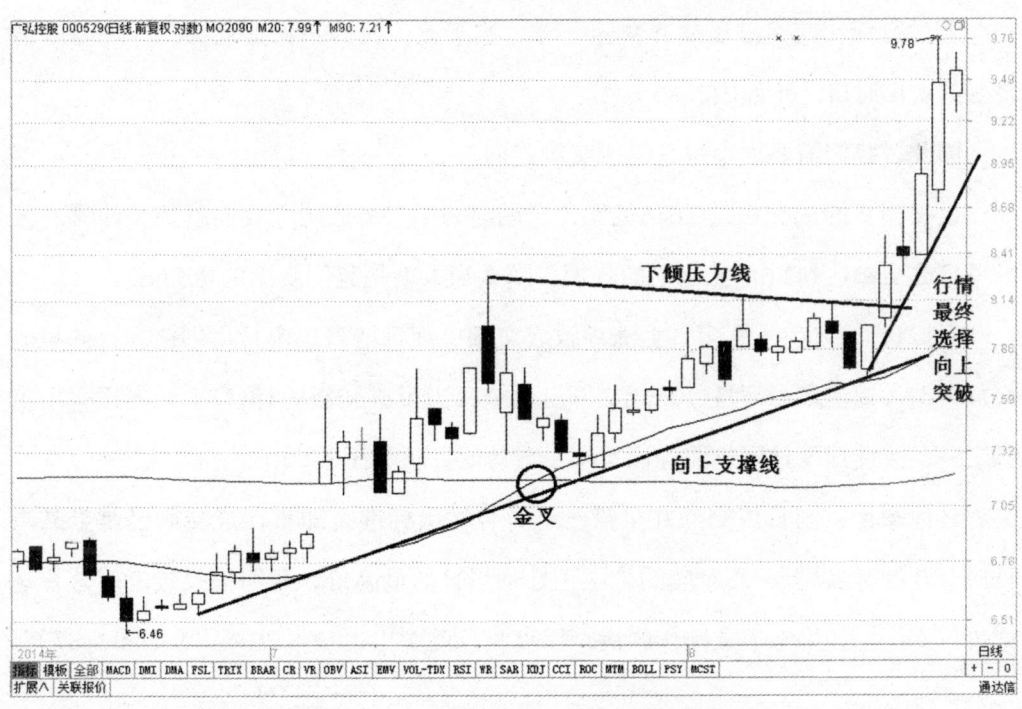

图2-84 广弘控股 向上突破，买入操作

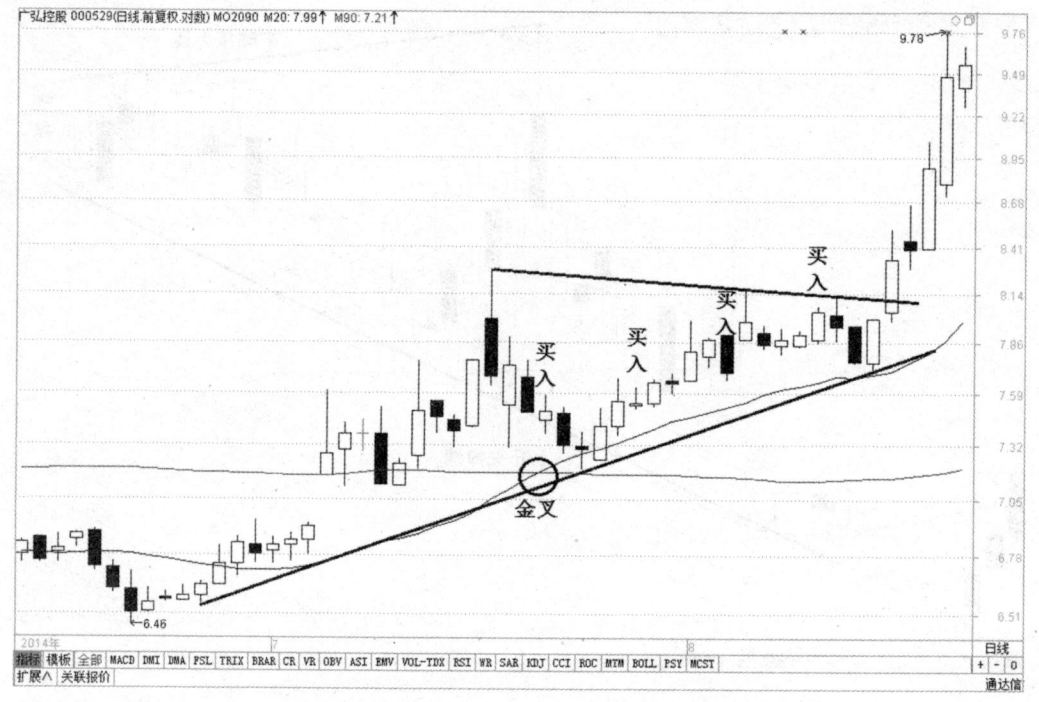

图2-85　广弘控股　买入待涨与卖出择机

随后行情快速突破压制并快速上涨，鉴于此，我们不再追高买入，而是等待较好的卖出时机。（如图2-85）

因此，我们需要观察每日的成交额走向。

金叉当日的成交额是0.648亿元，它的4倍约是2.6亿元。我们就要关注哪一天的单日成交额达到2.6亿元以上的规模，那么当天就是我们卖出的机会。

8月21日，之前连续多日上涨导致成交额也逐日增多，今日再创新高，并且成交额再次大幅增多，而且今日成交额已是金叉当日成交额的4倍以上，属于卖出信号之一，按计划今日尾盘前应该卖出一成筹码。（如图2-86）

具体来说，当日成交额在早盘已经符合卖出标准，即累计成交额已是金叉当日成交额的4倍以上，而对应的价位正好是当日的最高价，聪明的投资者应该在这个价位卖出，如果来不及操作的话，尾盘收盘前卖出也是可以的。（如图2-87）

第二章 均线正向操作法则

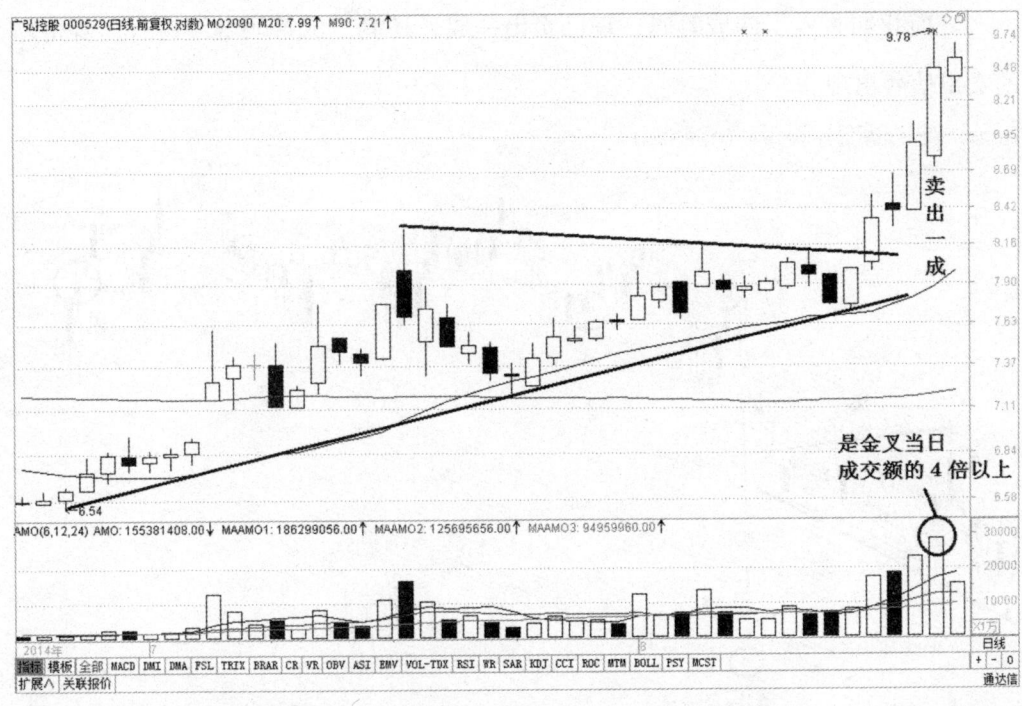

图2-86 广弘控股 成交额倍数过高——卖出

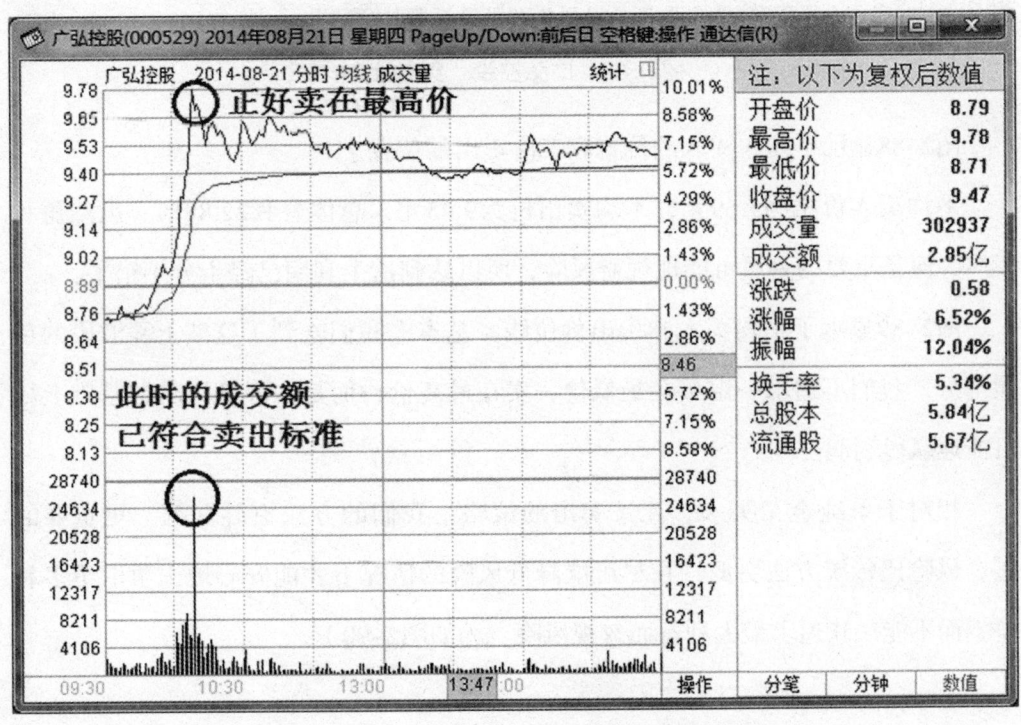

图2-87 广弘控股 2014年8月21日分时图

之前我们买入了四成筹码，现已卖出一成，还剩三成筹码继续持有，等待新的卖出信号出现。

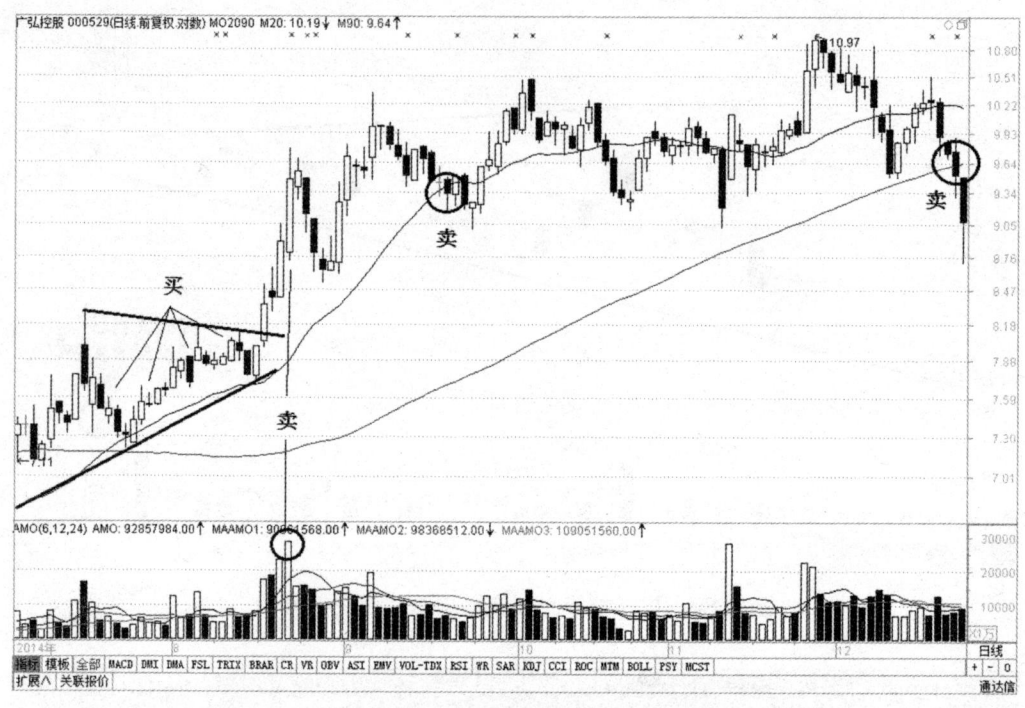

图2-88　广弘控股　卖点分布

图2-88显示了四次买入的位置和三次卖出的位置。

平均买入价格为7.69元，平均卖出价为9.45元，总体盈利22.88%。虽然盈利不多，但是重要的是尽可能地规避风险，所以达到这个利润已经十分不错了。

图2-89显示了平均买入和卖出价位线，基本上我们吃到了这波上涨波段的鱼腹部分，我们不追求一定买在最低价，卖在最高价，而是在降低风险的基础上尽可能地赢得利润。

相对于单纯金叉买入、死叉卖出的策略，我们的方法更胜一筹。更重要的是，风险比传统方法更低，在尽可能降低风险的情况下才能安心地去争取更多利益，而不能一味追求最大利益而忽视风险。（如图2-90）

第二章 均线正向操作法则

图2-89 广弘控股 交易全程

图2-90 广弘控股 传统买法利润较低

第三章

均线反向操作法则

一、死亡交叉——买入

图3-1　反向操作法则　死叉买入

　　两条均线的死亡交叉一般预示着行情转弱或者已经进入下跌行情中，但有时也不一定。有的时候均线发生死叉时通常是回调或震荡的相对低点，这正好是我们梦寐以求买到较低价的机会。（如图3-1）

　　这是由于均线都具有滞后性，计算天数越长，滞后性越大，所以在两条较长期均线出现死叉后，通常代表行情在这之前已经处于下跌趋势中，而死叉形态是在其后一段时间才随后发生。（如图3-2）

第三章 均线反向操作法则

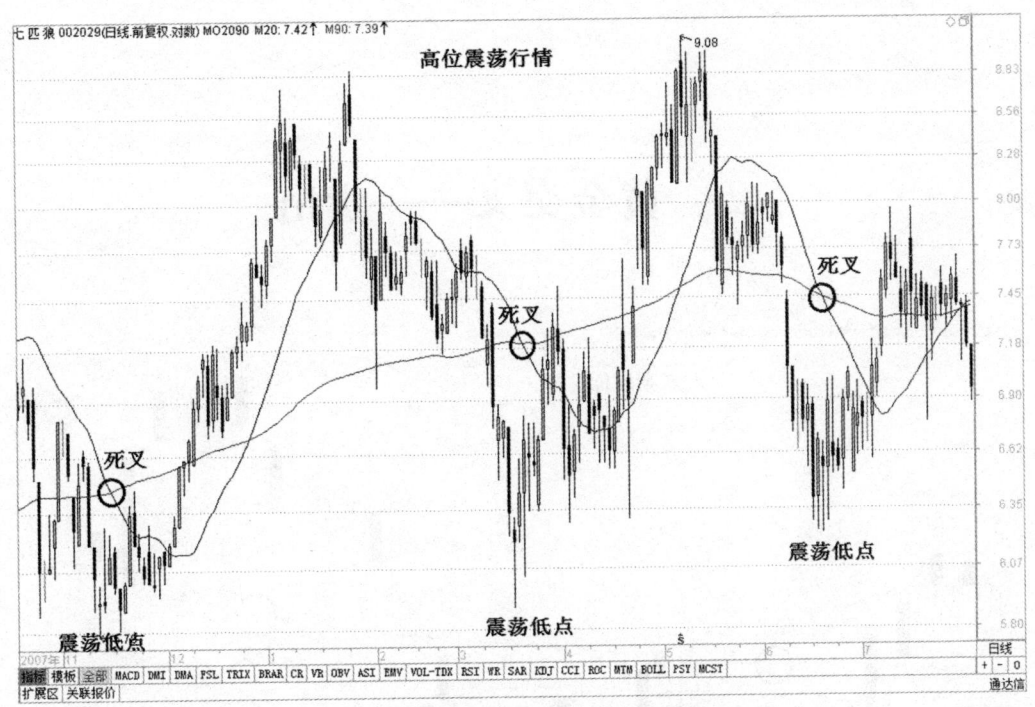

图3-2 反向操作法则 死叉买到低价

在牛市或震荡市中，特别是在震荡市中，均线死叉、金叉总是严重滞后于行情。

均线的反向操作就是基于这一特殊情况来实施并从中获利。

在均线发生死叉时，行情又处于牛市或是震荡市时，就可以在死叉当日接近收盘时进行买入操作。

二、黄金交叉——卖出

图3-3 反向操作法则 金叉卖出

与死叉的情况相反，金叉在反向操作法则中，代表了一种卖出信号。

因为行情不断在震荡，发生金叉的时候可能行情已经发生改变，所以金叉有时代表着一种涨势的末期。

从图3-3来看，行情一直在高位长期震荡，这导致这两条均线发出的信号出现严重滞后，据此，我们就可以利用均线反向操作来获利。

图3-3的买卖信号只是反向操作的冰山一角。

下面我们用大量的案例说明这种逆向方法的独特之处，让我们不再惧怕死叉，不再见到均线死叉就习惯性卖出。

三、反向操作案例一——津劝业（600821）

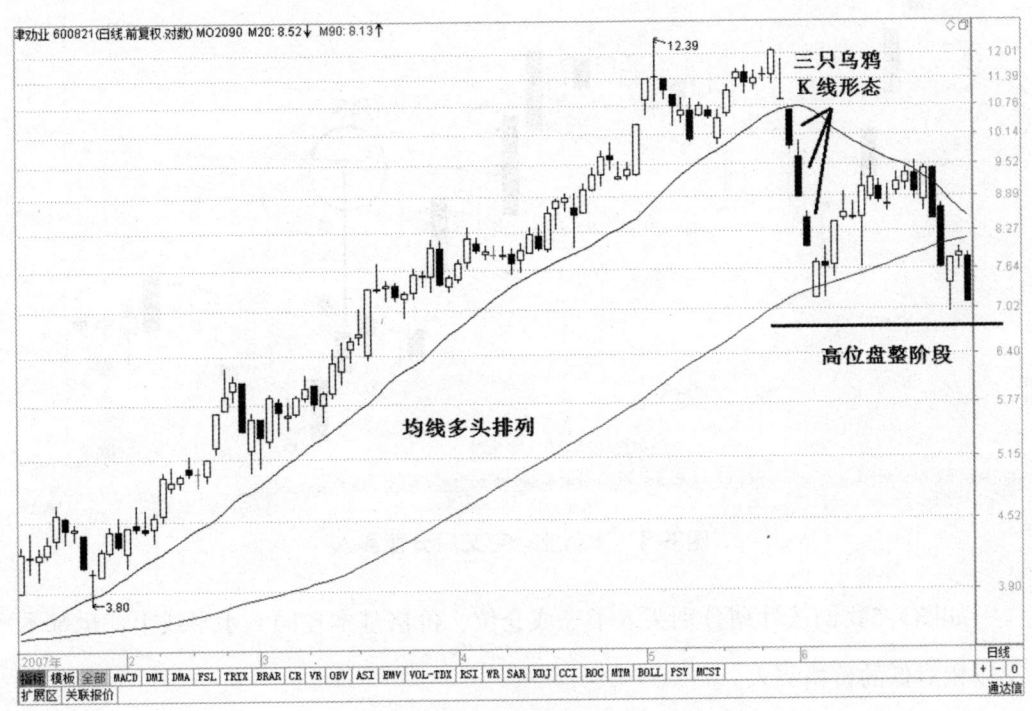

图3-4 津劝业 等待死叉买入信号出现

图3-4是个股津劝业（600821）2007年上半年的日线走势，随着大盘的暴涨，该个股也节节攀升，均线呈多头排列形态，一直支持着行情向上走高。

但随着三只乌鸦看跌形态的出现，这个情况有所改变，行情走入震荡区间。

其中，20日均线逐渐掉头向下，就快要与90日均线形成死亡交叉，参考大盘，预计大盘见顶还需要一段时间，所以我们预计行情进入一个较大的震荡区间中，可以尝试在未来出现均线死叉时买入一部分筹码，以赚取震荡行情带来的特殊利润。

鉴于90日均线依旧缓慢向上行走，所以我们计划每5个交易日分批买入一成筹码，如果行情好，我们就计划满仓操作，否则最多拿三成到五成仓位，不再追高买入。

图3-5　津劝业　死叉后分琵买入

如图3-5我们按计划分别买入了三成仓位，价格基本在同一水平线上，也基本上以相对低的价格买入。

对于突破下降趋势或20日均线之后的买入信号，不予搭理，否则很可能抬高自己的成本，进而让利润减小，甚至增大风险。（如图3-6）

所以我们的成本价就定在6.54元。

第三章 均线反向操作法则

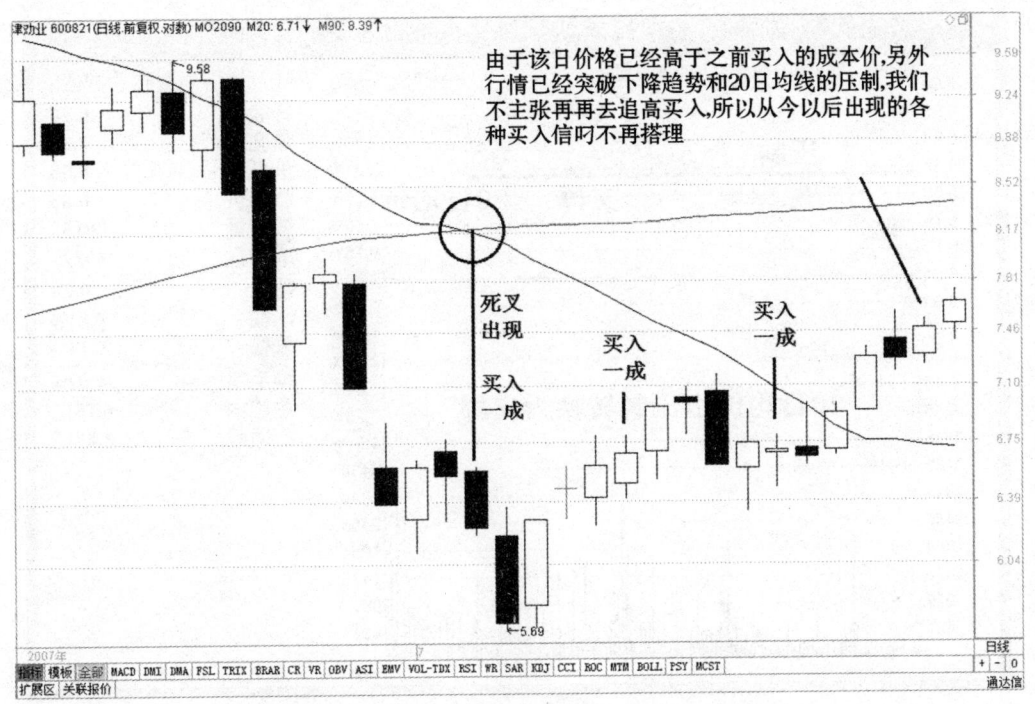

图3-6 津劝业 高出成本价，不再继续买入

图3-7 津劝业 股价向上突破均线压制

图3-8　津劝业　2007年7月20日分时图

7月20日，一只中阳线突破了当天的20日均价，从分时图看（如图3-8），在早盘该均线还具有强有力的压制作用，但到了午盘后开始转变为支撑线，股价多次回调至该均线价位，随后马上得到支撑而再度回涨，证明该日已经成功突破了均线的压制，后市很可能进入上升通道。

7月23日，再报收一大阳线，该阳线直接突破了较长期以来的下降趋势线，突破时带有较大的成交量，预计这是多头唱起进攻号角了。（如图3-9）

分析该日分时图，突破时并不费什么力气，一口气就拉上来了，持续在高位震荡，尾盘也收在高处，长期以来的下降趋势已失去了压制作用。（如图3-10）

由于我们已经完成了买入操作，所以我们只需要关注卖出信号是否出现即可。

所谓卖出信号，就是等待金叉出现时卖出部分或全仓卖出。在行情仍然看好时只卖出部分，如果行情不好或位置过高时就应该全仓卖出。

第三章 均线反向操作法则

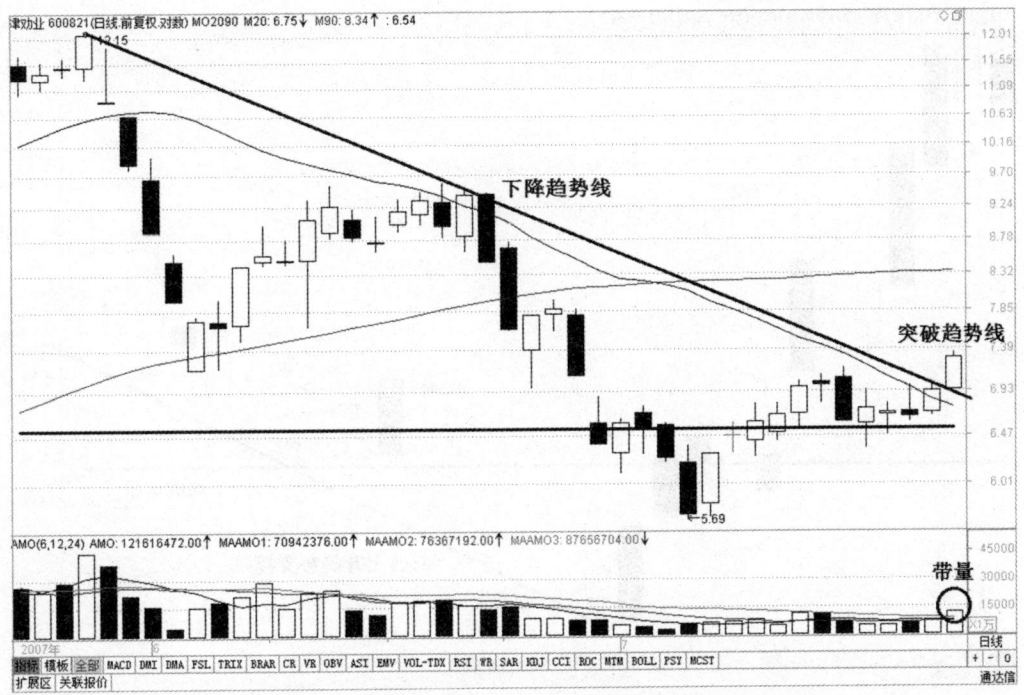

图3-9 津劝业 股价带量突破下降趋势线

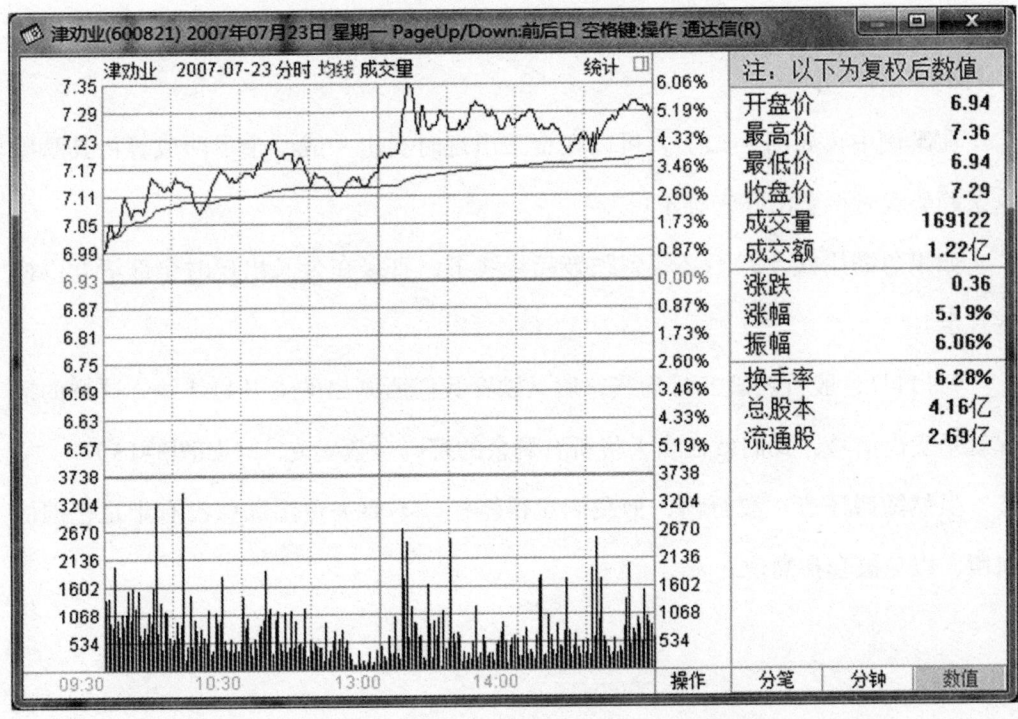

图3-10 津劝业 2007年7月23日分时图

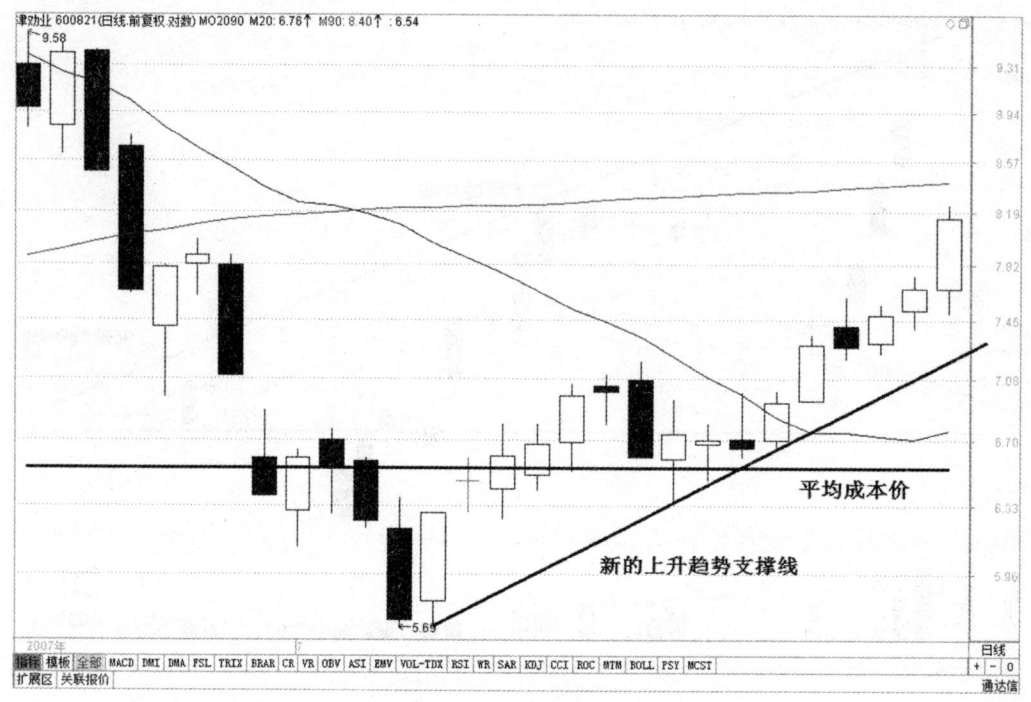

图3-11 津劝业 新上升趋势

在趋势明显时，可以以一根上升支撑线作为出场的辅助参考条件。（如图3-11）

在本例中（如图3-12），可以在金叉出现时卖出一成，余下两成等待其跌破这条趋势线时再卖出亦未尝不可。

如果急需用钱，就不必等到跌破趋势线了，直接在金叉出现时全部清仓以换取现金。

9月11日，股价跌破20日均线，后又跌穿我们所画出的上升趋势线。这样的情况就是卖出信号，我们就在当天将所有剩余的筹码全数卖光。（如图3-13）

虽然随后还有一波行情，但我们卖得轻松，不要去贪图那些没有十足把握的东西，以免被套在高位。

第三章 均线反向操作法则

图3-12 津劝业 交易分析

图3-13 津劝业 卖出决策

图3-14　津劝业　交易全程

下面我们计算一下此次交易的盈利情况。（如图3-14）

平均成本价为6.54元，平均卖出价是11.47元，总体盈利75%。

当然有的读者会说，此次波段最低价为5.7元，最高点是14.47元，最大有差不多3倍的利润。

但是我们不知道最低价在哪、最高价又在哪，我们的方法只是捕捉能捕捉到的信息，赚自己有把握的利润，而不是过度极端地追求利益最大化。

越是没有把握的东西所含风险也越大。

仅仅两个月后，该股又出现一次死叉买入的赚钱机会。

图3-15就是这次交易的全过程，平均买入成本价为8.43元，卖出价为12.42元，整个交易盈利47%！

两次交易都是连贯的，它们都基于一个长期的震荡行情。如果在熊市中，这种方法是没有太大胜算的。（如图3-16）

第三章 均线反向操作法则

图3-15 津劝业 再次买入

图3-16 津劝业 两次反向交易

图3-17 津劝业 反向交易法则在熊市中不适用

由于2008年已是大盘暴跌之年，所以不宜再使用这种反向操作方法，否则下场是很惨的。（如图3-17）

四、反向操作案例二——四川长虹（600839）

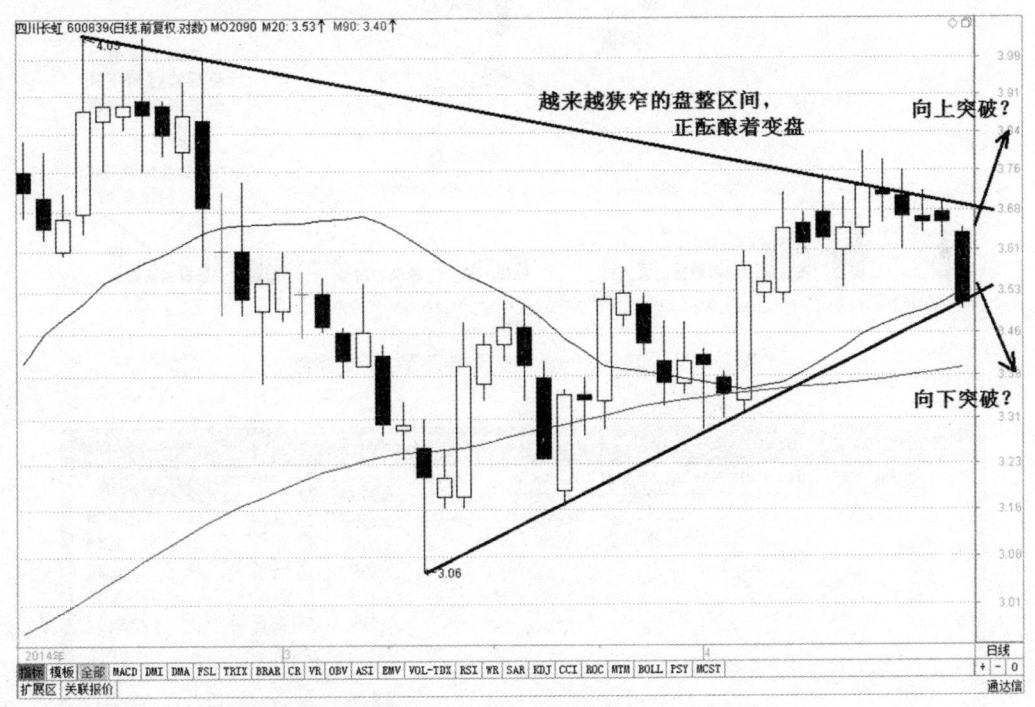

图3-18 四川长虹 前期分析，盘整变盘，向上？向下？

图3-18是四川长虹（600839）2014年2月中旬至4月的日线走势图，图中我们可以观察到一个"〉"形盘整区间，区间越来越狭窄，关键是它未来会向哪个方向突破。

如果向上突破将进入新一轮上涨行情，如果向下突破，就可能导致行情下跌或是盘整。

如果是进入盘整行情就有可能带来反向交易的介入机会。

此时不能作出任何预测，只能做好应对策略，以待各种情况发生后好做出相应的行动。

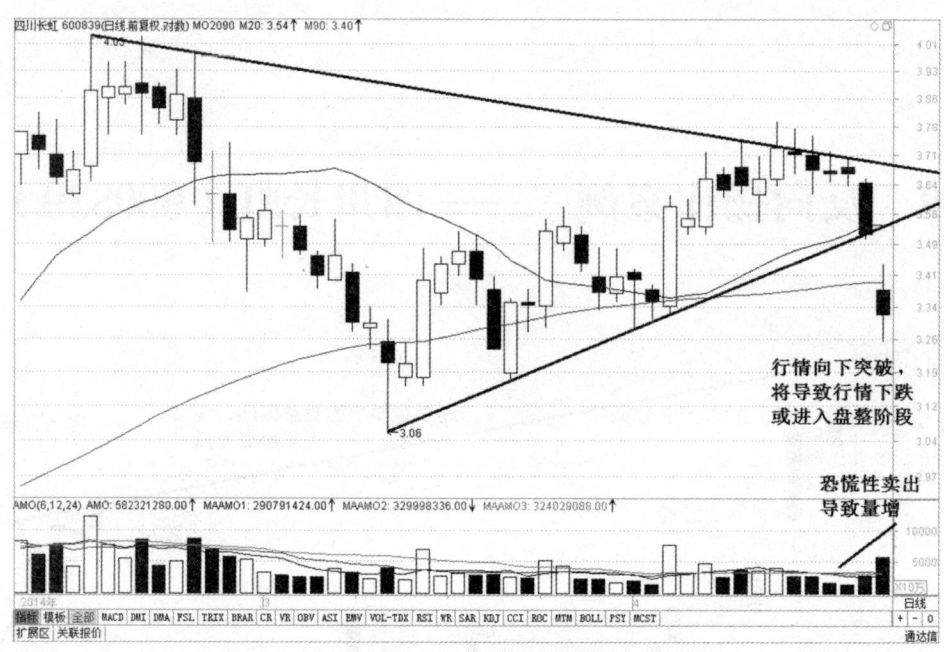

图3-19 四川长虹 股价向下跌破支撑线

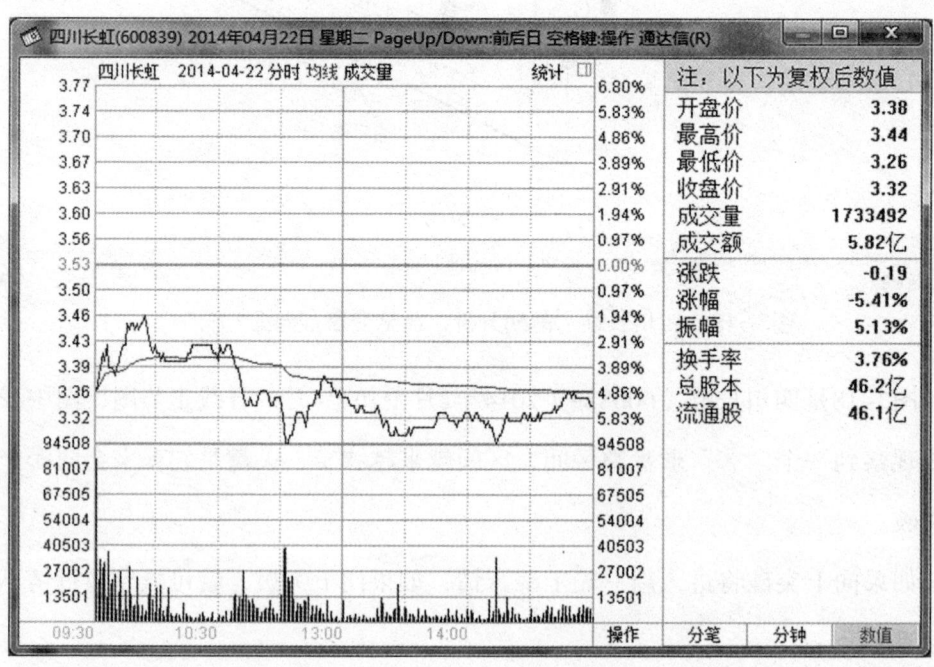

图3-20 四川长虹 2014年4月22日分时图

4月22日，股价突然跳空低开低走，连续多日放量下跌，恐慌盘连续抛出，极似震仓行为，继续关注等待反向操作的介入机会出现。（图3-19、图3-20）

第三章 均线反向操作法则

图3-21 四川长虹 等待均线死叉

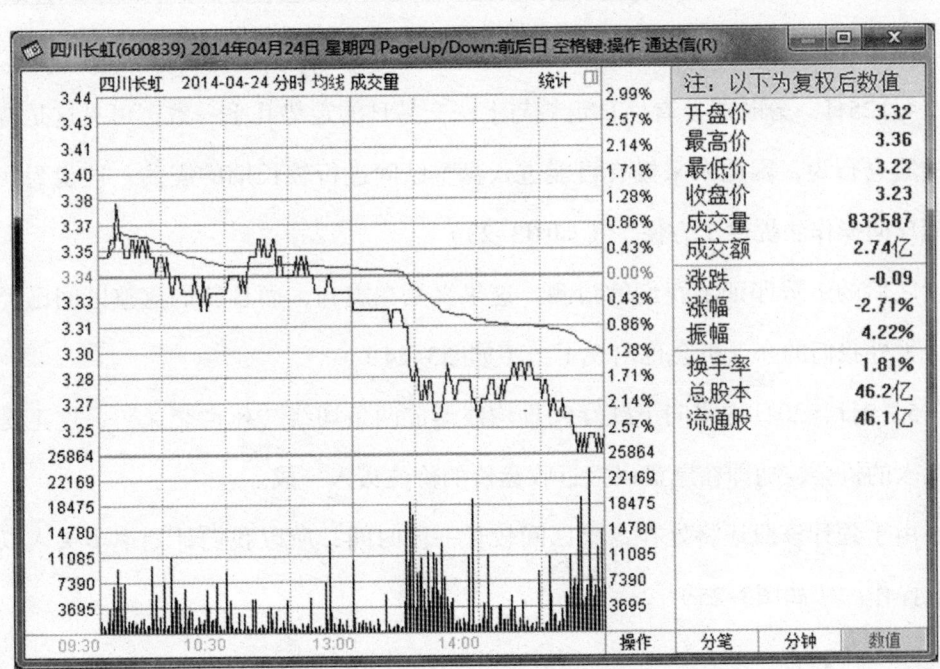

图3-22 四川长虹 2014年4月24日分时图

4月24日，行情再次向下暴跌，尾盘下跌较早盘放出更大的量，再次出现恐慌性抛盘，因此震仓还未结束。（图3-21、图3-22）

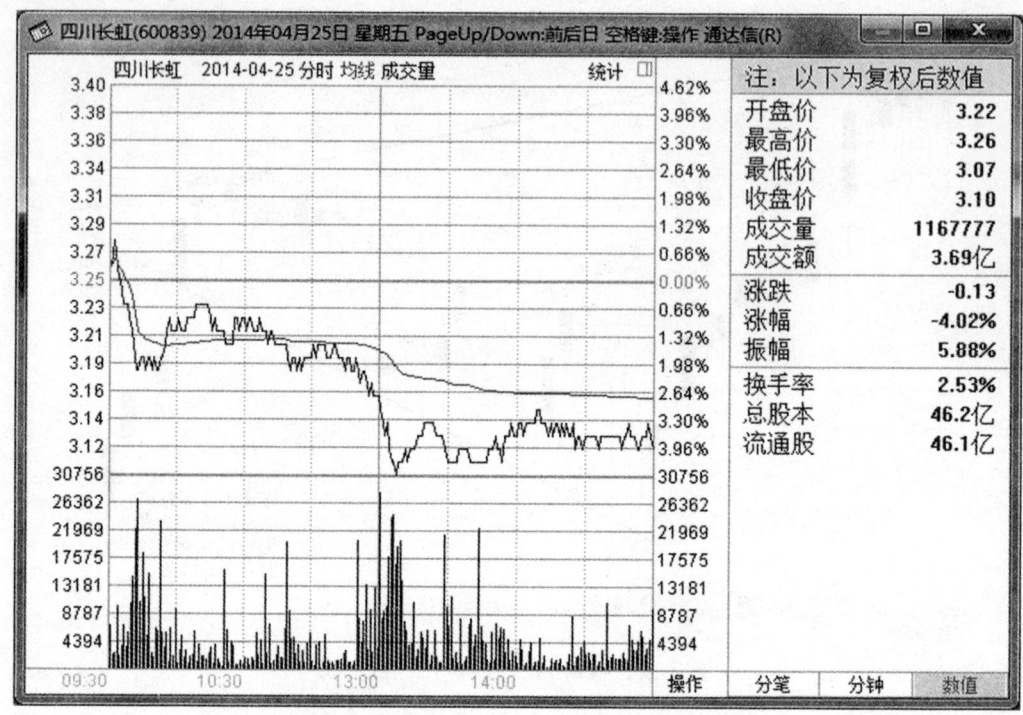

图3-23　四川长虹　2014年4月25日分时图

4月25日，分时图上看该日走势与上一交易日的走势几乎一致，可见这是有目的的震仓行为，因此未来极有可能进入盘整区间进行较长期的震荡，这也为我们使用反向操作法提供了方便。（如图3-23）

之后的走势印证了我们的猜测，这果真是在震仓，而且新的盘整区间已经出现，另外我们的介入机会也出现了。（如图3-24）

5月9日，20日均线向下跌穿90日均线形成两条均线"死亡交叉"，这正是我们买入的机会，随即在尾盘以接近收盘价的价位买入一成。

由于预计该股还将处在盘整区间较长一段时间，所以我们计划逐步买入以致全仓操作。（如图3-25）

第三章 均线反向操作法则

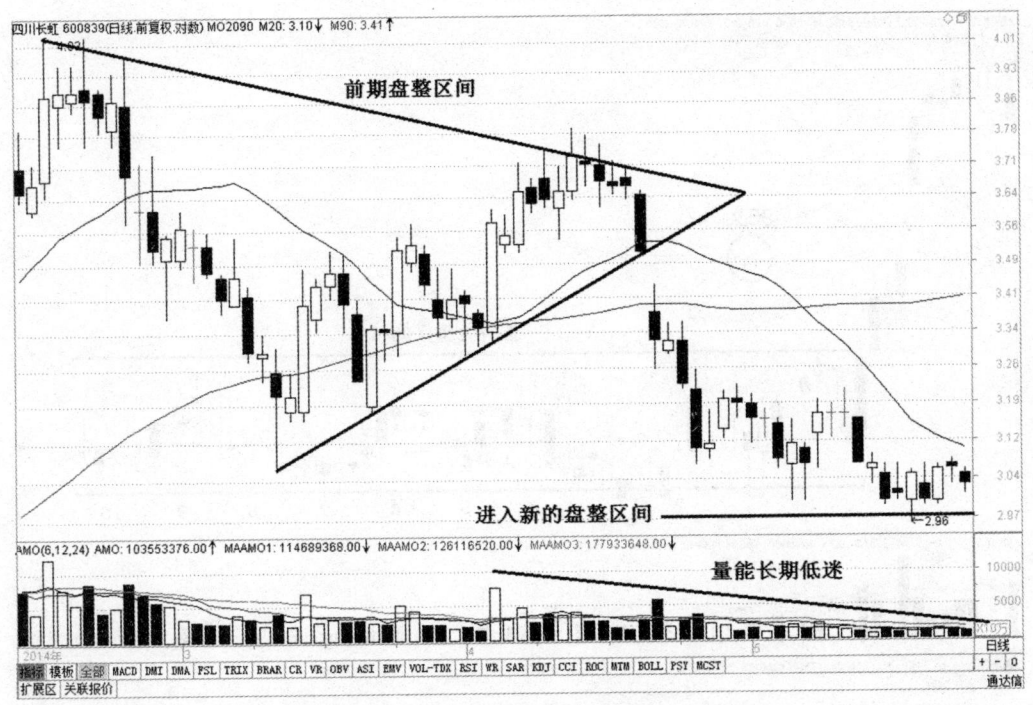

图3-24 四川长虹 机会来临

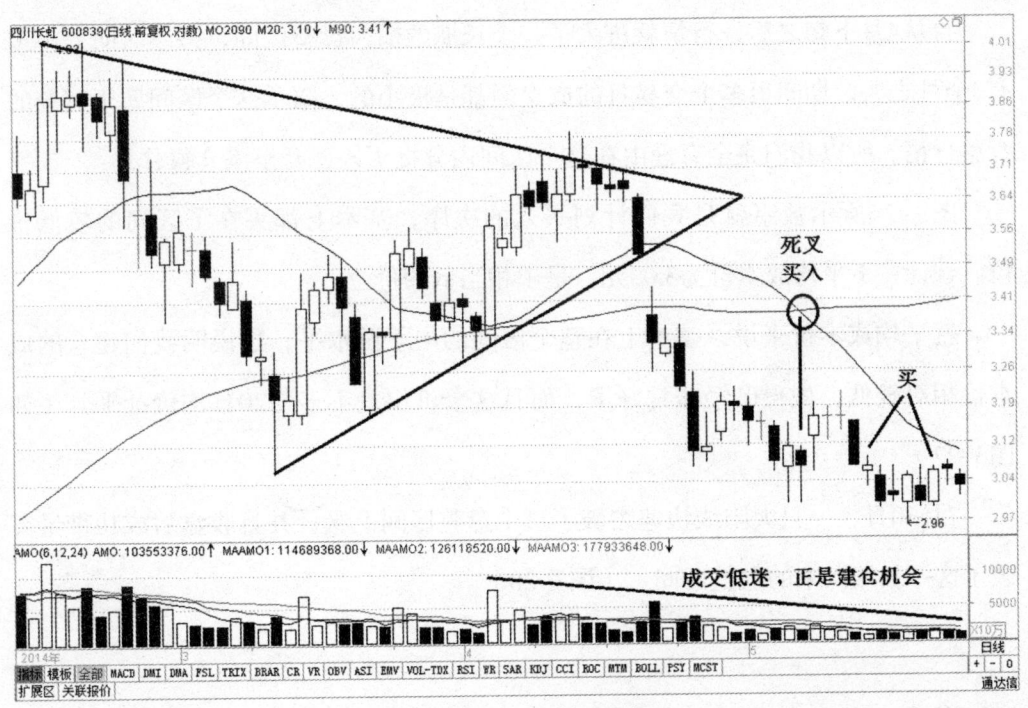

图3-25 四川长虹 分批买入

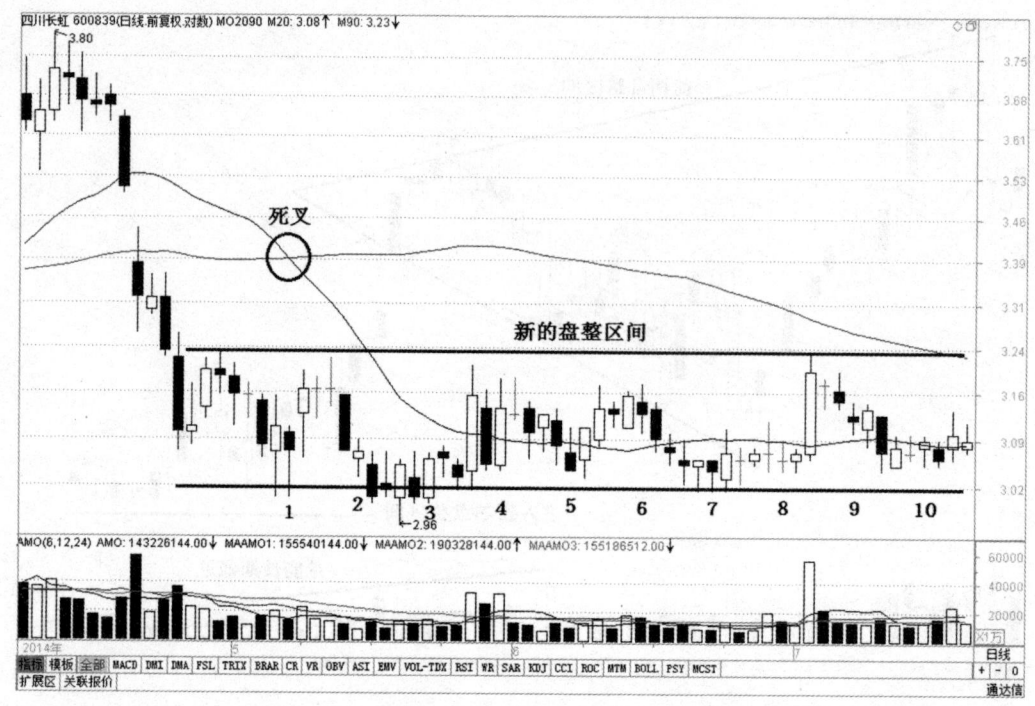

图3-26　四川长虹　买入机会很多，而且时间充足

自从4月下旬之后，行情就进入了一个长期的横向盘整区间，持续时间差不多有3个月之久，期间很多个交易日的成交额都是极小的，暗示这个区间属于震仓的盘整行情，所以我们完全有理由在这个区间内分批买入，乃至满仓操作。

图3-26所示数字就是我们计划买入的次序，基本上都买在了区间的较低价位。合计一下平均成本价为3.08元，是个相当低的价位。

就平均成本价来说，基本上在整个区间的中下游水平，这说明我们建仓的成本价相对较低，做得已经非常好了，而且这个价位差不多与20日均价扯平。（如图3-27）

7月30日，一只大阳线快速突破了这个盘整区间上缘，并且收盘后成功带量突破了这一长期以来的盘整区间。（图3-28）

第三章 均线反向操作法则

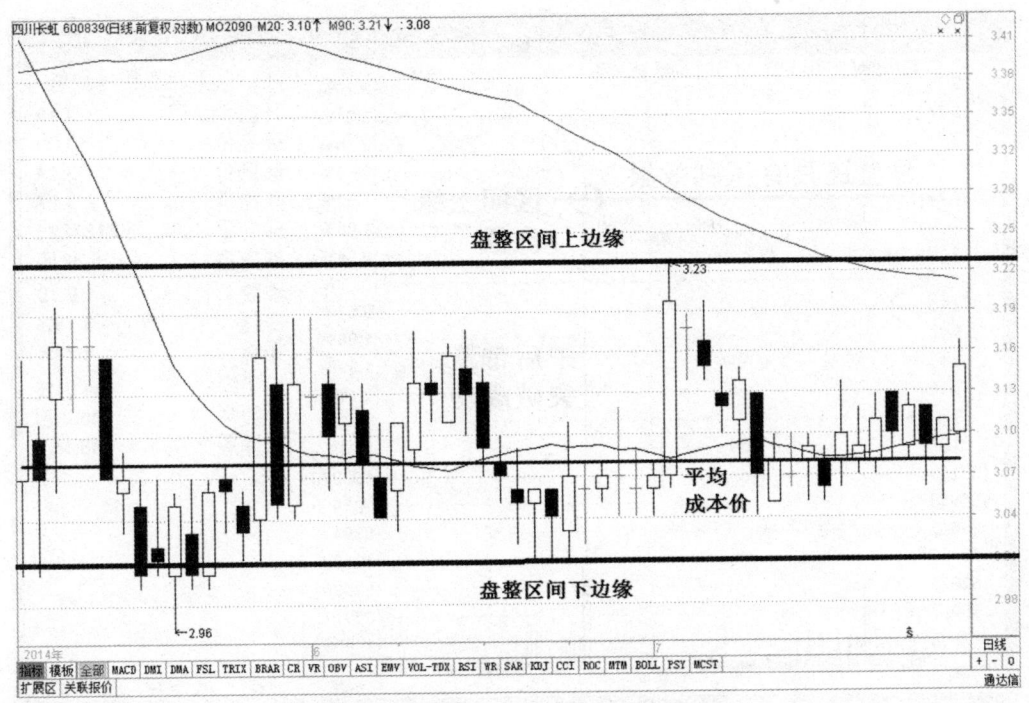

图3-27 四川长虹 成本价位与区间

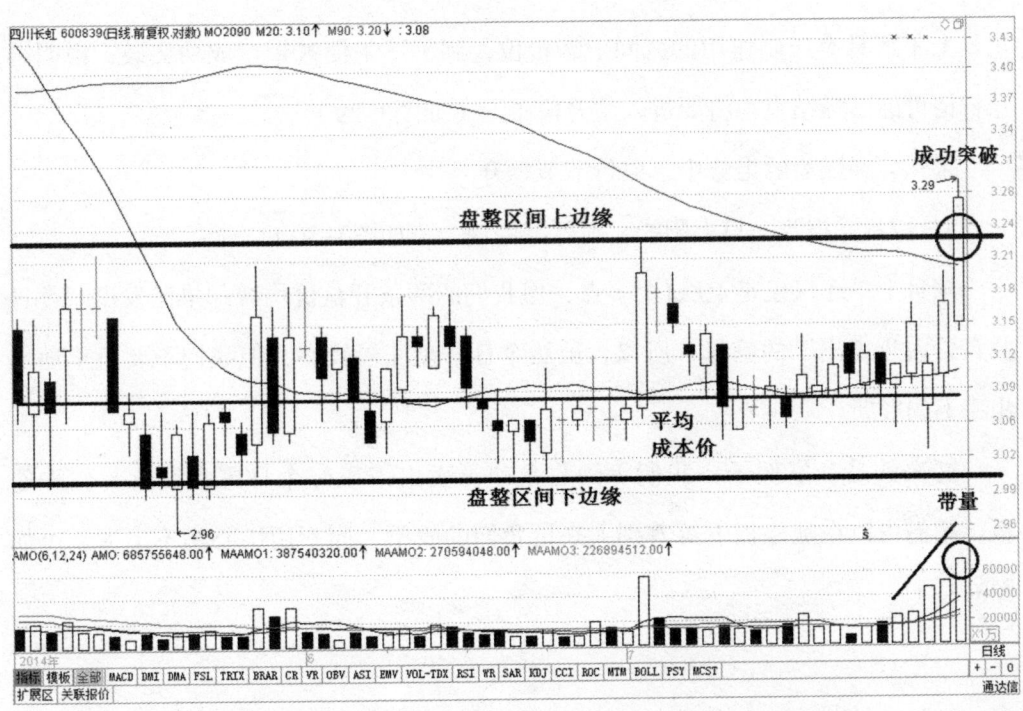

图3-28 四川长虹 成功突破盘整区间上延，而且带量

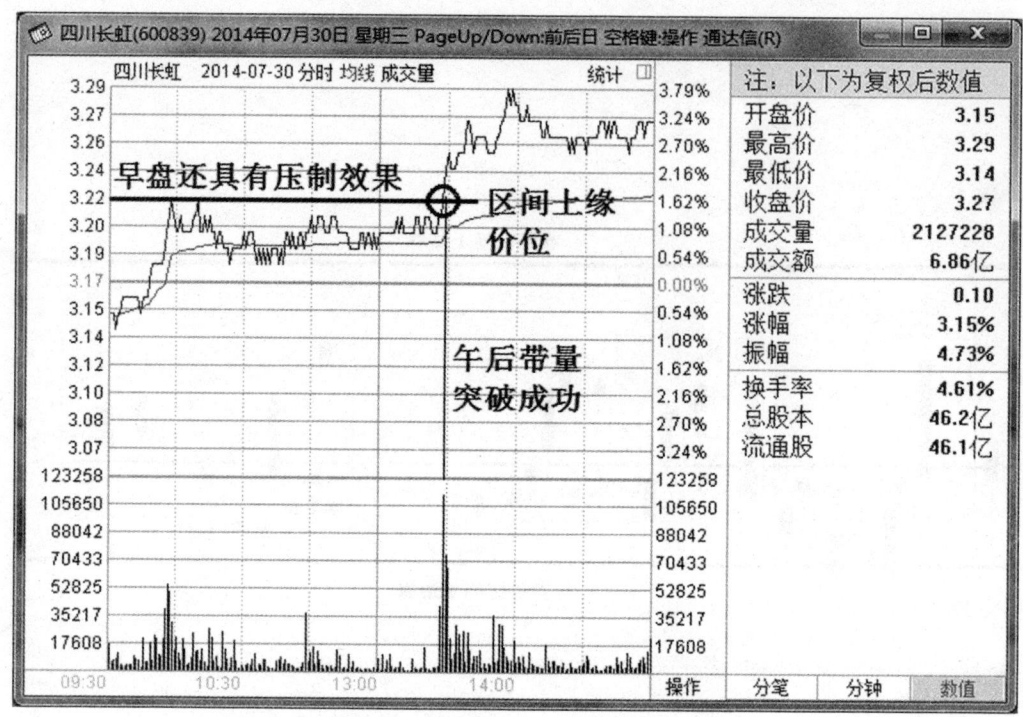

图3-29　四川长虹　2014年7月30日分时图

上午还具有压制作用的区间上缘价位，到了下午便被带量成功突破，说明震仓行情可能已经结束，将要进入主升段了。（如图3-29）

果然，在随后的走势中，股价节节攀升。

8月12日，报收一只大阳线，封死涨停板。（如图3-30）

该日上午还仅仅是上涨1个多点，但我们的两条开盘价均线却早已发出"今日收盘价附近卖出"的信号，所以，虽然今日早盘涨幅较小，但我们不要过早地卖出手上的股票。

这次就是个好例子，我们等到收盘前再卖出，正好今日尾盘突然封住涨停板，我们可以在涨停板上等着别人来抢我们的股票，而不用担心卖不出去。（如图3-31）

第三章 均线反向操作法则

图3-30 四川长虹 买入与卖出

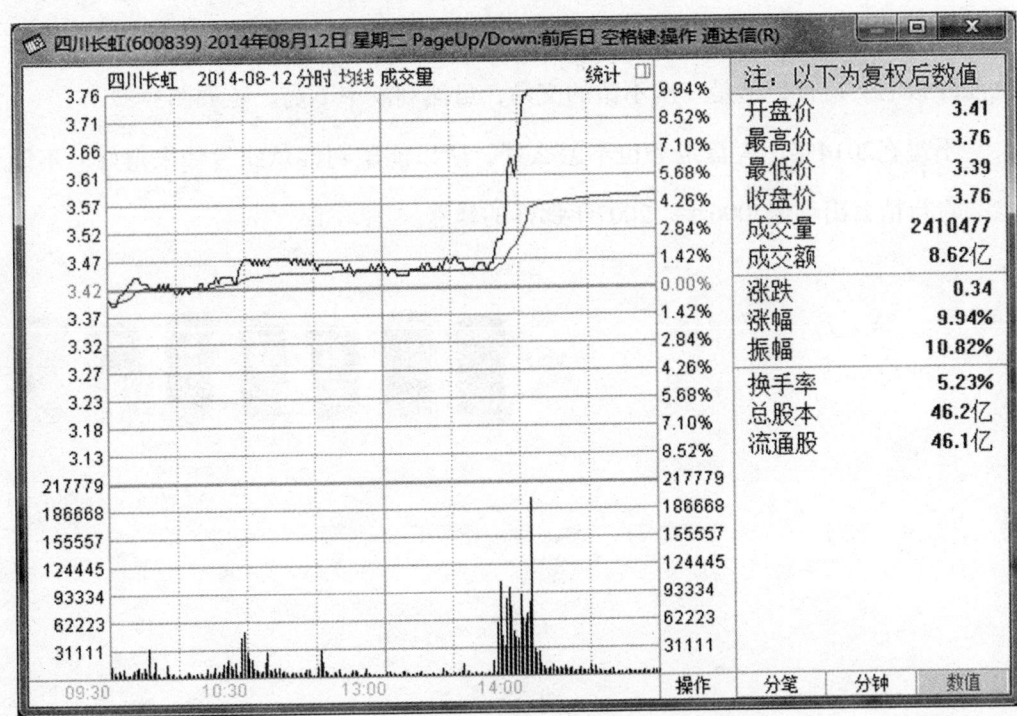

图3-31 四川长虹 2014年8月12日分时图

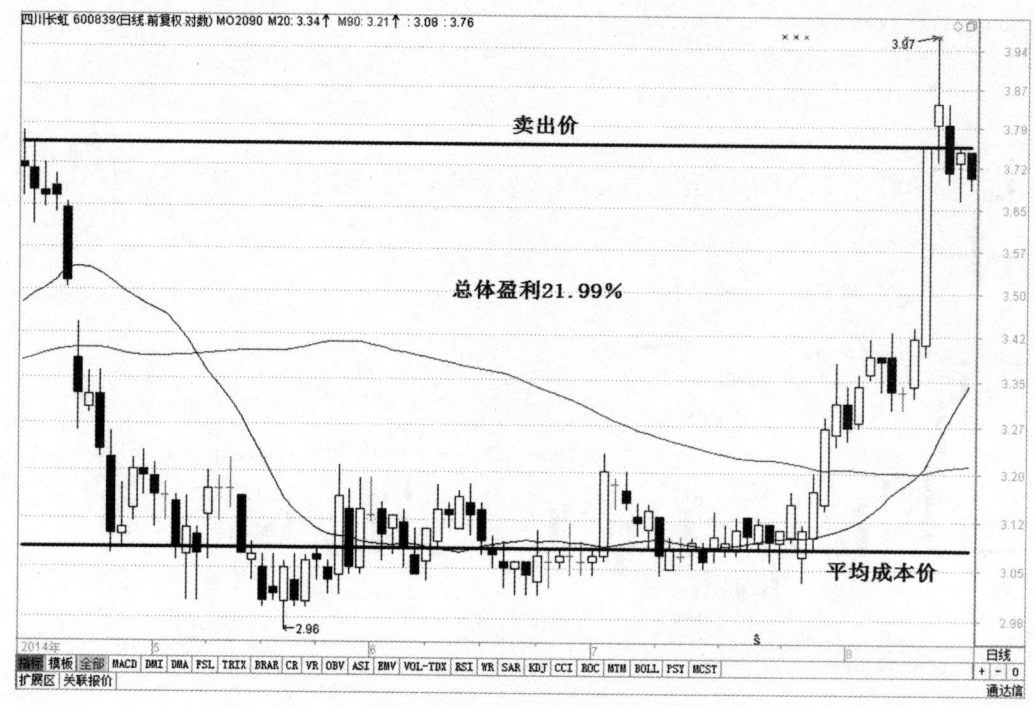

图3-32　四川长虹　交易全程

从整体上来说，我们先是买到了一个震荡区间的较低价，然后卖在了一个封住涨停板的交易日，这是一次不错的交易，虽然利润率不高。（如图3-32）

不过在2014年，大盘走势也不怎么好，所以能赚到钱总比亏钱来得好。不能老想着行情会出现像2006年、2007年那样的暴涨。

五、反向操作案例三——东方国信（300166）

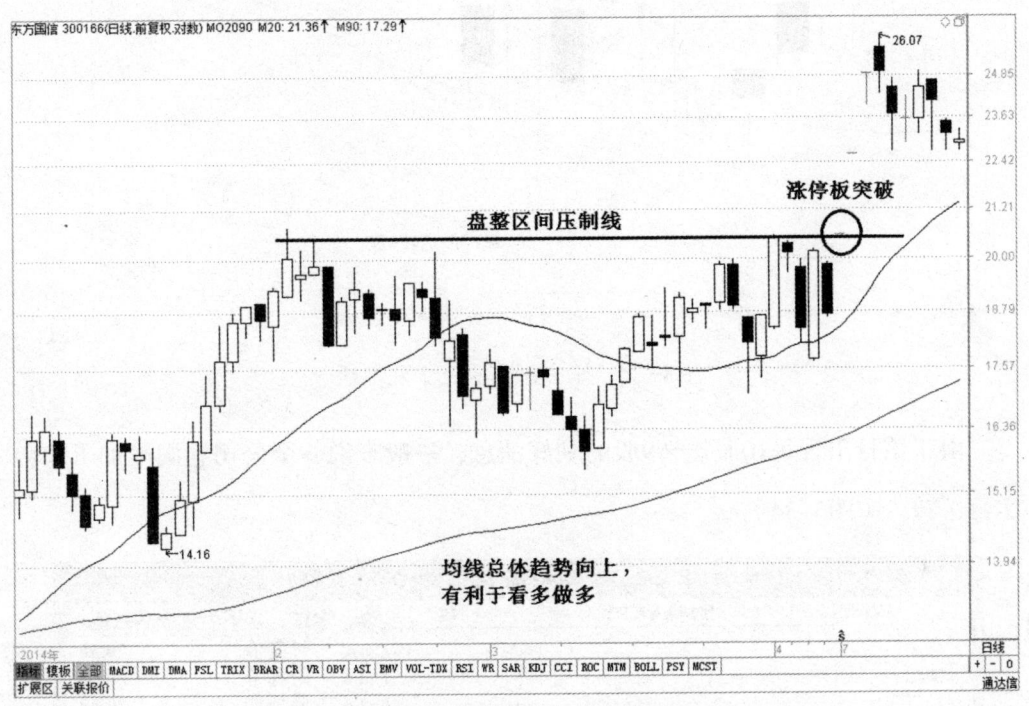

图3-33　东方国信　前期分析

图3-33是个股东方国信（300166）2014年上半年的日线走势，大致上看股价一直盘整向上，90日均线仍然在缓慢上行，这有利于看多和做多，后市仍然会继续上涨。

7月9日，股价开盘直接一字涨停板封住价格，不再下跌，并且突破了此前维持较长时间的盘整区间压制线。

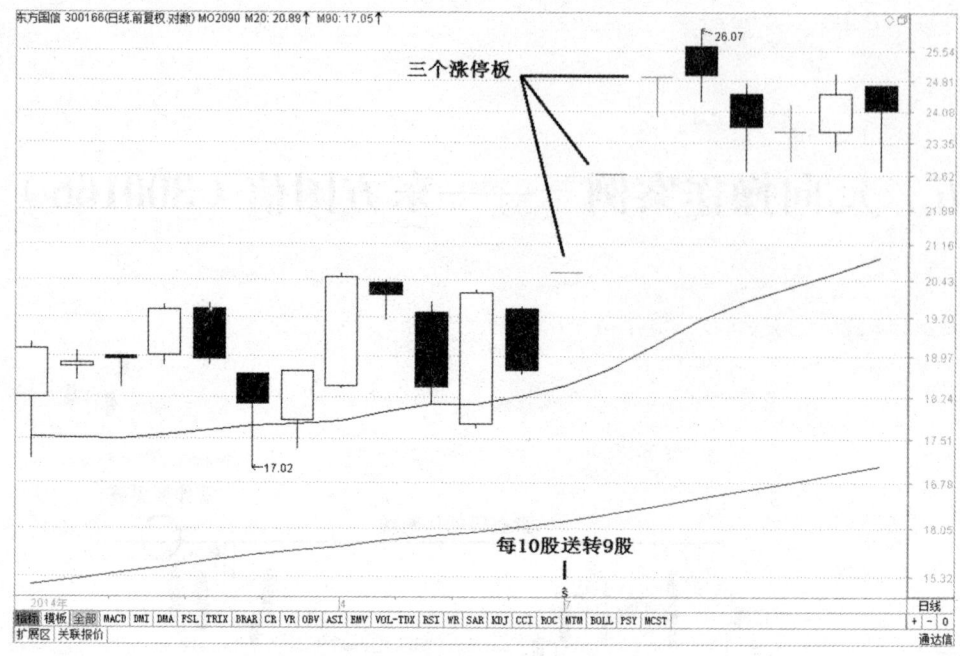

图3-34 东方国信 三个涨停板

由于该日出现每10股送转9股的利好消息，一般来说一个公司利润增加了才会实行送转。（图3-34）

图3-35 东方国信 2014年7月9日分时图

所以在当日开盘时就已经一字涨停，除了开盘前以涨停价买入外，别无他法，问题是谁能预先知道它会直接涨停呢？又有谁会愿意在高价位再以更高的价格买入呢？

因为封住涨停后（如图3-35），愿意卖出的意愿减少，所以当日成交额极低，持有股票的投资者还想它涨得更高，最好是连续几个涨停板，涨停当然是越多越好。

图3-36　东方国信　2014年7月10日分时图

果然，次日便再次开盘涨停，普通的投资者根本没有买入的机会。奇怪的是早盘有一笔7 000多手的卖单瞬间卖出，这是由于开盘后封有众多的涨停板敢死队在涨停价排队买入，而且追涨停的买单肯定高于7 000手，所以盘中被瞬间卖出7 000手而没有影响到价格，自然价格就不会下跌，所以涨停板依旧保持不动。

当然这次盘中卖出几千手也预示着未来可能会有更大的卖盘出现，不能再追高追热了，要小心谨慎。（如图3-36）

图3-37　东方国信　2014年7月11日分时图

在接下来的交易日里，又见开盘大卖单，仅仅在开盘就卖出了5万手，随后股价曾一度下跌失守涨停板，但随后在成交量不放大的情况下又封住涨停，说明这波回涨是由于追涨停的投机者所为，他们迫切希望买入这只涨停股，但不知这只个股未来上涨的可能性越来越低，这就叫作"不作死就不会死"。（如图3-37）

我们可以简单地认为该日的成交额就是某某庄家机构获利的金额，当然，这是包含了成本的，但我们不知道这个成交额占该机构成本的百分比，不知道他们的具体投资额度，如果这4.8亿元只占其资金的少数一部分，那么未来行情还将延续上涨之势，如果仅仅就是4亿多元的成本，那么未来一定会下跌。（图3-38）

根据之后的走势估计，行情在高位只是小跌回涨停前的位置，之后在这一区域继续震荡上行。再观察这一时段的成交量，是逐步缩小，极可能是震仓行为，预计机构的成本远高于5亿元，由此我们可以猜测出未来行情仍将持续之前的上涨行情。（如图3-39）

第三章 均线反向操作法则

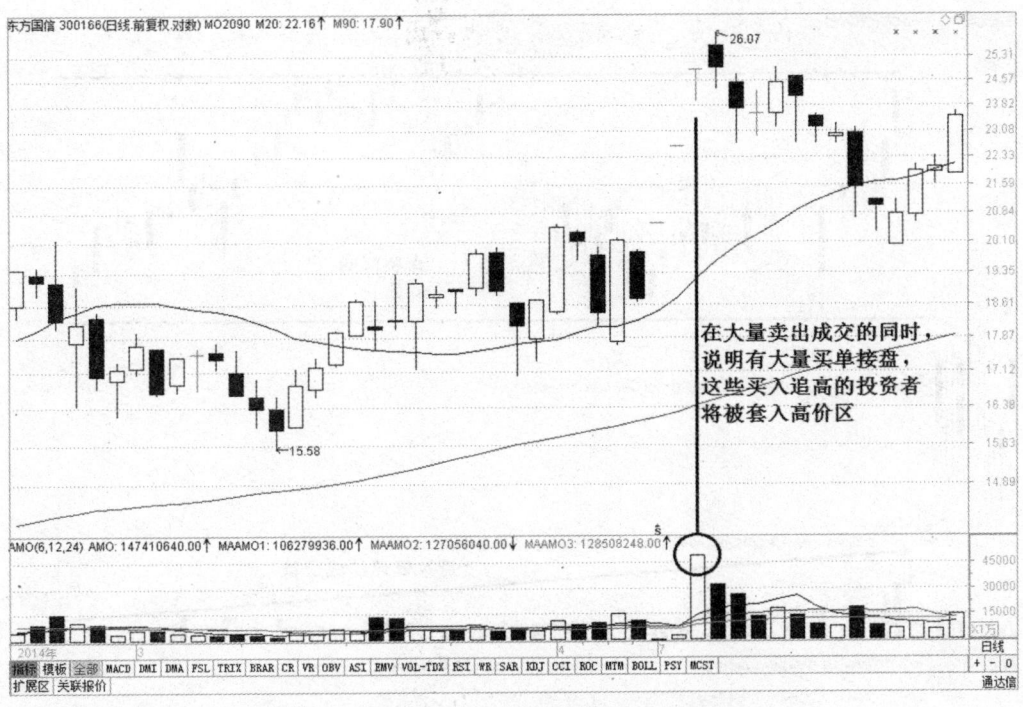

图3-38 东方国信 连续涨停板后的冷静思考

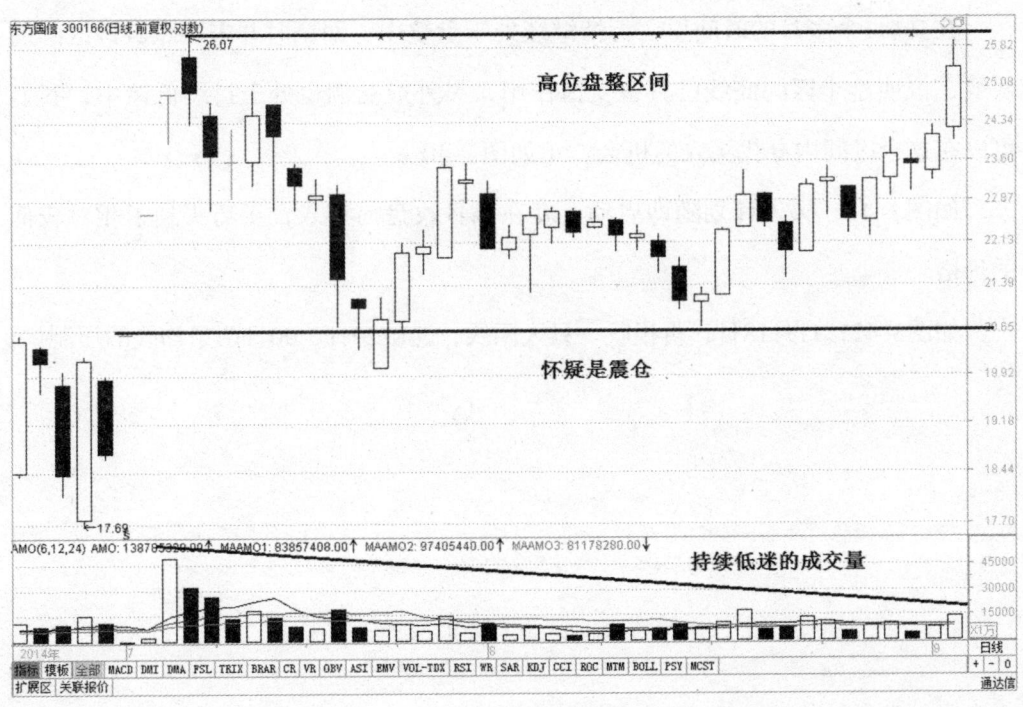

图3-39 东方国信 横向盘整与期间缩量

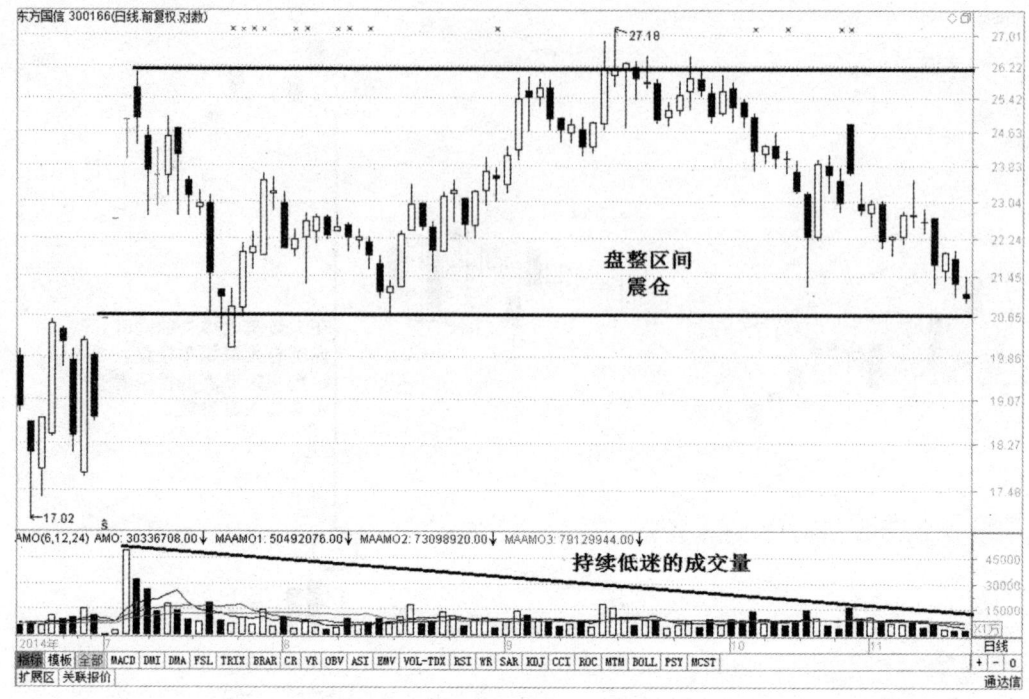

图3-40　东方国信　区间回调

在其后1个多月的时间里,行情继续处于盘整中,回调时并未再跌破该区间的底线,说明这个区间底线已具备支撑作用,另外成交额也处于持续低迷中,我们可以在这个区间内寻找买入的机会。(如图3-40)

如图3-41,买入计划随即启动,就在该日收盘前买入,正巧买到了相对较低的价格。

如图3-42,11月18日,再报收一只大阳线,连破20日、90日两条均线的压制。

第三章 均线反向操作法则

图3-41 东方国信 区间回调过程中出现均线死叉买入信号

图3-42 东方国信 买入就涨

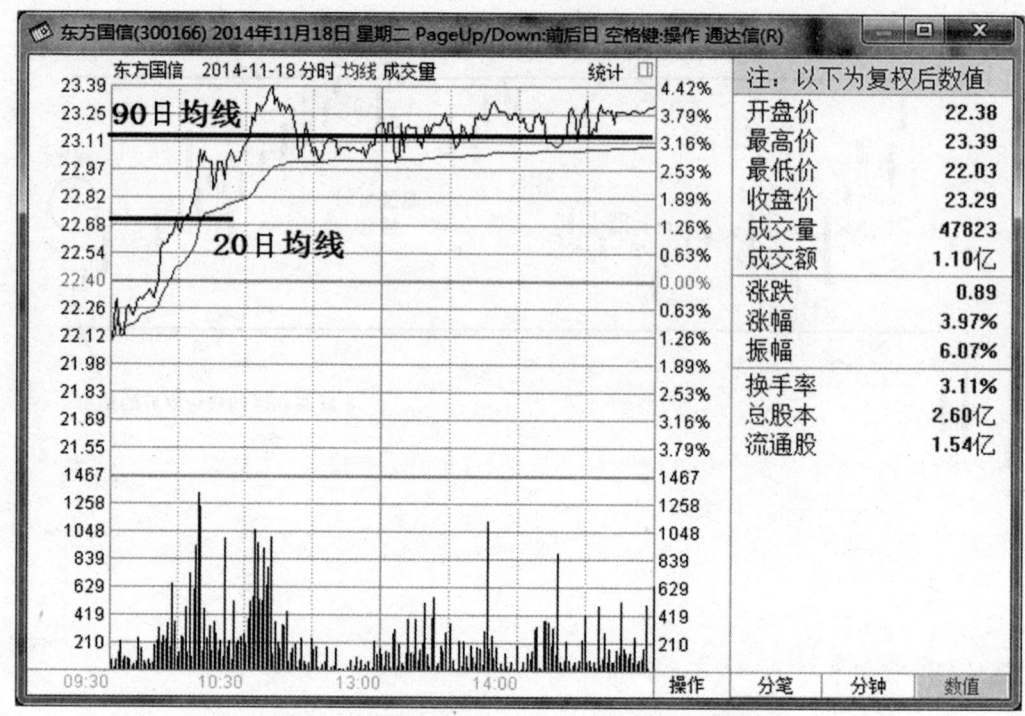

图3-43 东方国信 2014年11月18日分时图

细看该日分时图，20日均线的压制很轻松就被突破了，而90日均线附近却来回震荡了一天才勉强站稳，可知今日后劲不足，还需要观察后续走势。（如图3-43）

从图3-44上看，11月19日股价维持在90日均线附近徘徊，向上突破90日均线似乎没有那么容易。

11月20日，股价终于突破了90日均线的纠缠，尾盘更是放量上涨，预示上方基本无压力。（如图3-45）

下个交易日是我们计划好的买入机会，但是由于目前价格较之前买入的价格已经较高，而且已经突破了下降趋势线，并且成交量已经显著放大，我们就不要再去追高跟风了，虽然只买入了一成仓位，但是风险也降低不少。

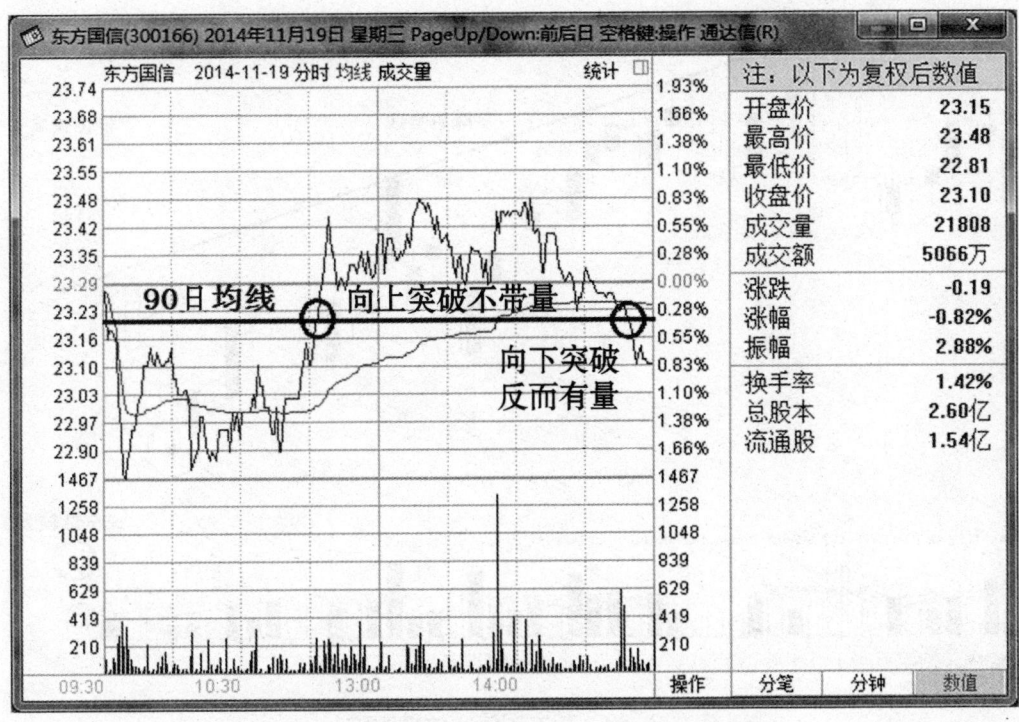

图3-44　东方国信　2014年11月19日分时图

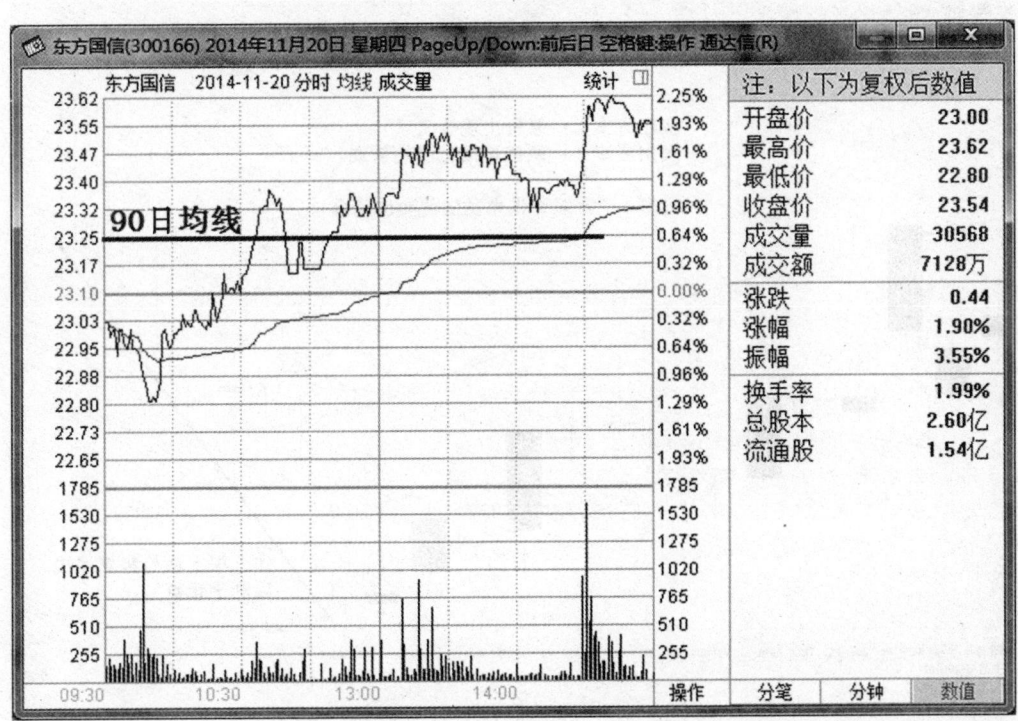

图3-45　东方国信　2014年11月20日分时图

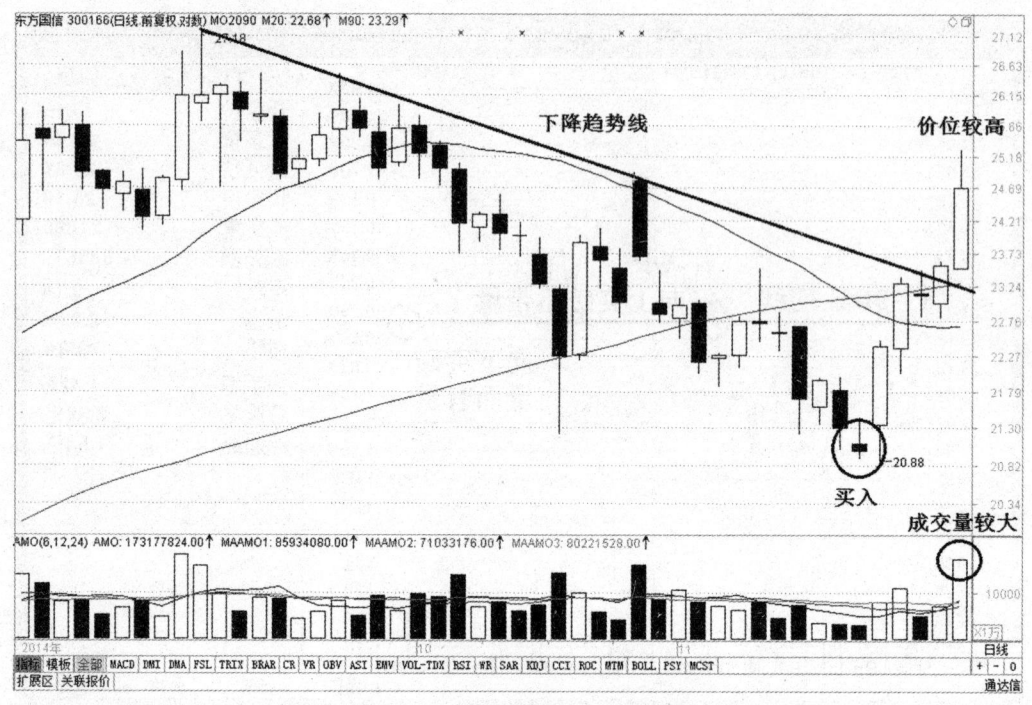

图3-46　东方国信　放量突破

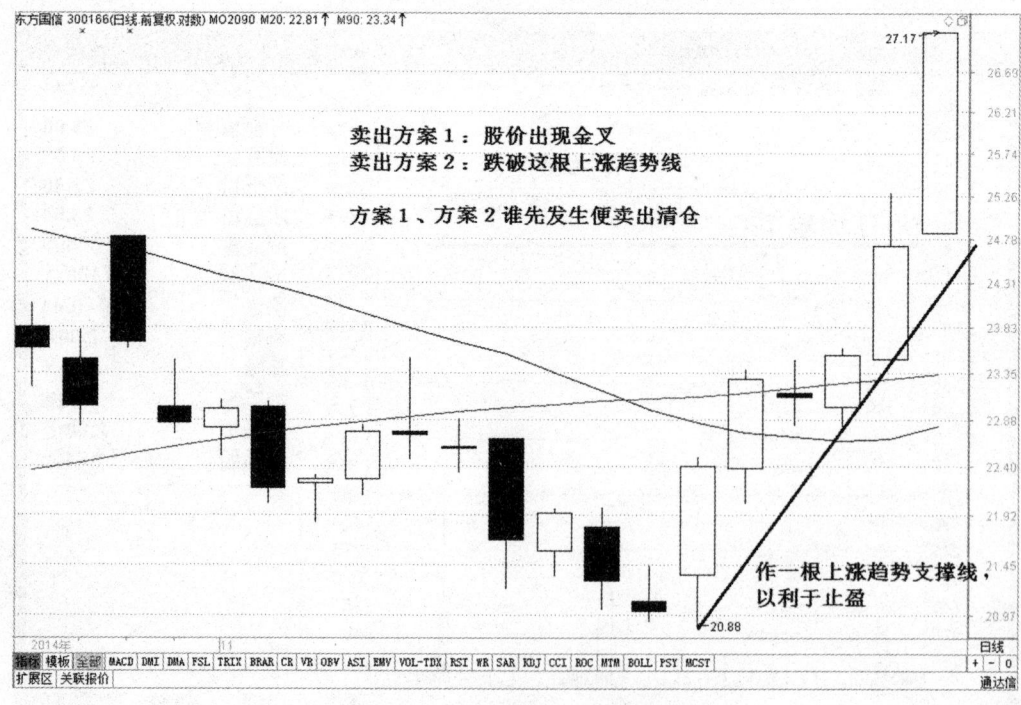

图3-47　东方国信　连续大涨

我们画出一根支撑线，如果股价先跌破支撑线就卖出，如果先出现均线的金叉也应卖出。（如图3-46、图3-47）

由于之前只买入了一成仓位，所以一旦出现金叉或是跌破趋势线，都要及时卖出以完成此次交易。

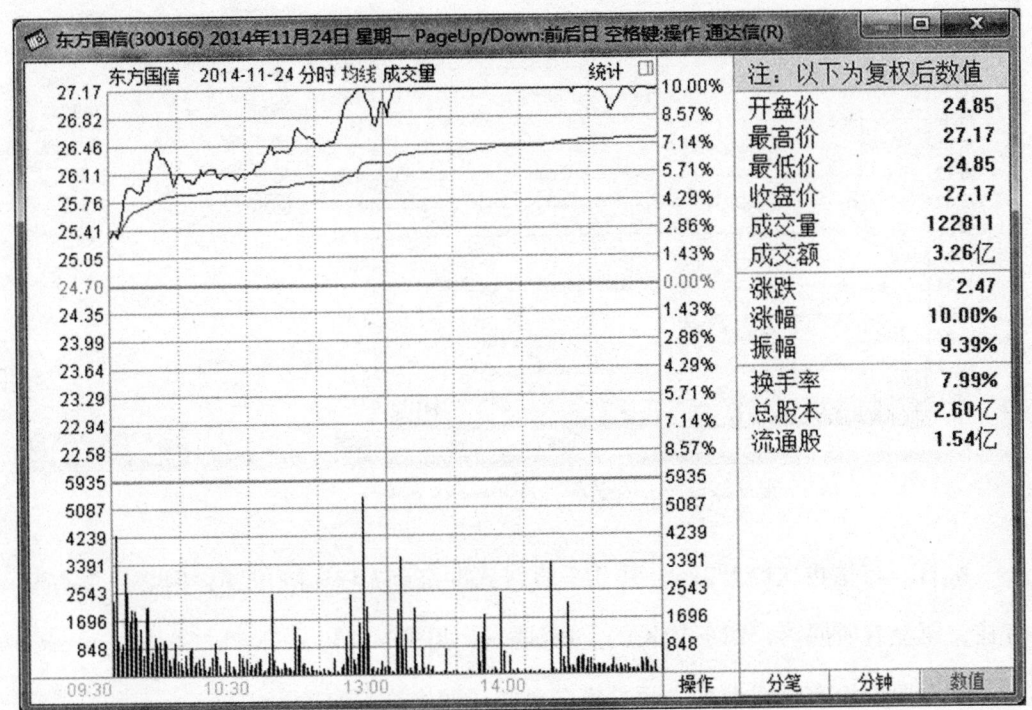

图3-48　东方国信　2014年11月24日分时图

11月24日，股价高开2.86%，在盘整了一个多小时后，直封涨停板。面对这样让人心动的行情，我们不要再去追高，那样会使我们的平均成本有较大幅度的抬高，同时利润也有所降低，关键是风险会逐渐增加，这样就降低了安全系数。（如图3-48）

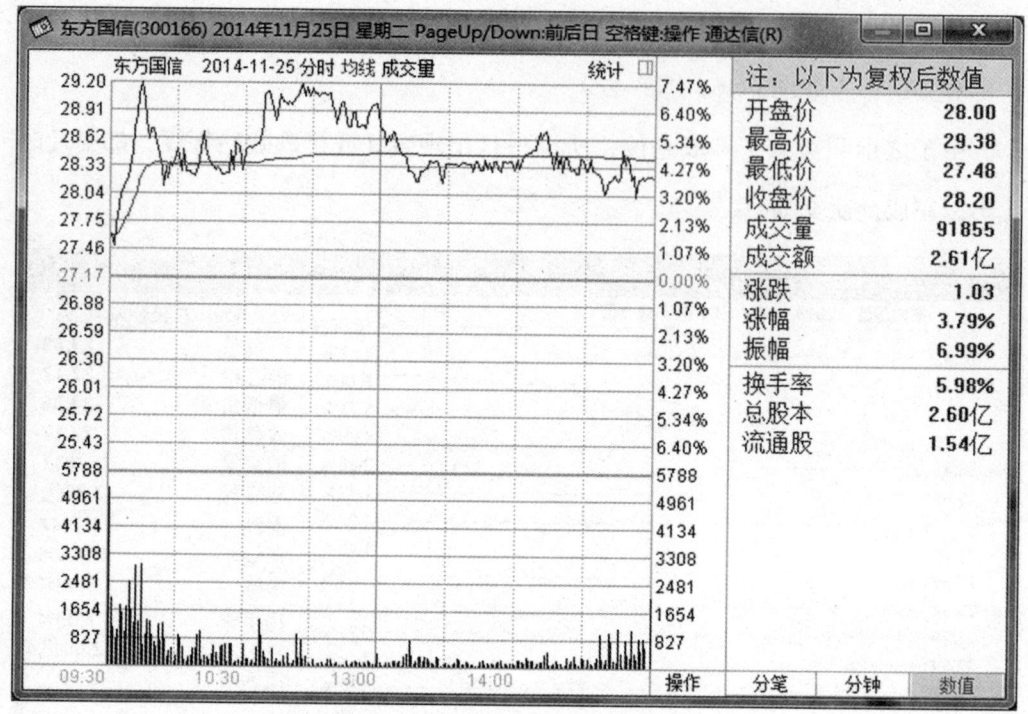

图3-49　东方国信　2014年11月25日分时图

次日，行情再次高开2%，并几乎直线式冲高到7.47%的位置，但之后没有坚守住，尾盘有所回落，留下较长的上影线。（如图3-49）

随后股价没有继续上行，而是横向盘整了两个交易日。

12月1日，20日均线向上穿越了90日均线，发出金叉卖出信号，我们就在该日收盘前卖出即可。虽然该日早盘曾一度封住涨停板，但我们要按计划行事，要讲纪律讲原则，在尾盘卖出也能赚钱。（如图3-50、图3-51）

第三章 均线反向操作法则

图3-50 东方国信 连续上涨

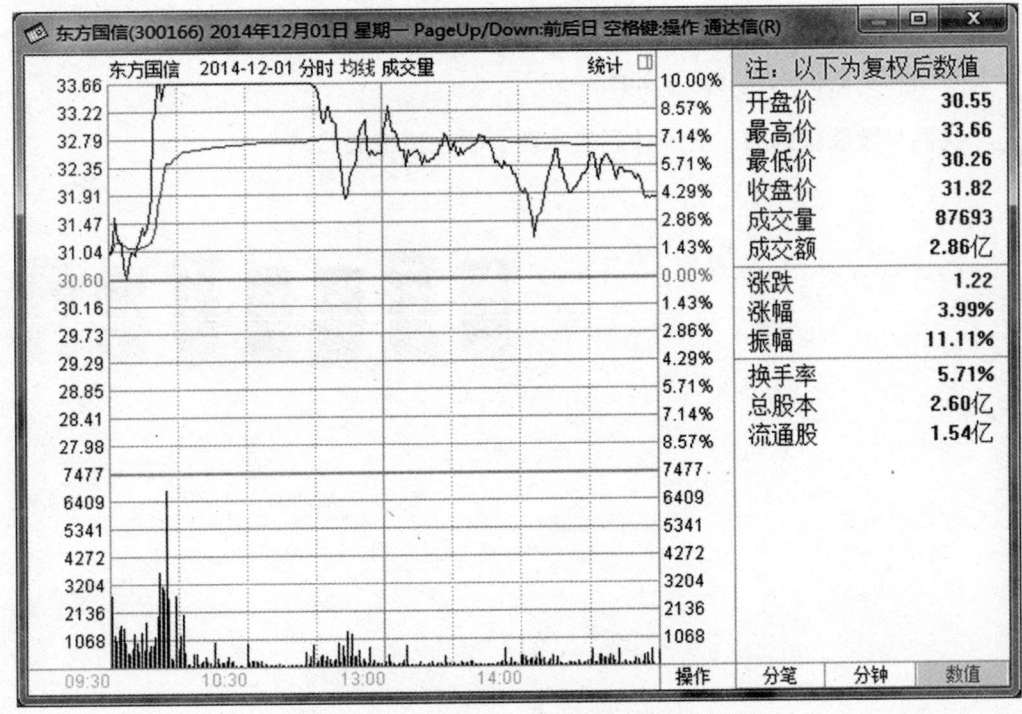

图3-51 东方国信 2014年12月1日分时图

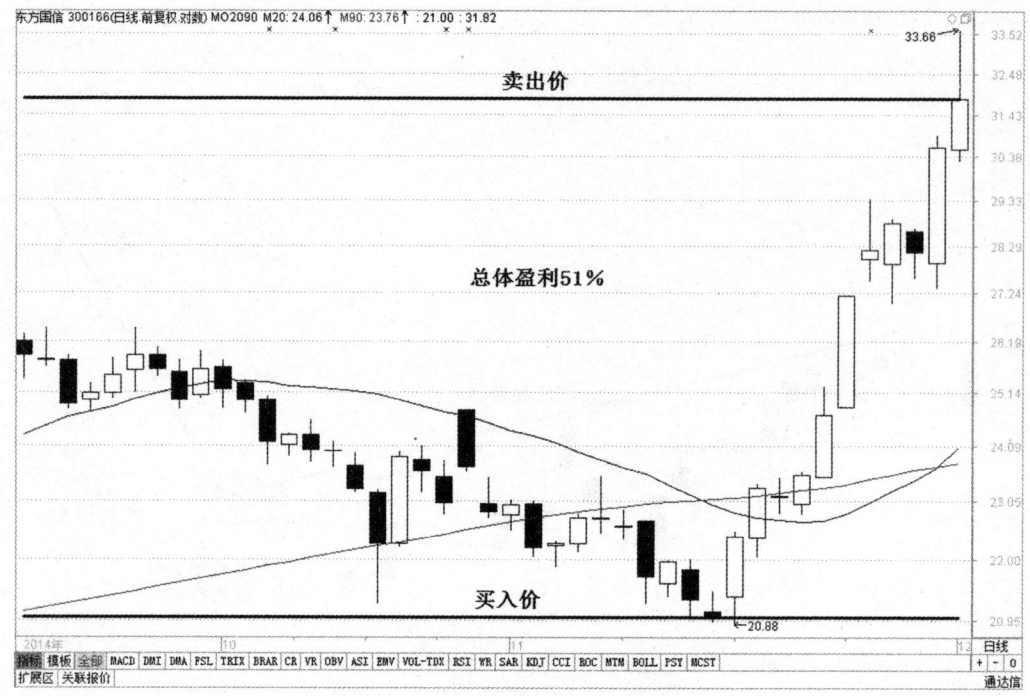

图3-52　东方国信　交易全程

此次交易总体盈利51%，已十分可观。经验丰富的投资者能赚到更多，那是需要时间和学费来积累的。（如图3-52）

我们只赚能赚到的、能预计到的东西，不去追求偶然。

六、反向操作案例四——澳洋顺昌（002245）

图3-53 澳洋顺昌 前期分析

图3-53是个股澳洋顺昌（002245）2014年下半年的走势图，绝大多数交易日都维持在一个区间里。

即使是11月18日的那根突破大阳线也未能带出更大的成交量来证明突破的有效性，所以我们认为这次的突破是不可靠的，不应该盲目去追高买高。

随后不久，行情虽然在盘整区间上缘持续了两周多点的时间，但整体来说整个盘整期间成交量仍处低迷状态，这就让我们怀疑这又是一次震仓洗盘的表演。

只要未来行情仍处在该震荡区间中，而且未来在区间内出现均线的死叉形态，就可以在相对低的价位买到筹码了。

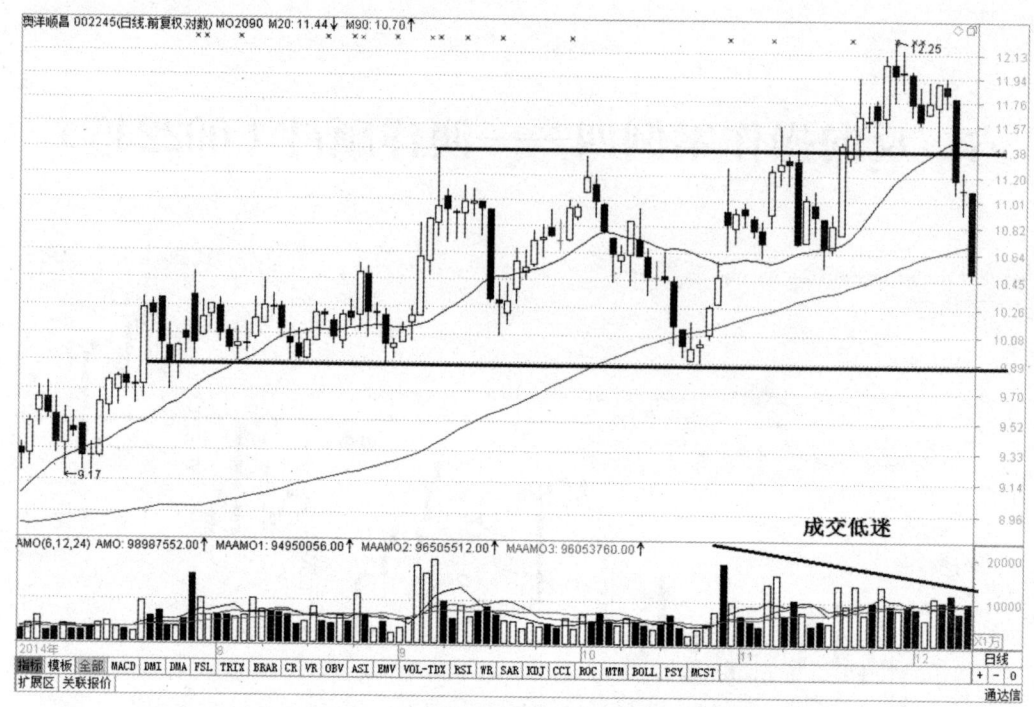

图3-54 澳洋顺昌 股价回调至整理区间中

次日，股价再收一大阴线，收盘进入区间中段，同时跌穿90日均线价位。

当日虽然开盘后低走一度下跌到3%，但始终能在90日均价位置上得到某种支撑，使股价没有跌破该均线价位，直到尾盘最后的半个小时，90日均线终于跌破，均价失守，加快了未来均线发生死叉的脚步。（如图3-55）

之后，行情在一周时间内反弹至盘整区间上延，但没有坚持多久，并且连续两个交易都被20日均线压制下来，之后便一泻千里似地直接回调至区间的下边缘。

不久后我们期望的均线死叉发生了，买入价正好是区间下边缘附近，是个非常低的价位9.96元。

由于上方的下降趋势不断缩小价格的变动范围，所以我们这次计划只买入一成仓位，不再理会后续的买入信号。（如图3-56）

第三章 均线反向操作法则

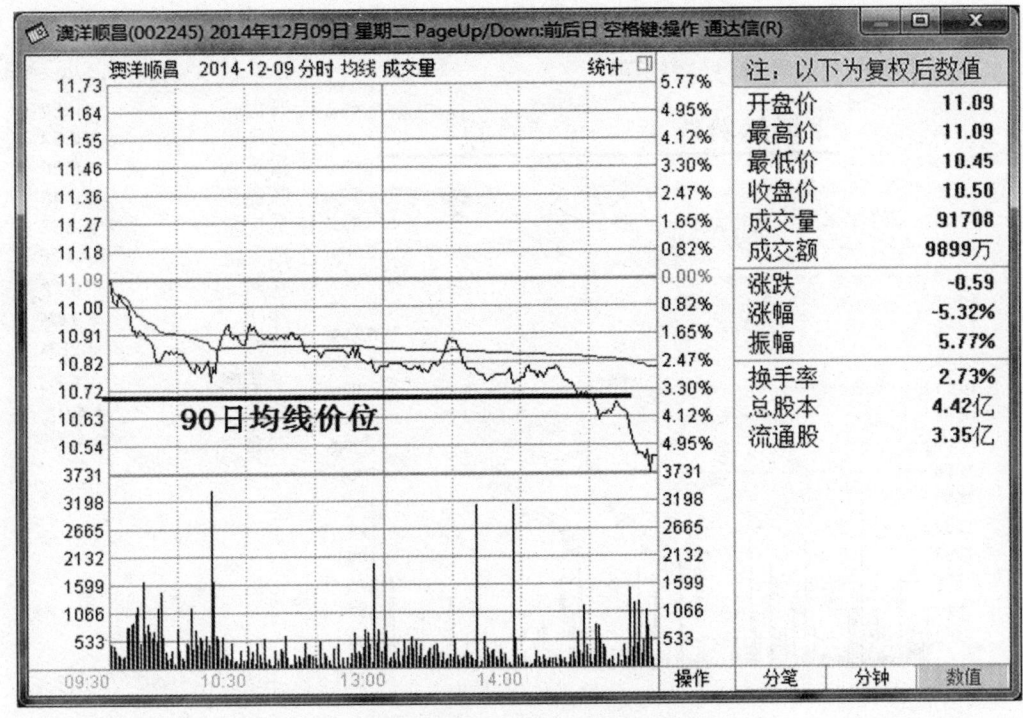

图3-55 澳洋顺昌 2014年12月9日分时图

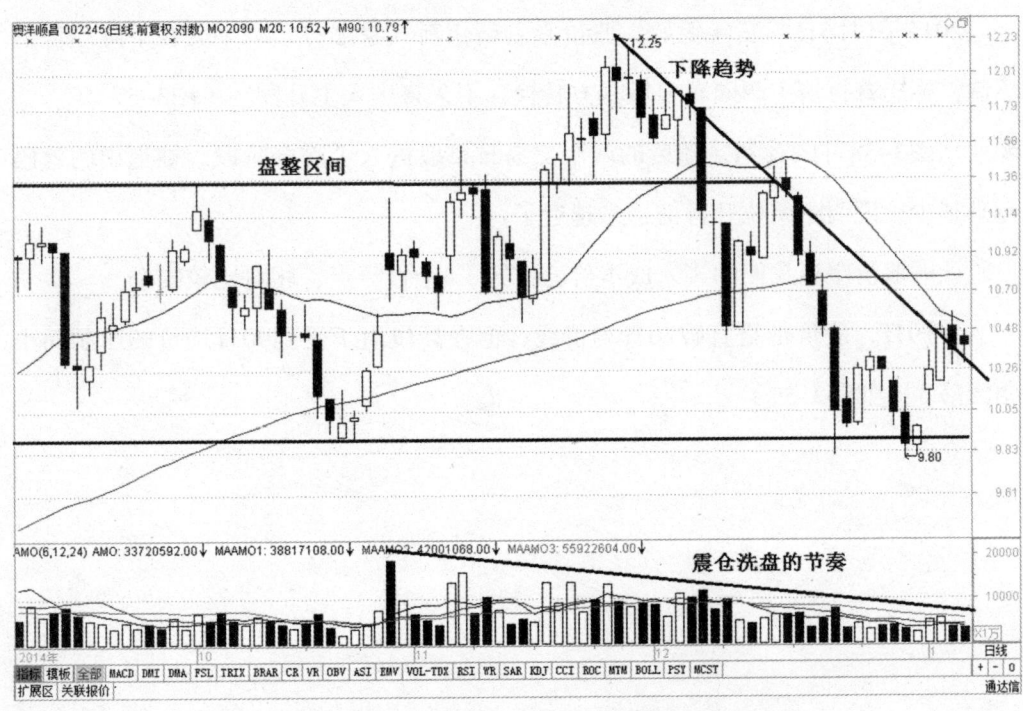

图3-56 澳洋顺昌 均线死叉买入信号出现

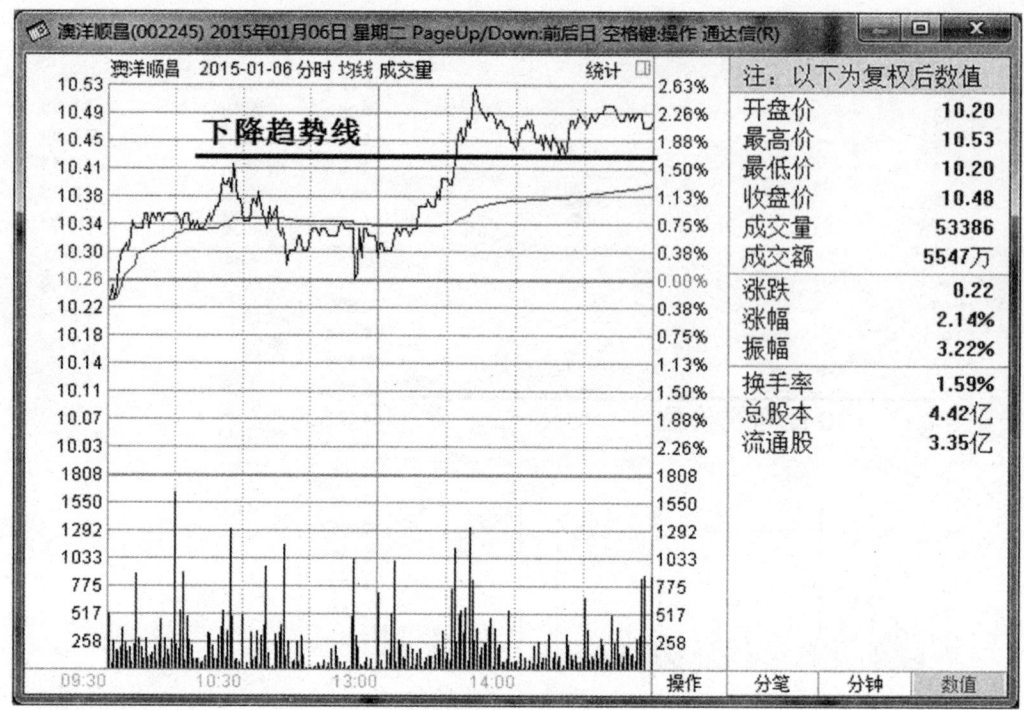

图3-57　澳洋顺昌　2015年1月6日分时图

2015年1月6日，新年伊始，股价乘着新年新气象之势，一举突破下降趋势的压制，标志着行情主调向看多做多方转换，不久将进入主升段。（图3-57）

从图3-58可以看到，随后的两个交易日该股进入了震仓阶段，被逼出的筹码越来越少，说明距离拉升行情越来越近了。

此时股价距离我们的买入成本价已拉开了4个百分点，相对比较安全。

1月9日，股价带量直破20日均价线，但在高位由于受到90日均价的压制而小幅回落。（如图3-59）

第三章 均线反向操作法则

图3-58 澳洋顺昌 最后的震仓

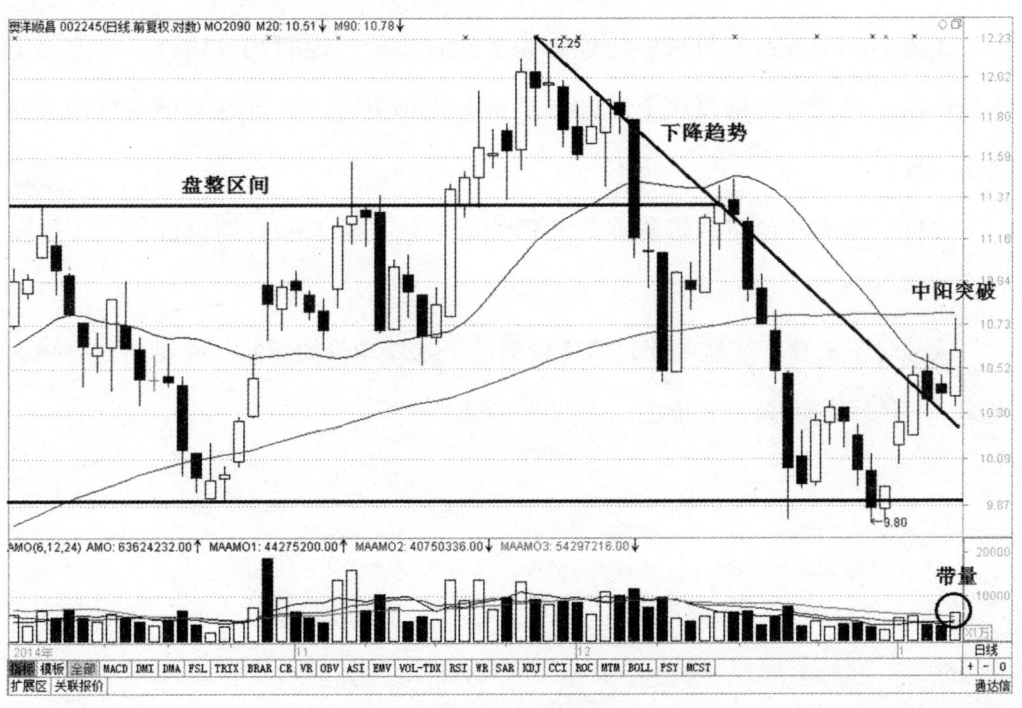

图3-59 澳洋顺昌 尝试向上突破

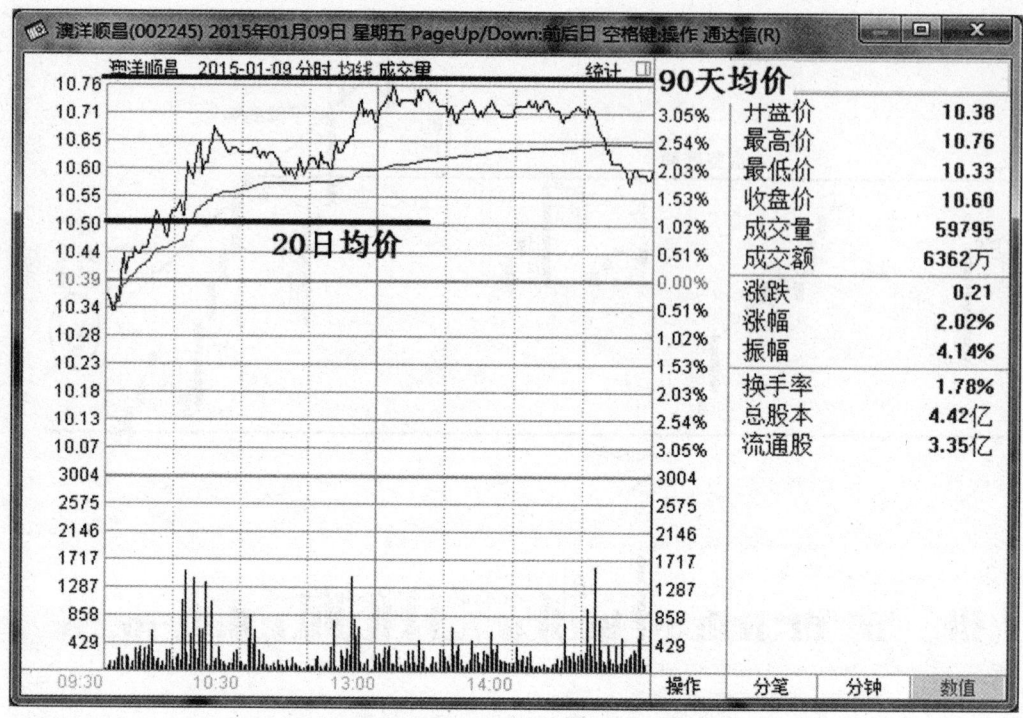

图3-60 澳洋顺昌 2015年1月9日分时图

从图3-60来看，股价很轻松地突破了20日均价，说明20日均价已经失去了压制作用，反而是行情试图上破90日均价时受到阻碍，并且导致尾盘行情有所回落。

次日行情平开走高，带着前日两倍的成交量突破了90日均价价位。（如图3-61）

从分时图来看，早盘一开始就带量突破了90日均价的压制，并迅速获得强力支撑，午盘后直奔7%涨幅而去。（如图3-62）

第三章 均线反向操作法则

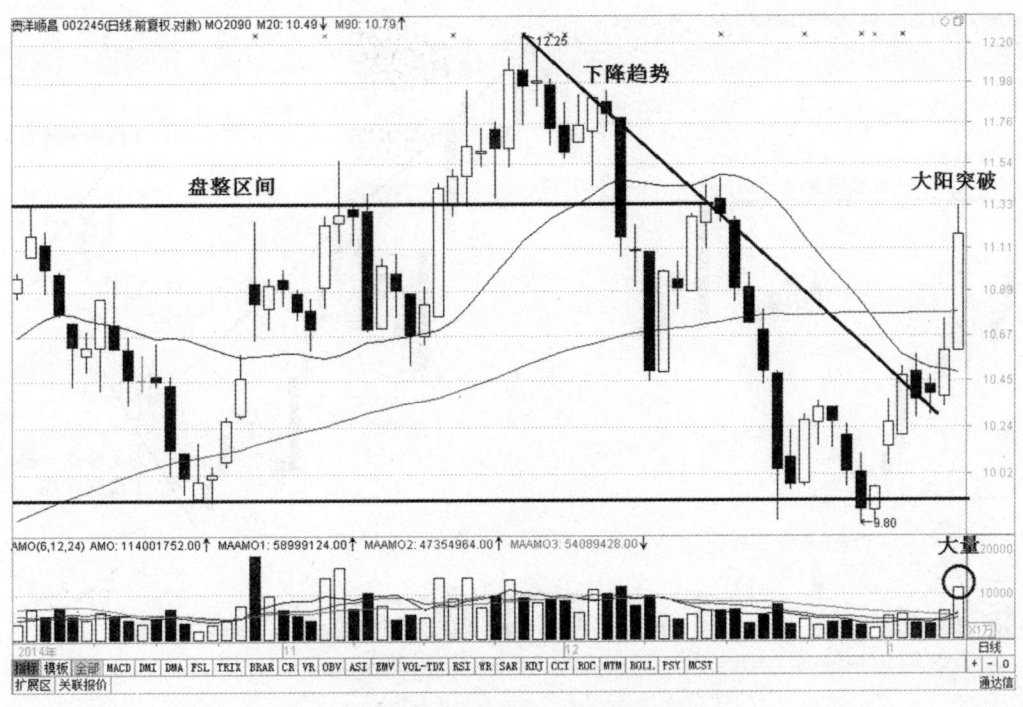

图3-61 澳洋顺昌 大阳线向上突破

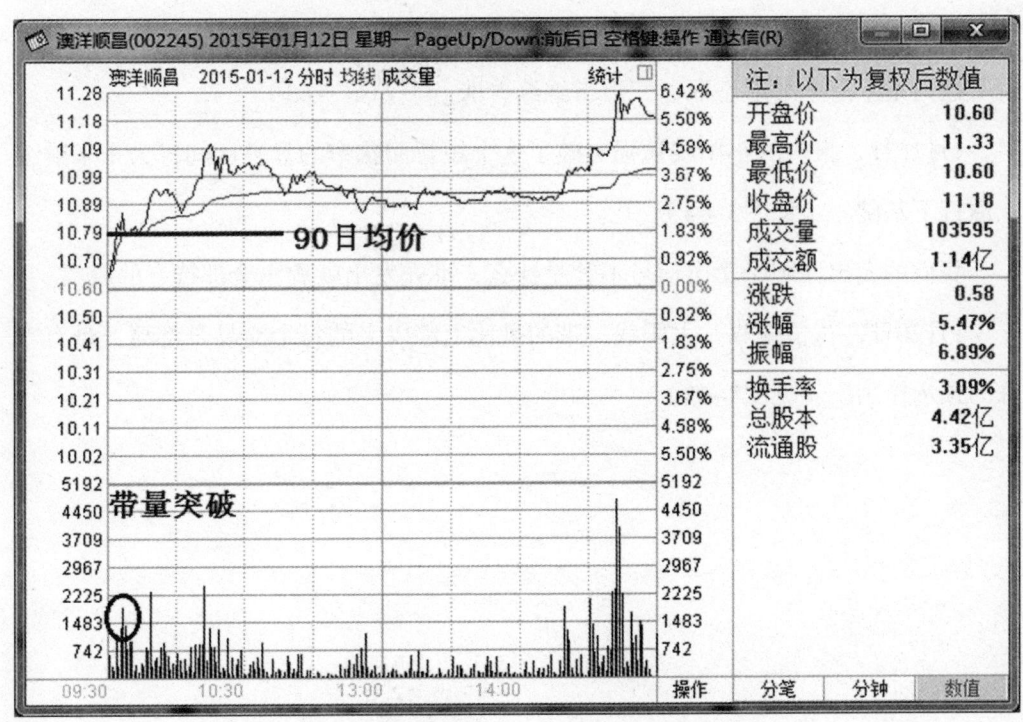

图3-62 澳洋顺昌 2015年1月12日分时图

图3-63　澳洋顺昌　上涨中继形态

随后的三个交易日里，行情进入新的窄幅盘整中，伴随的成交量越来越少，说明这只是上涨中继形态而已，后市继续看涨。（如图3-63）

1月16日，报收的小阳线勉强突破了这个短暂而狭窄的盘整区间，为未来继续上涨打下基础。（如图3-64）

我们的卖出原则是卖出信号不管是什么，谁先发出就卖出全部持有的股票。

1月20日，行情报收一大阳线，带的量比上涨以来的每个交易日都高，具有大涨的预示作用。（见图3-65）

第三章 均线反向操作法则

图3-64 澳洋顺昌 再次向上突破

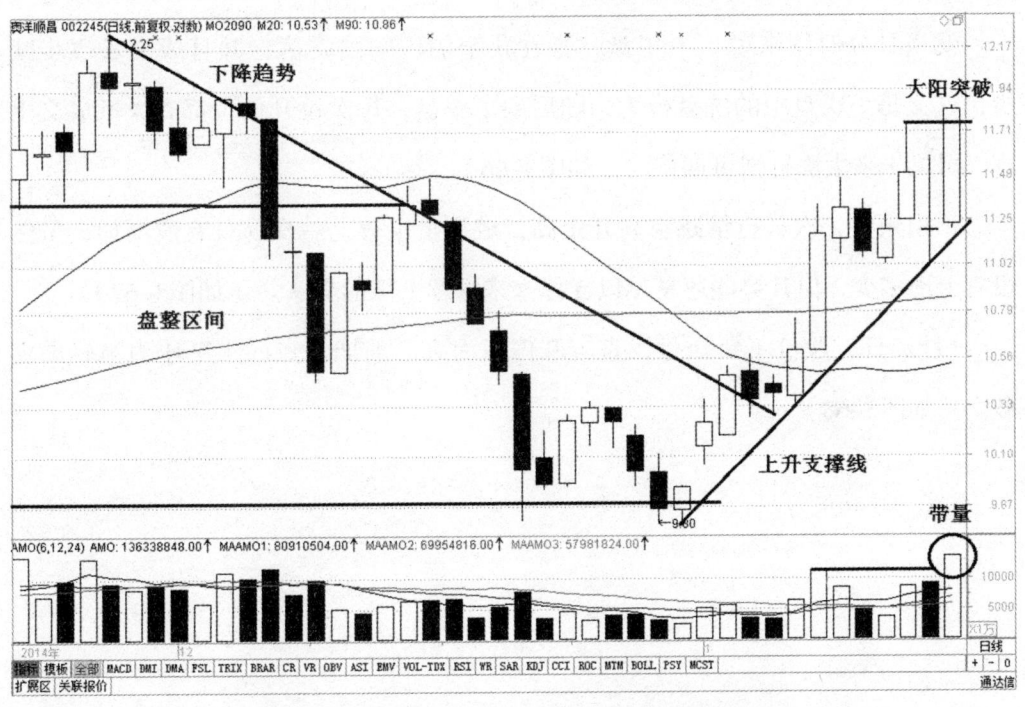

图3-65 澳洋顺昌 大阳线再次突破前期高点

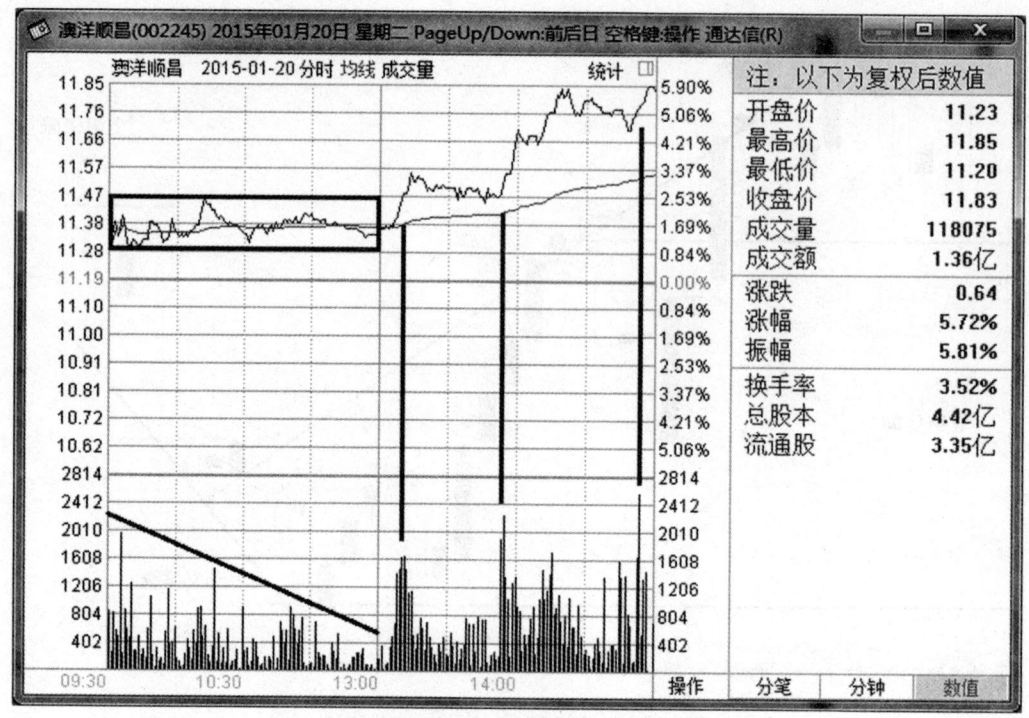

图3-66　澳洋顺昌　2015年1月20日分时图

就当日分时图来说，上午盘一直在狭窄的区间内震荡，并且成交量逐步减少，这又是一次盘中的洗盘行为，随后到了午盘，每次拉升价位都有大额成交出现，可见未来大涨行情可期待。（如图3-66）

不出预料，次日行情跳空高开走高，成交量也较上一交易日有所增加，虽然没有上涨多少，但其势能还是足以支撑未来继续上涨的势头。（如图3-67）

1月22日，股价不负众望，直奔涨停板而去。前期高点的水平压力被轻易突破。（如图3-68）

第三章 均线反向操作法则

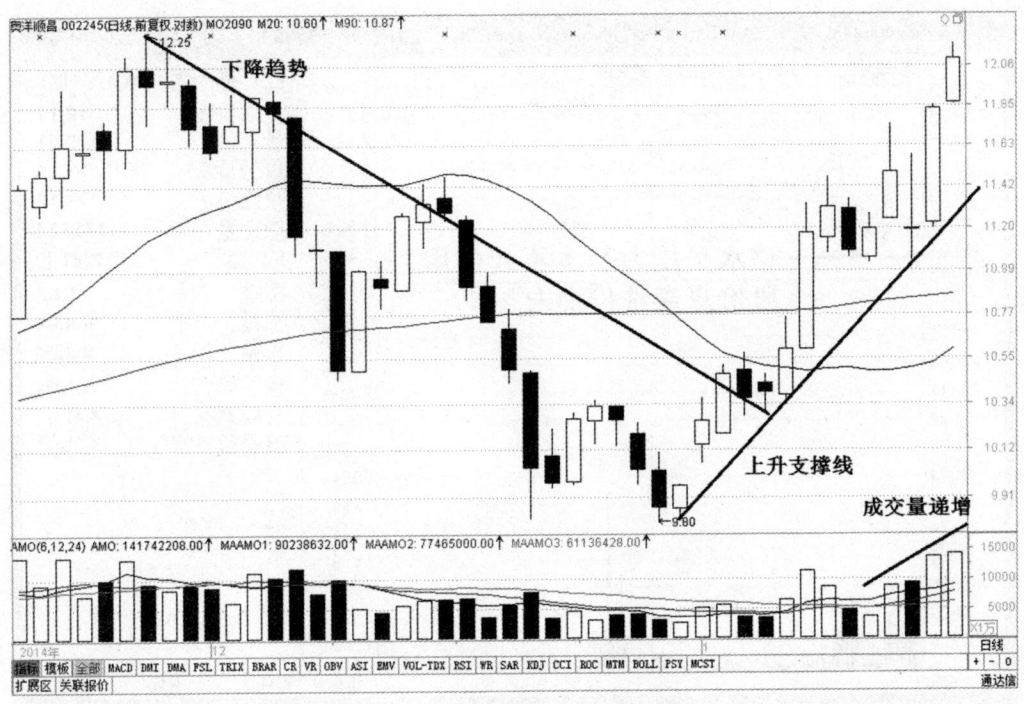

图3-67 澳洋顺昌 涨势不改

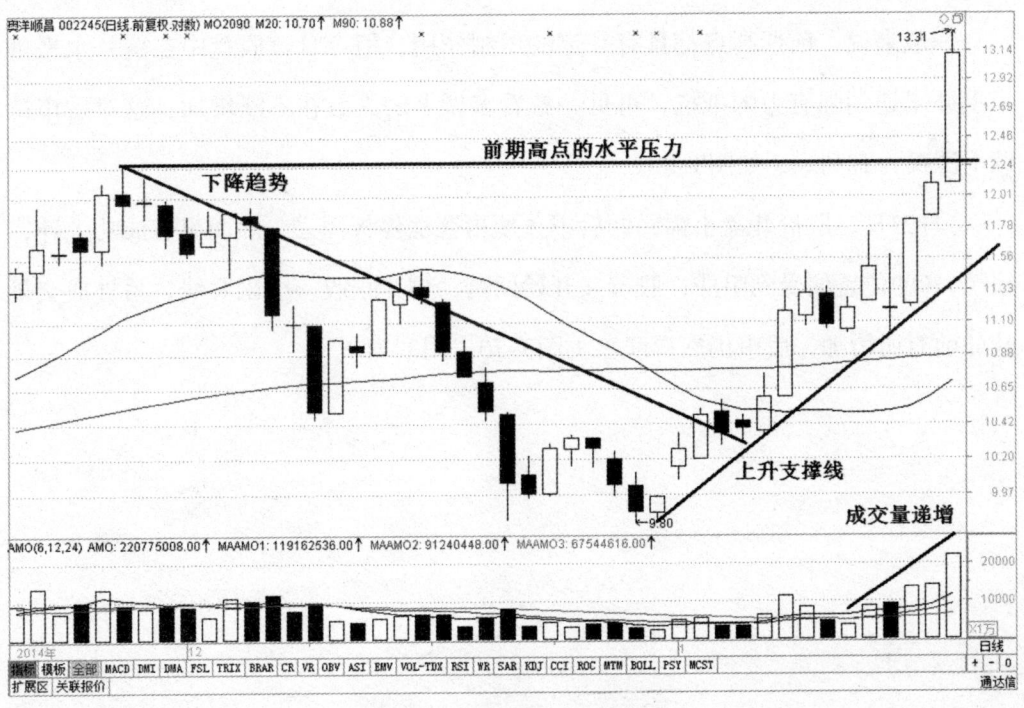

图3-68 澳洋顺昌 再创新高

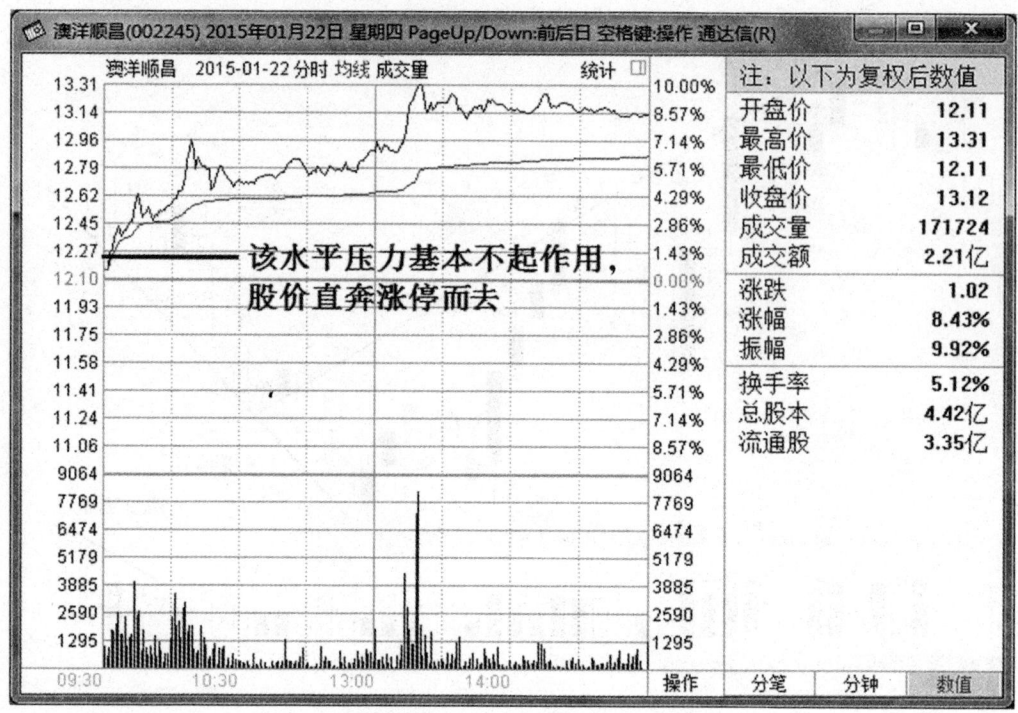

图3-69　澳洋顺昌　2015年1月22日分时图

一般来说，前期高点都具有一定的压制作用，但今日该股盘中在这一水平价位上并未遇到强有力的抵抗，可见一致看多做多的人数在不断增加，这对后市持续上涨极为有利。（如图3-69）

1月23日，股价开盘小幅回调后不久便再奔涨停板而去，然而没有成功上冲，仅至7%的位置便受到阻滞，股价又开始回落，尾盘报收一中阳K线，另外成交量较此前有所增加，后市仍然看涨。（图3-70、图3-71）

第三章 均线反向操作法则

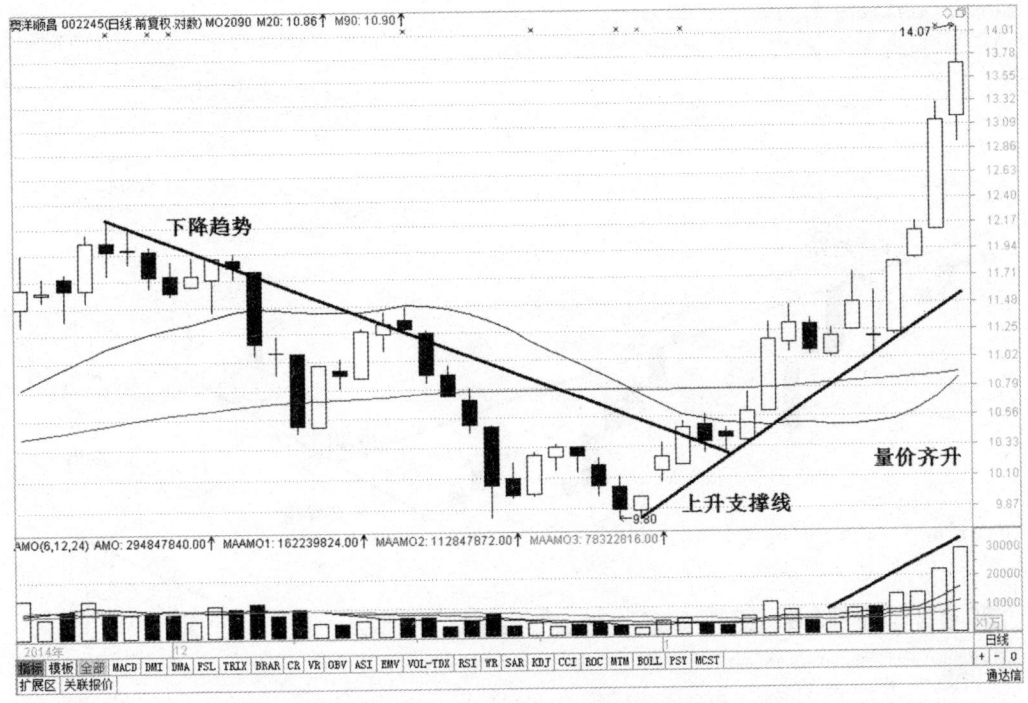

图3-70　澳洋顺昌　涨势延续

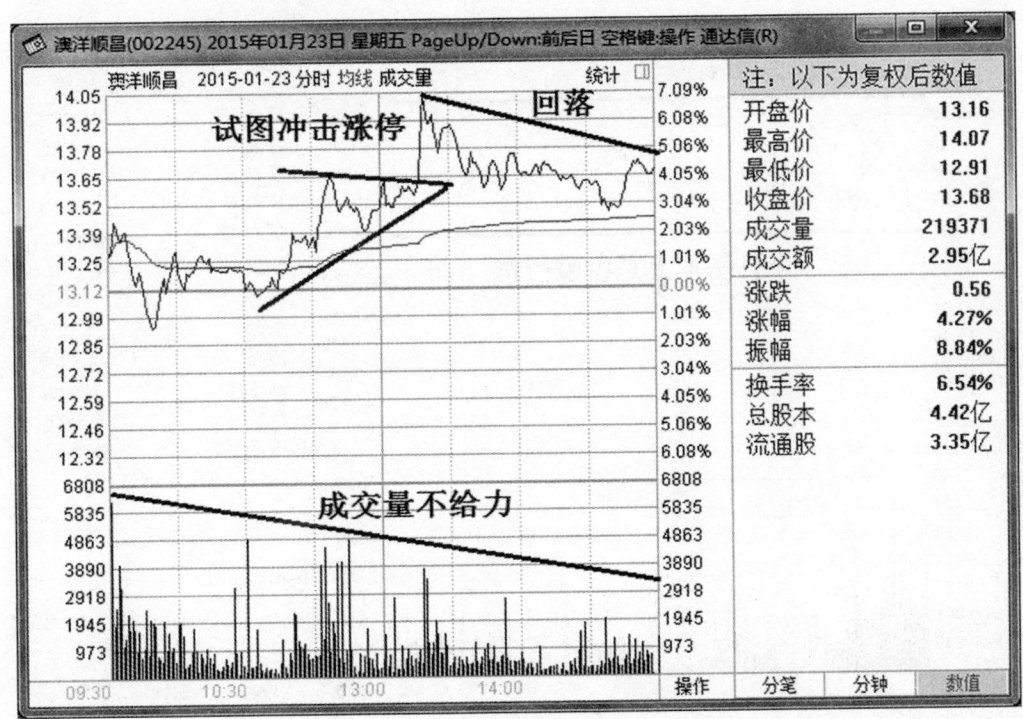

图3-71　澳洋顺昌　2015年1月23日分时图

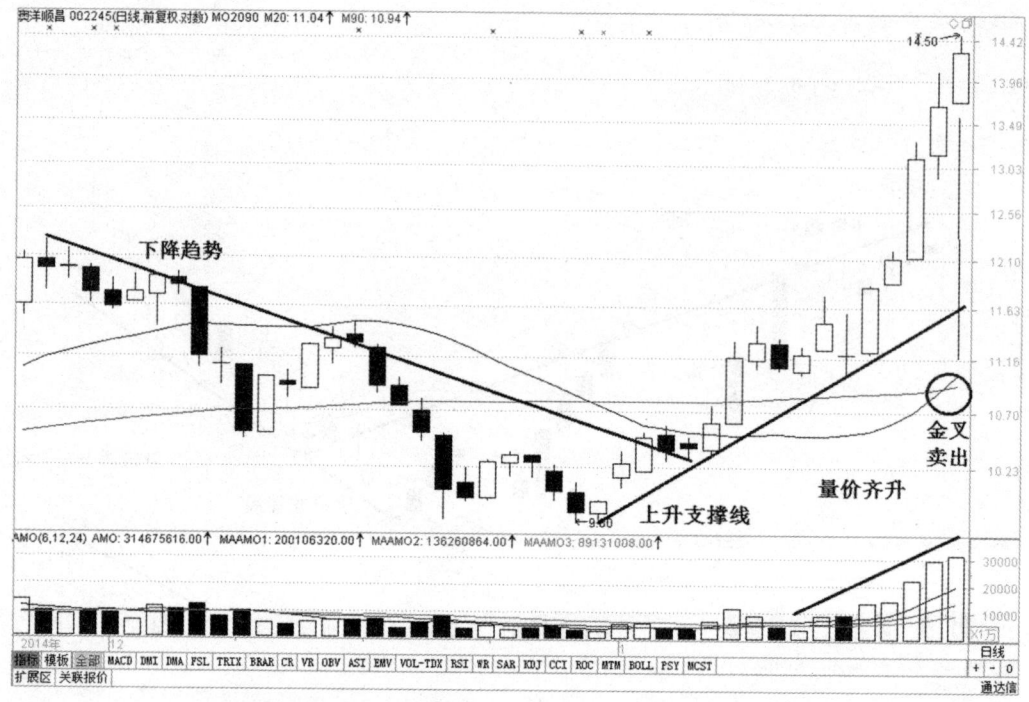

图3-72 澳洋顺昌 均线金叉，卖出？

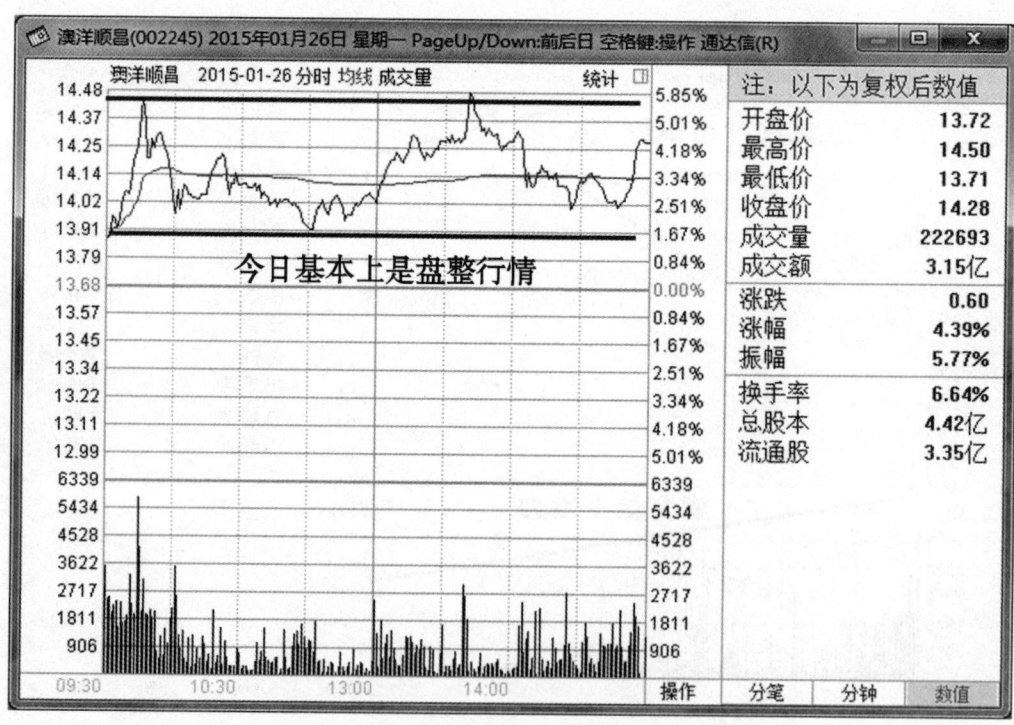

图3-73 澳洋顺昌 2015年1月26日分时图

第三章 均线反向操作法则

鉴于目前已经出现均线金叉形态,虽然没有跌破上升趋势线,但我们之前计划好了,以最先出现的卖出信号卖出手上的股票,所以今日出现的均线金叉卖出信号就意味着可以卖出全部筹码,将账面利润落实到口袋中。(如图3-72、图3-73)

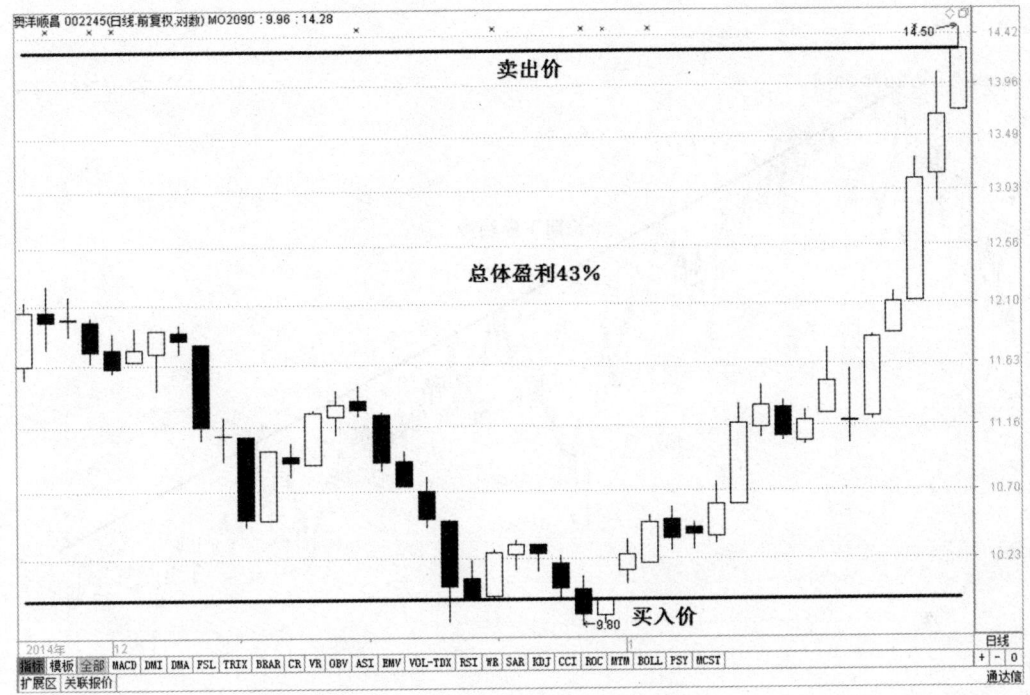

图3-74 澳洋顺昌 交易全程

这次交易我们获利43%,利润也不低。(如图3-74)

七、反向操作案例五——苏州固锝（002079）

图3-75　苏州固锝　前期分析

图3-75是个股苏州固锝（002079）2011年至2013年的日线走势，很明显，该股在这一时段一直处于下降趋势当中。要想改变这种趋势的方向，必须等待股价向上突破这一趋势线，方可反转当前长期下降的趋势。

2012年12月3日起，股价进入新一轮的反弹行情中，反弹基本上延着一条短期上升趋势线上行，同时量也逐渐递增，这是对多头有利的局面，只要今后继续维持在这一支撑线上，未来极有可能突破之前的长期下降趋势线，从而引发行情反转上涨。（如图3-76）

第三章 均线反向操作法则

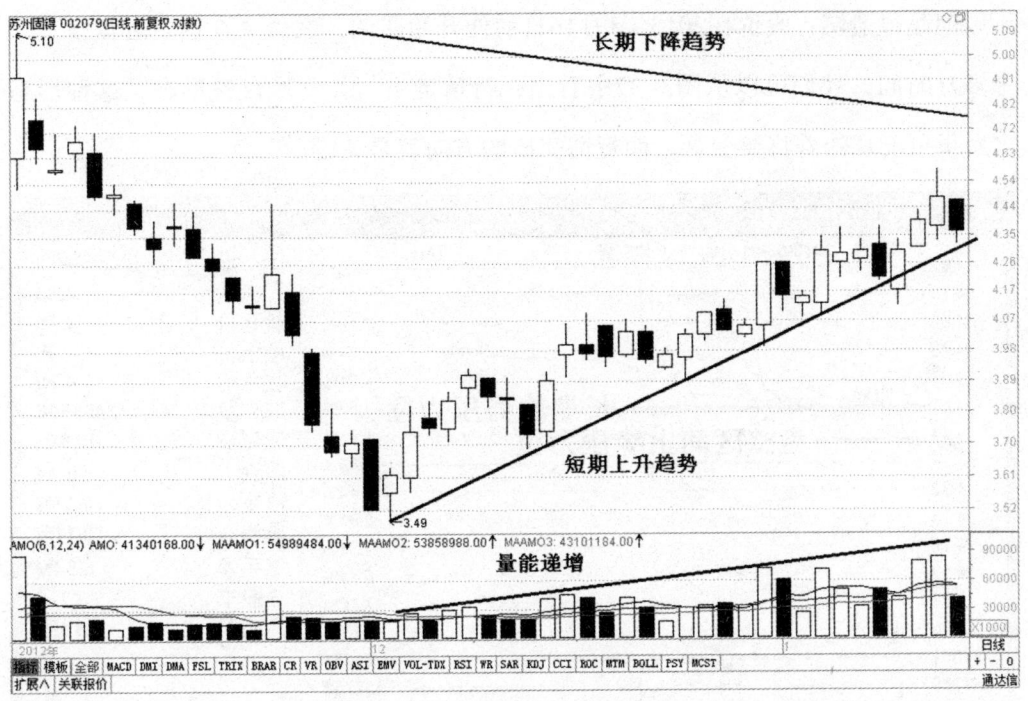

图3-76 苏州固锝 近期分析

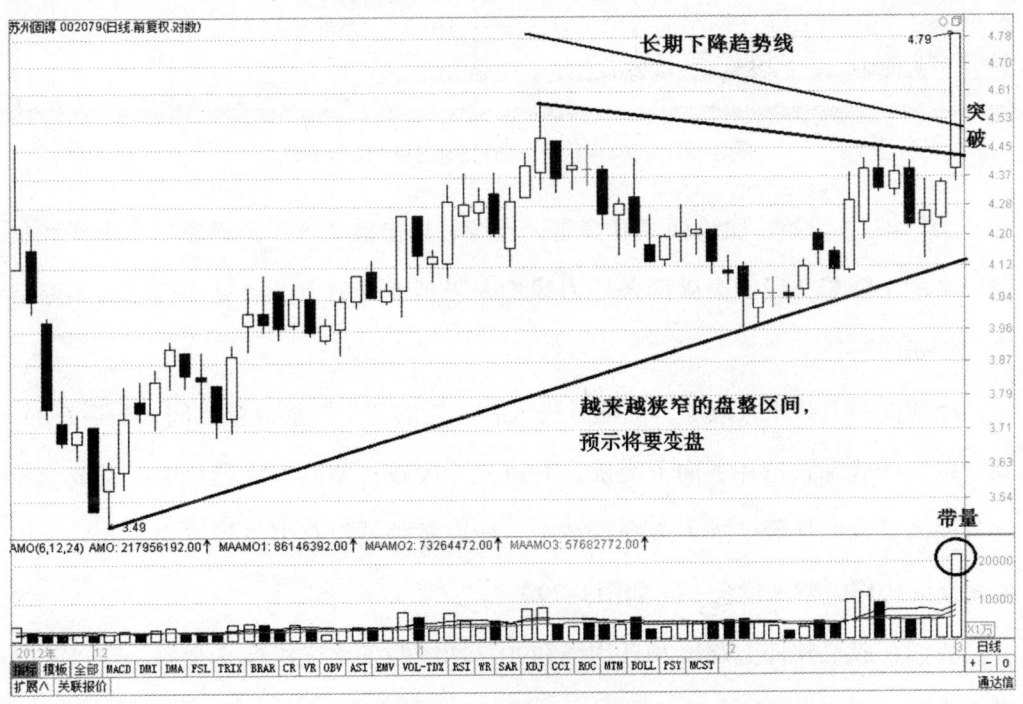

图3-77 苏州固锝 趋势分析

但是很遗憾，股价在2013年1月16日后便开始回调，之后又在这附近盘整了半个多月时间，我们可以从图3-37中看出，行情走出"〉"形盘整形态，这种形态之后很可能意味着将要变盘，而行情突破的方向就是关键。

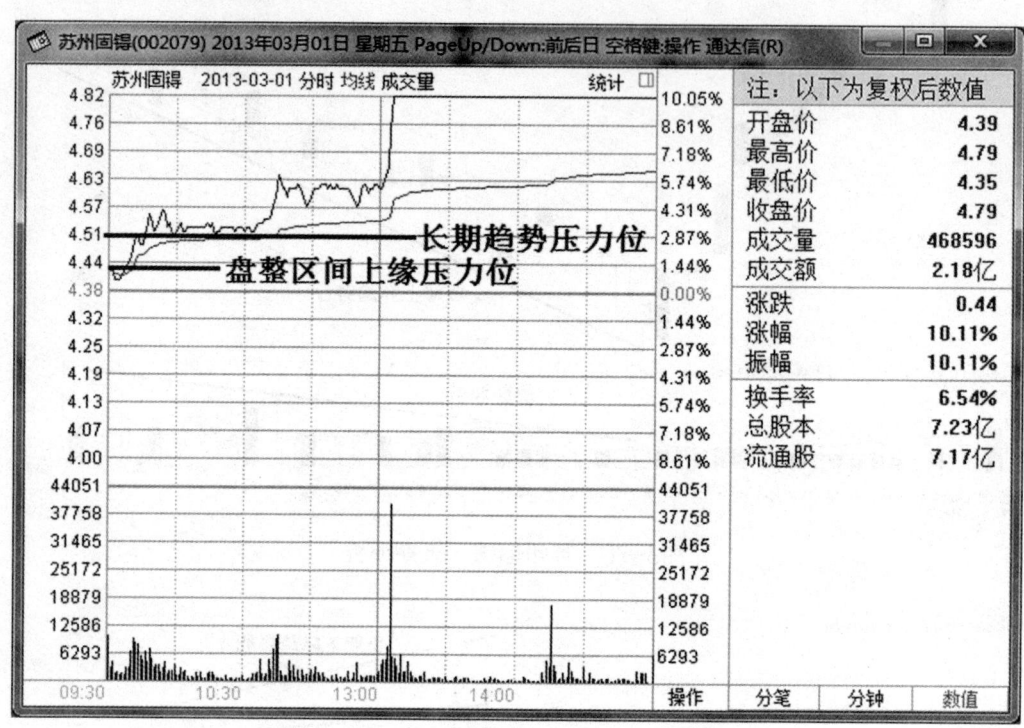

图3-78　苏州固锝　2013年3月1日分时图

2013年3月伊始，股价便高开高走，连续轻松击破"〉"形盘整形态上缘和长期以来的下降趋势线。突破两条压力线均未受到太大阻力，可见上行压力不断减小。（如图3-78）

此前又叫上行压力减少，但随后进入新一轮的"〉"形盘整区间，最后在3月28日以大阴线暴跌选择了向下突破，并进入一段较长期的下降趋势中，且成交量逐日递减，我们怀疑已进入震仓行情中，所以越跌越没有多少量成交，预计可以使用反向操作策略来建仓。（如图3-79）

我们在股票软件上调出20日均线和90日均线两条均线指标来观察，便可随时发现买入信号。

第三章 均线反向操作法则

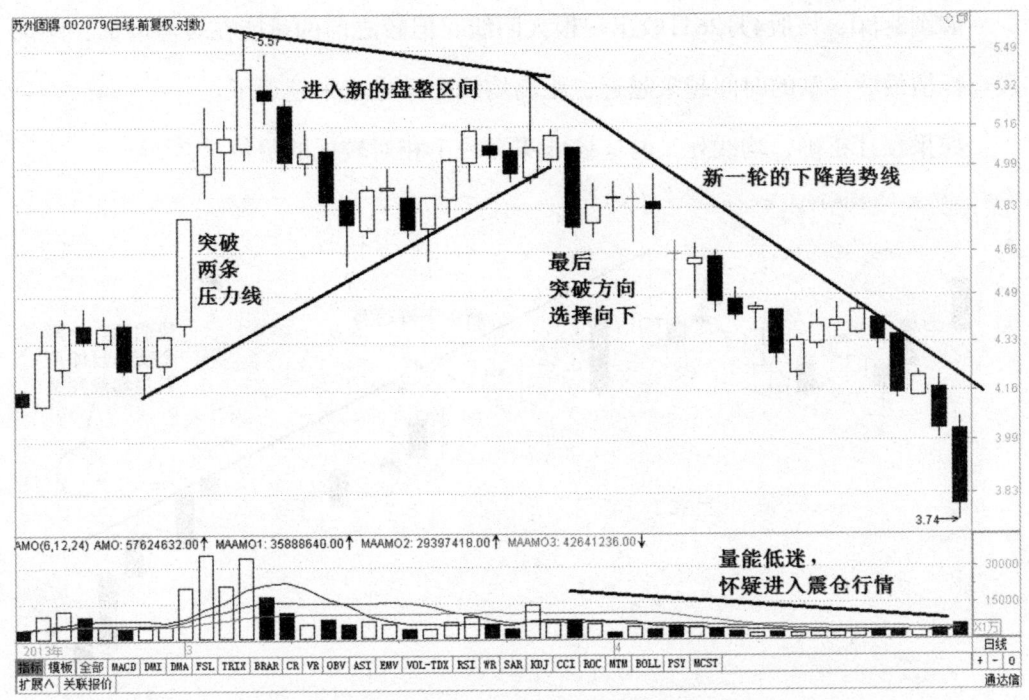

图3-79 苏州固锝 变后股价选择继续下跌

图3-80 苏州固锝 均线死叉之前

如图3-80，该股4月26日收出一根大阴线，但较之前的量能在缓慢增加，距离震仓行情最后一跌的时间越来越近，距离均线死叉也越来越近了。

如果预计正确，均线死叉时应该能买在一个相对较低的价位。

图3-81　苏州固锝　死叉前夕

5月2日，即上个交易日之后，股价再度下跌，但收出一根较长的下影线，并且量能继续增加，这是最后一跌的行情，即我们可以在今日就建仓，但鉴于均线死叉的买入信号尚未发出，故需等待均线死叉买入信号发出后再进行买入操作。（如图3-81）

5月3日，20日均线终于在开盘后跌破了90日均线，导致均线发生死叉买入信号，按计划我们就该在当日收盘前买入一成，每隔5个交易日再买入一成，如果后续走势突破了下降趋势线就不再进行买入操作。（如图3-82）

5月6日，就在我们买入该股之后的第二天，股价直接报收一涨停板，账面利润就已经有10%了。从盘中看，早盘和午盘还在纠缠于该趋势线的压力位附近，直到尾盘巨量一出，直接将股价拉至涨停板。（图3-83、图3-84）

第三章 均线反向操作法则

图3-82 苏州固锝 死叉买入!

图3-83 苏州固锝 买入即涨

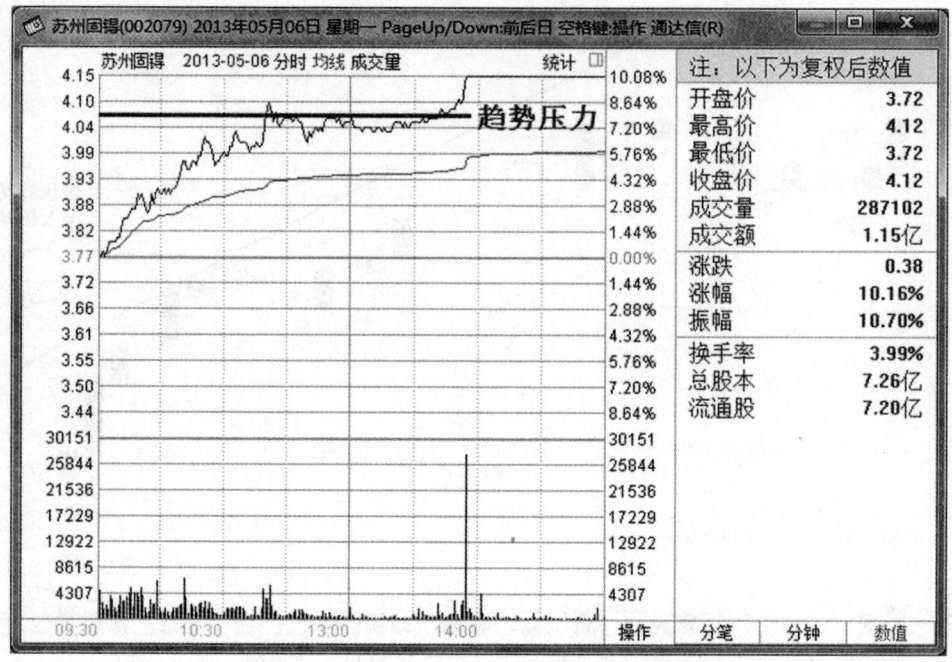

图3-84　苏州固锝　2013年5月6日分时图

总体上看，股价这次是成功突破趋势线的压力位，这对未来继续上涨是有利的。另外，鉴于已经突破了之前的下降趋势，故而不再追加买入该股。

图3-85　苏州固锝　向上突破受到均线压制

第三章 均线反向操作法则

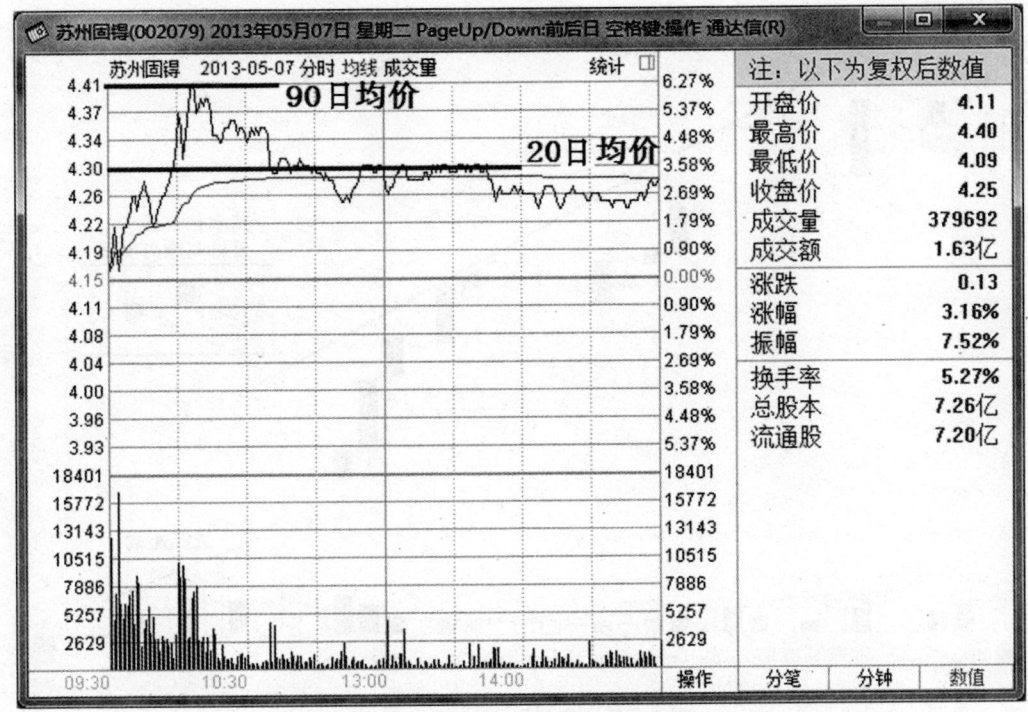

图3-86 苏州固锝 2013年5月7日分时图

5月7日，股价继续高走，先突破了20日均线价位，后再试图突破90日均线未果，明显受到90日均线价位的压制，尾盘有所回落。从分时图上看也很明显，股价早盘虽然直接突破了20日均线的阻碍，但之后试图突破90日均线时却未能如愿，甚至跌回至20日均价之下。如此疲乏之态，估计多方的进攻会延迟一段时间。（如图3-85、图3-86）

故伎重演，在随后一周多的时间里，行情基本上就是在该日价格范围内来回震荡。观察量能却在不断减少，这又是一次震仓行为，所以后市还有上涨的潜力。（如图3-87）

5月17日，震仓行情就此结束，股价也成功突破了90日均线的压制，带量成功突破。（如图3-88）

在该日分时图上虽然早盘持续纠缠在90日均价附近，但中午后再现巨量拉抬股价，将股价最终拉高并站稳在90日均价之上。（如图3-89）

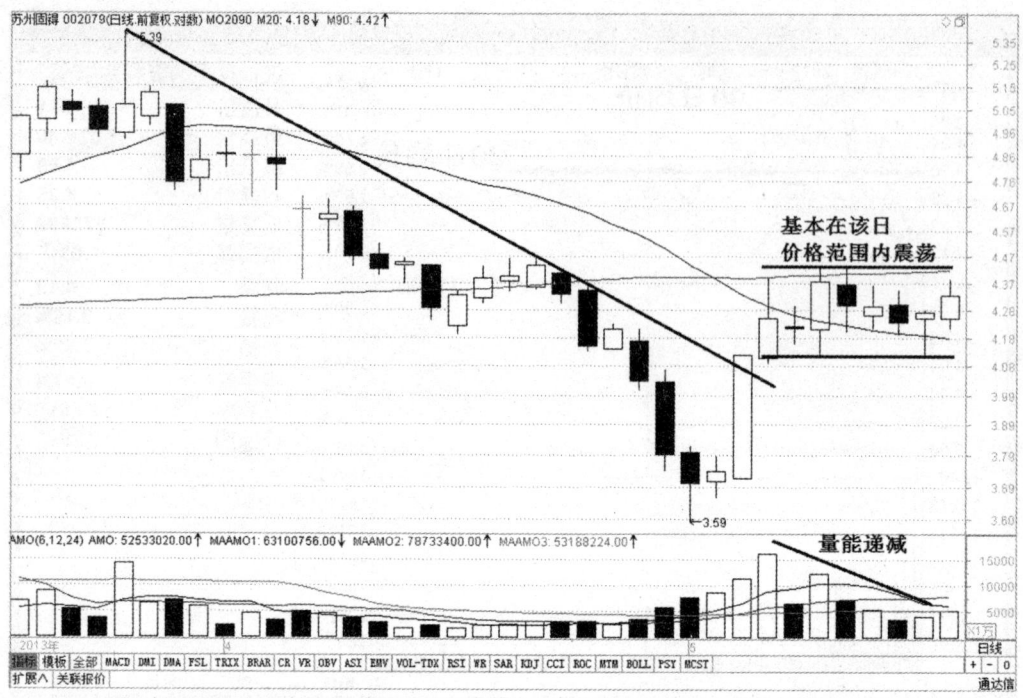

图3-87 苏州固锝 横向盘整

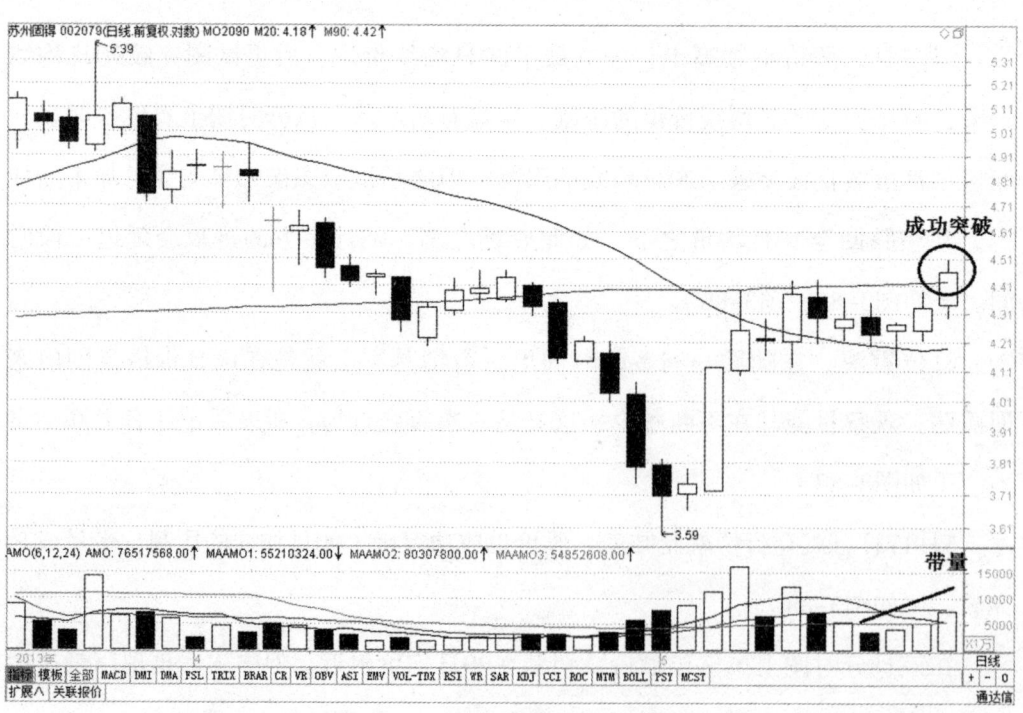

图3-88 苏州固锝 成功突破

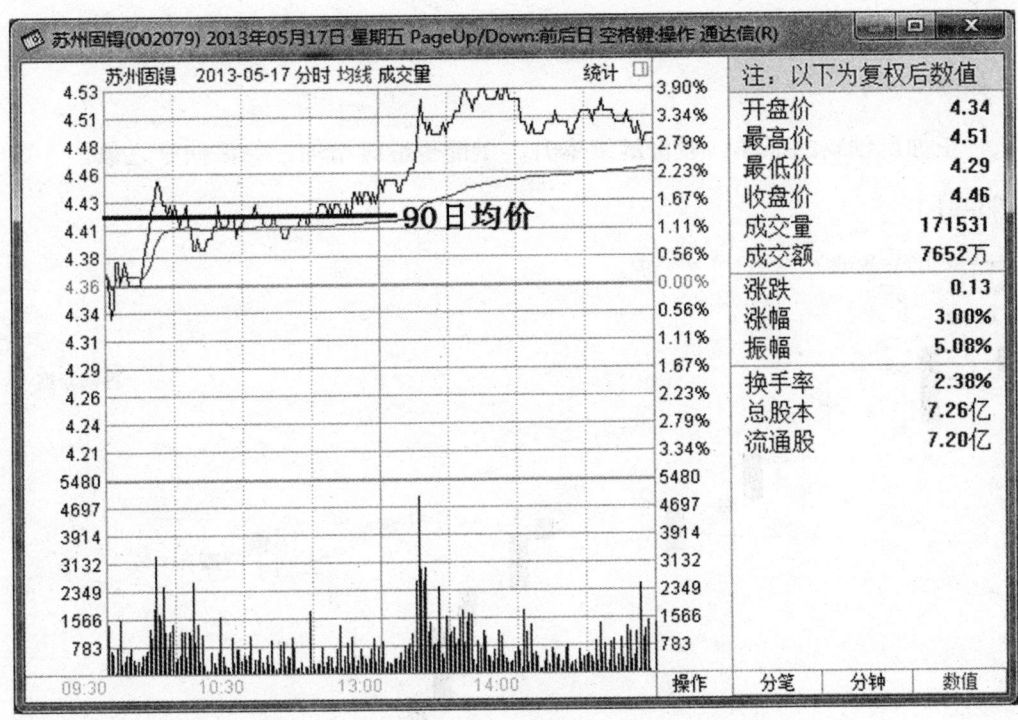

图3-89 苏州固锝 2013年5月17日分时图

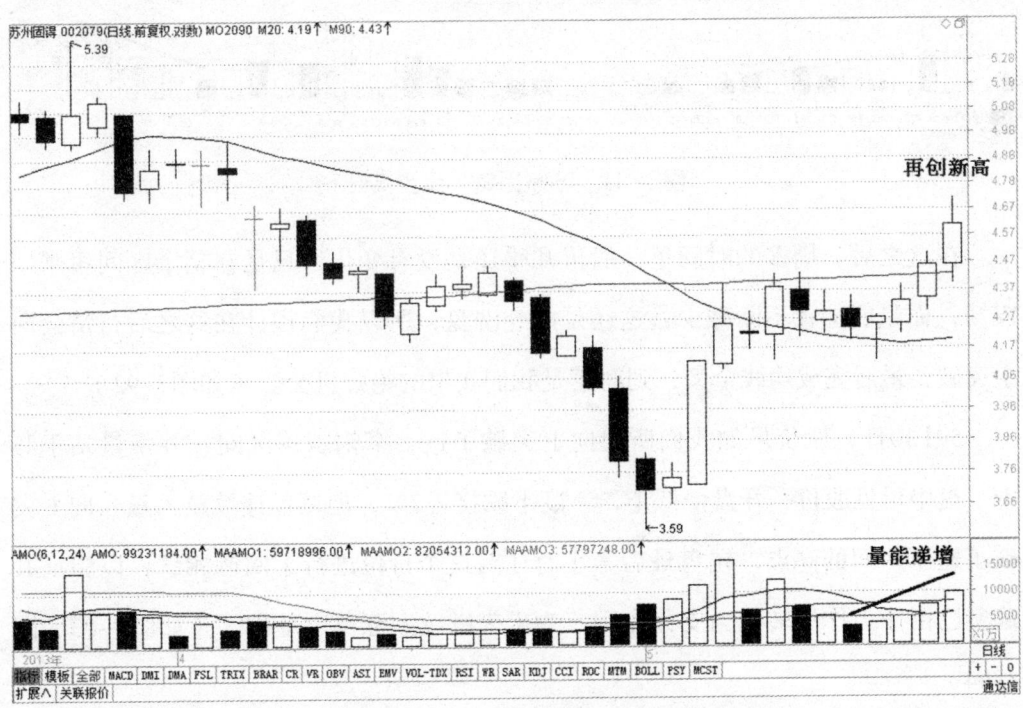

图3-90 苏州固锝 再创新高

5月20日，该股再创新高，量能也持续增加，这对多头行情的持续极为有利。（如图3-90）

正如所预料的那样，股价继续攀升，量能也继续增加，一派向好之象。（如图3-91）

图3-91　苏州固锝　步步高升

在这之后一周多的时间里，股价几乎还是没有变化，只是在某个区间里来回震荡，而量能却在不断减少，这还是震仓洗盘，所以我们预计在这之后行情会向上突破，最后完成均线金叉，到时正是我们卖出的绝好机会。（如图3-92）

5月30日，股价果如我们所料向上突破了这一窄幅震荡区间，并带量站于其上。盘中可见股价一开盘便低走，一度下跌接近2%，但尾盘连续放大量，向上突破了这个区间的高点，尾盘最后半小时还对这个价位进行了回调测试，以验证其确实已由压力作用转换为支撑作用，为未来继续上涨奠定基础。（如图3-93、图3-94）

第三章 均线反向操作法则

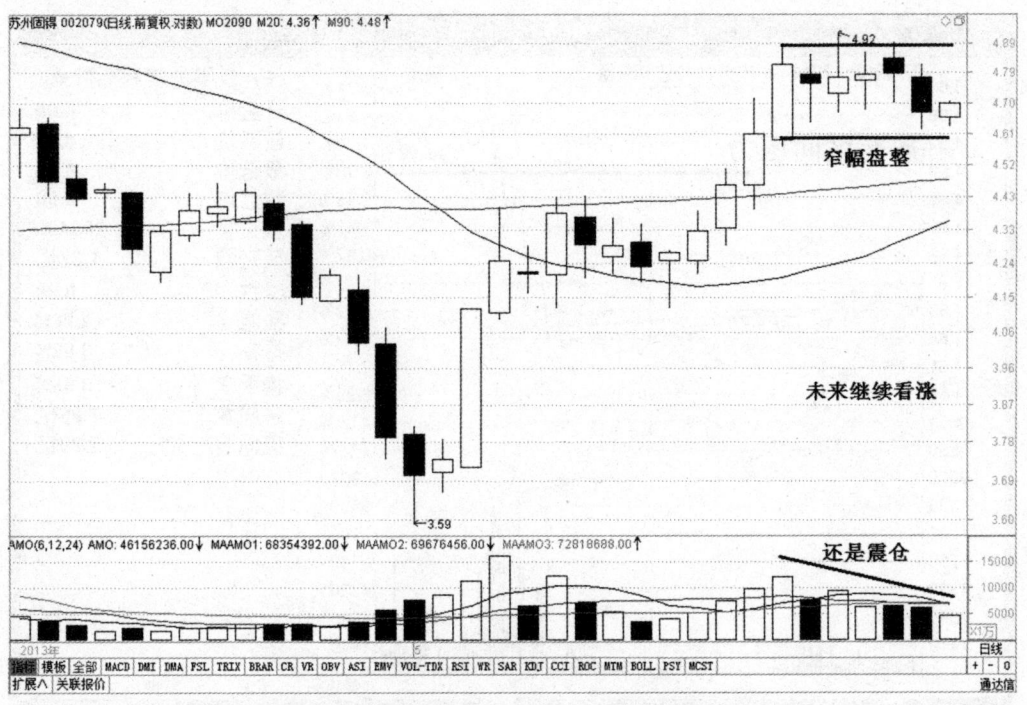

图3-92 苏州固锝 上升途中的横向盘整

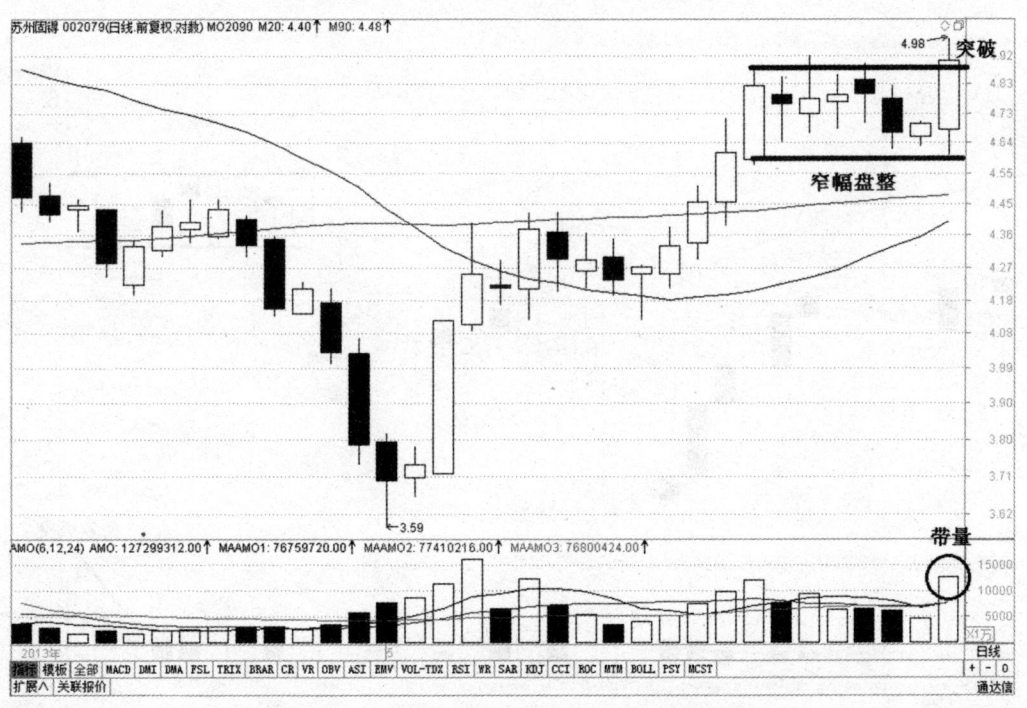

图3-93 苏州固锝 再次向上突破盘整区间

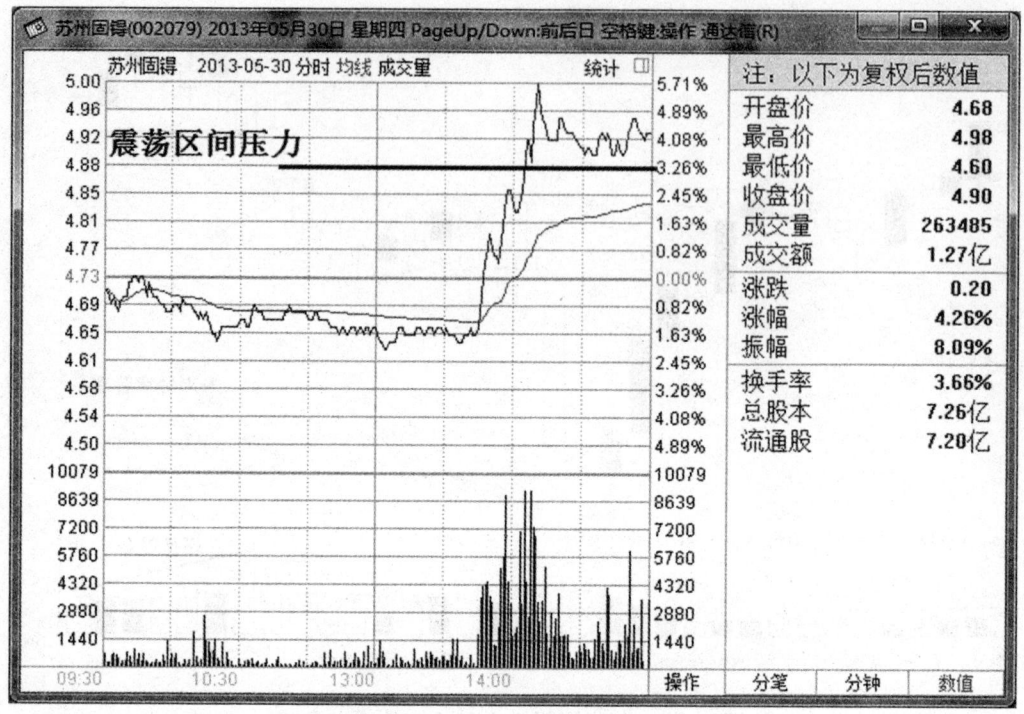

图3-94 苏州固锝 2013年5月30日分时图

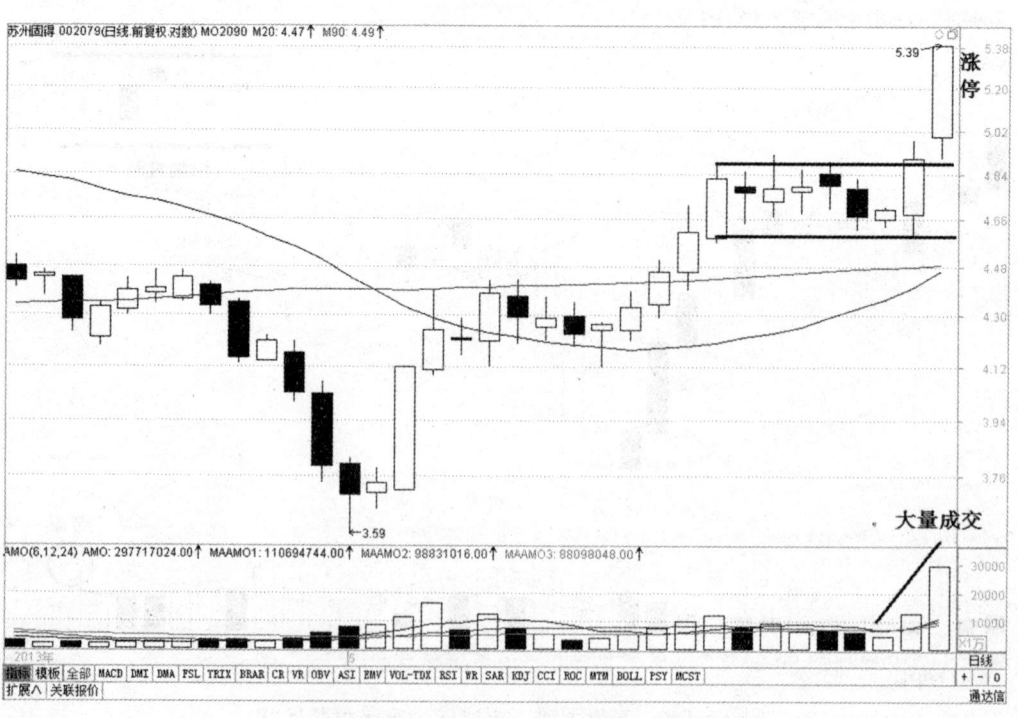

图3-95 苏州固锝 放量拉升

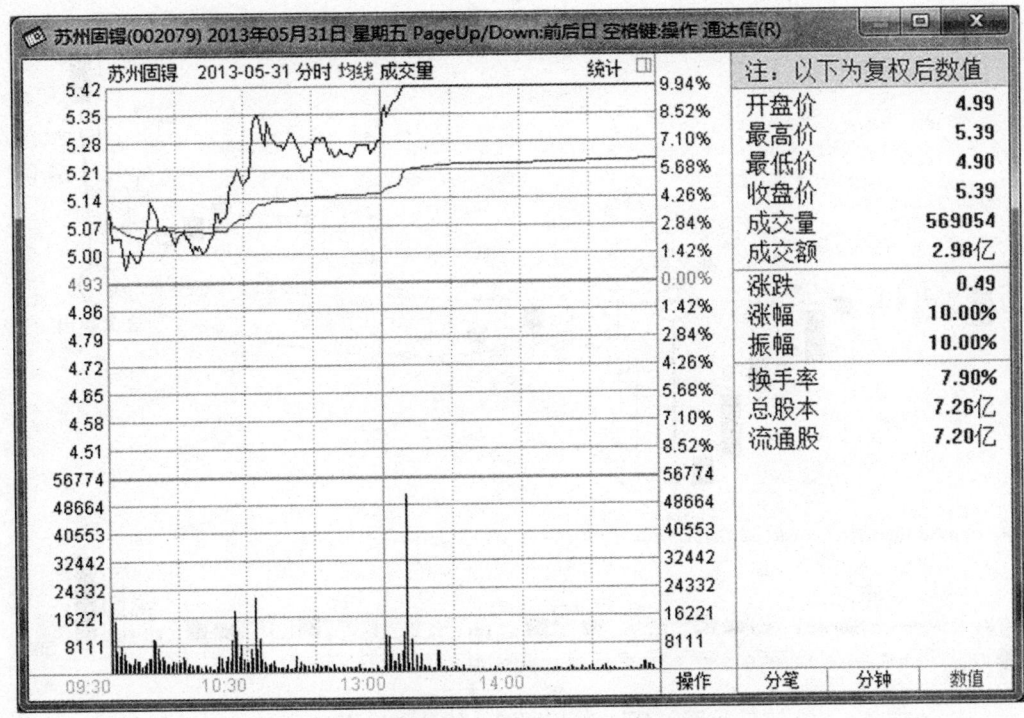

图3-96　苏州固锝　2013年5月31日分时图

5月31日，股价开盘略有回调测试之前的区间高点后，再次确认其已由压力转换为支撑，随后可再度拉升，午盘后直接拉抬至涨停。（如图3-95、图3-96）

虽然股价持续上涨势头很好，但是要注意到两条均线快要形成金叉了，这就提醒我们不要被眼前的行情所迷惑，要按计划行事，我们之前的计划是在均线发生金叉时全部卖出手中的股票。

6月3日，均线发出金叉卖出信号，我们的整个买卖交易就此终结，我们在今日接近尾盘时全部卖清。（如图3-97）

最后我们计算一下盈亏，买入价为3.74元，卖出价是5.32元，整体盈利42%，耗时20天，平均每天赚2个百分点。（如图3-98）

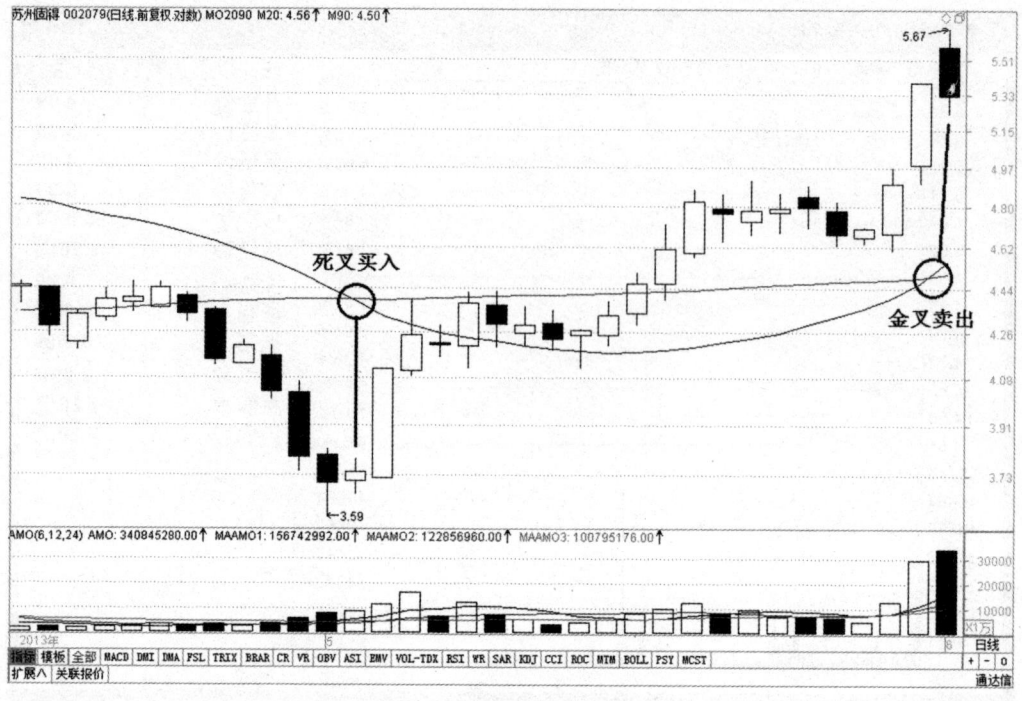

图3-97　苏州固锝　按计划行事

图3-98　苏州固锝　交易全程

第四章

参考大盘让胜算更高

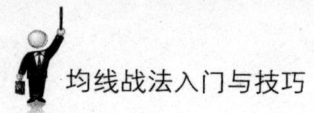

一、新的参考指标

图4-1 上证指数（又名大盘指数）

图4-1就是上证指数，也叫大盘指数，它的走势决定了70%～80%的个股走向。大多数个股的走势都依据大盘的走势而变化。

所谓牛市，是指大盘的走势处于上升趋势中；所谓熊市，是指大盘的走势处于下降趋势中；所谓震荡市，是指大盘走势处于震荡区间中。

所以大盘的走势对于我们应用均线正向、反向操作极为重要，它决定了我们均线操作的最终成败。

在大盘处于牛市时，即大盘的低点不断抬高，处于上涨趋势线之上，就是我们运用正向操作法则的时候。（如图4-2）

图4-2 上证指数的牛市阶段

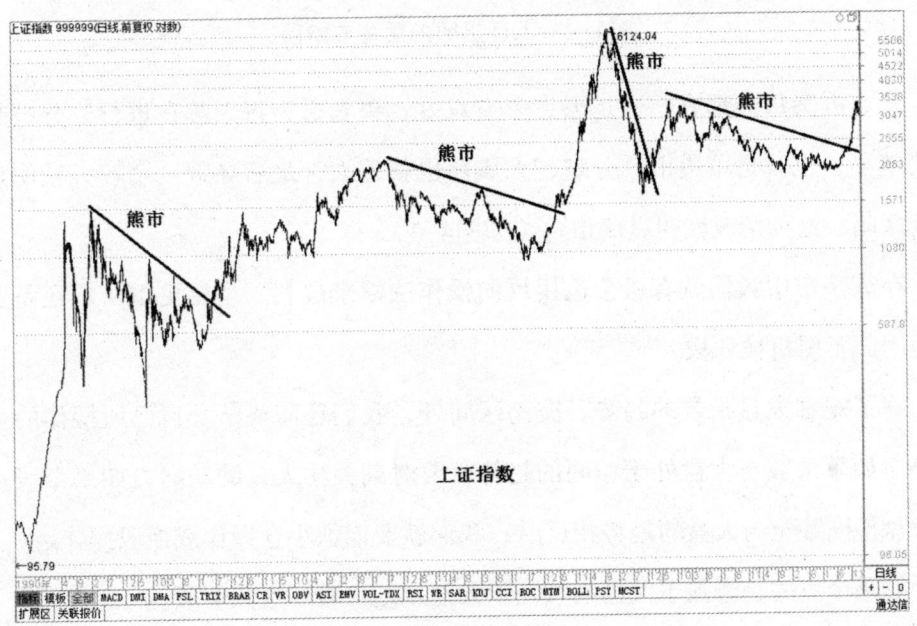

图4-3 上证指数的熊市阶段

在大盘处于熊市阶段时,大盘的高点就会不断降低,并且一直处于下降趋势线以下,我们就要谨慎,见高就出,见好就收,不要恋战以致被套在高位。(如图4-3)

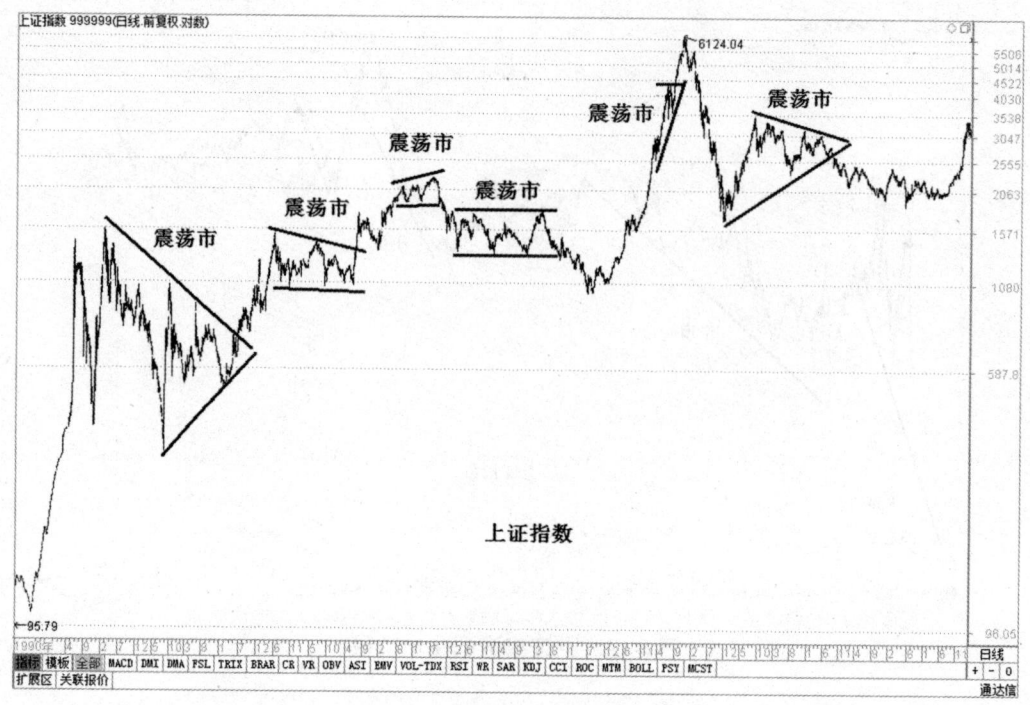

图4-4 上证指数的震荡市阶段

其实震荡每天都有,这是因为多空双方、买卖行为每天都在进行,分歧越小震荡越小,也就是单边市,分歧越大震荡也就越大,最后导致一个较大较明显的震荡区间,这种情况就叫震荡市。(如图4-4)

在震荡市中我们就有机会运用反向操作法则来盈利。当然更重要的还是要灵活运用而不要机械死板。

除了观察大盘指数的趋势、震荡区间外,我们还需要结合自己所操作的个股走势。如果个股与大盘处于相同的趋势就要时刻关注大盘的动向;如果个股走势与大盘不同甚至与大盘的趋势相反时,我们就要谨慎小仓操作或换股操作。

如果个股的趋势强于大盘或领先于大盘,则可看好这只个股。

所谓灵活操作法,是指利用趋势的变化,灵活转换操作法则,以达到更大的盈利目的。

下面举几个例子。

二、灵活操作案例一——兰生股份（600826）

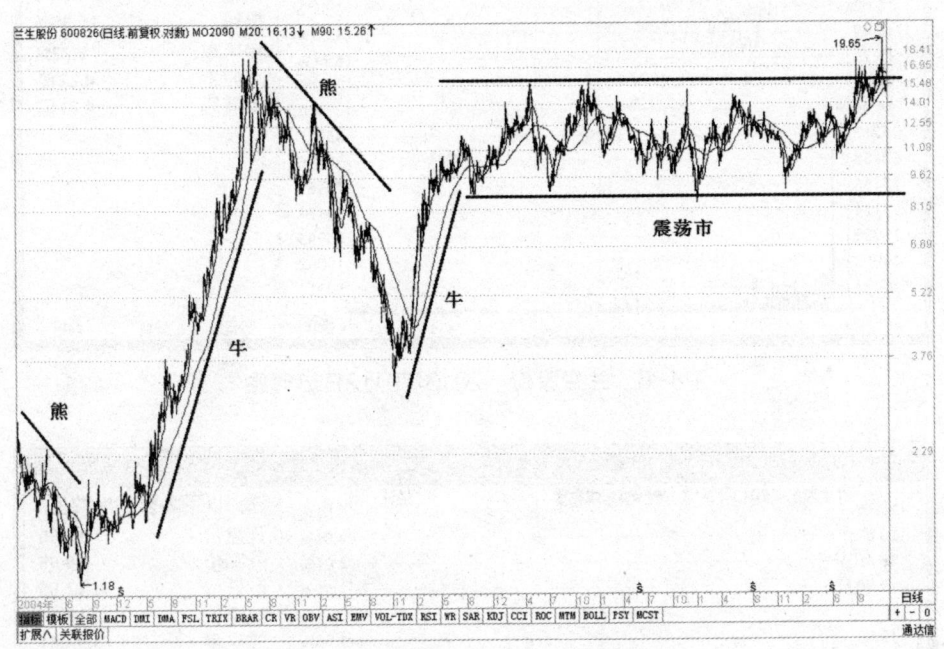

图4-5　兰生股份　观察所处趋势

首先观察该股之前和现在处于什么趋势中。（如图4-5）

目前来看一直处于长期的横向震荡行情中，虽然近期有多次上破的情况发生，都带有量，但均未成功突破。

这是2013年9月2日的第一次突破横向盘整区间的高位，虽然带有巨量，并且开盘直接封住涨停，但没坚持多久便被打回原形，尾盘下跌，报收大阴线，预示突破乏力，卖压较大，后市还需努力。（如图4-6）

这是另一次较有可能突破成功的交易日，12月13日，该股高开3%，也只维持了几分钟，然后一泻千里，尾盘下跌5%，再收一根大阴线，向上突破再告失败。（如图4-7）

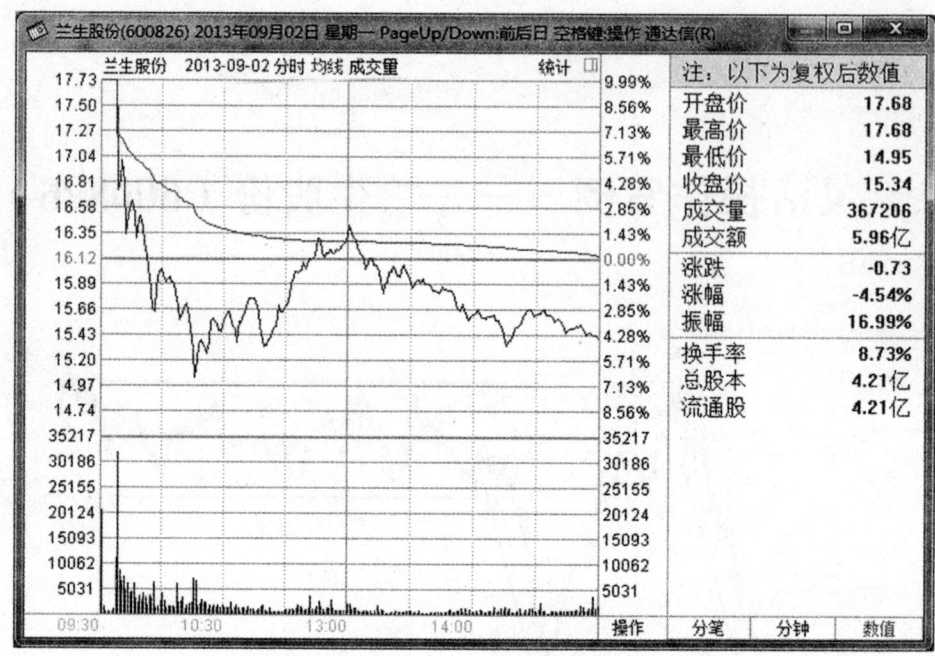

图4-6 兰生股份 2013年9月2日分时图

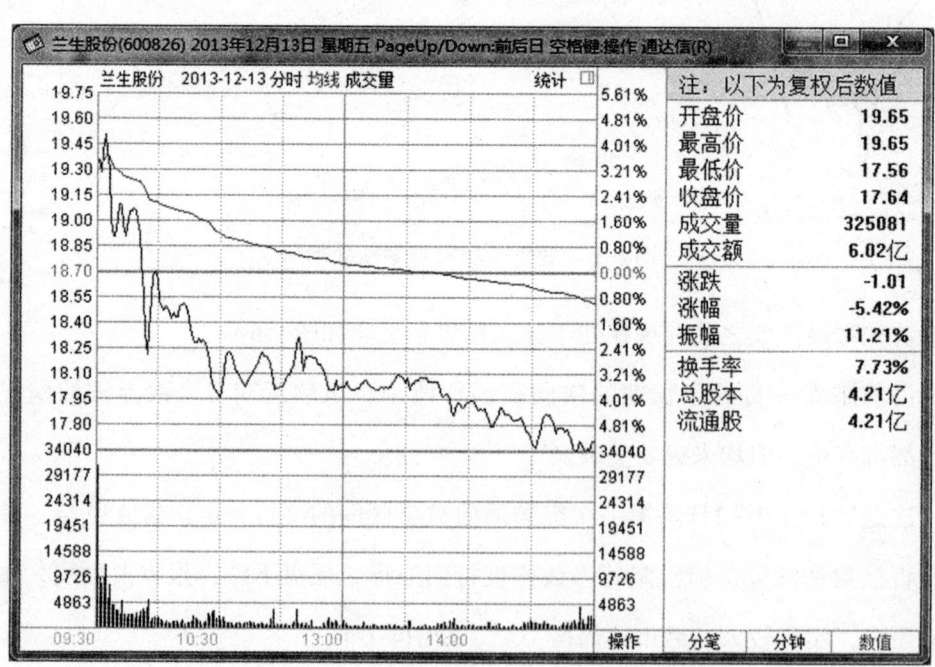

图4-7 兰生股份 2013年12月13日分时图

多次尝试突破虽然均未成功，但行情似乎没有因此进入新一轮的下降趋势中，而是一直有一股支撑力量支持着行情继续上冲。（图4-8）

第四章 参考大盘让胜算更高

图4-8　兰生股份　观察近期趋势

图4-9　上证指数　所处牛熊趋势

我们再对照一下同一时期的大盘走势，可见当前大盘处于熊市中，而该股处于震荡市就明显强于大盘，只要大盘一转变趋势将带动该股强势上涨。（如图4-9）

图4-10 兰生股份 耐心等待买入机会的出现

所以我们启动震荡区间的均线反向交易买入，也就是等待该股20日均线和90日均线发出死叉信号买入。（如图4-10）

鉴于目前个股走势明显强于大盘，但大盘又还处于熊市中，所以计划连续买入三四成左右。

12月26日，股价再收一根中阴线，但成交量并没有增加，连续几日下来成交量连续减少，这更增加了震仓洗盘的可能性，加大均线死叉买入的可靠性。（如图4-11）

2014年1月6日，股价再次暴跌，量能继续减少，这表示持有股票的人中很少再会有人因为行情下跌而亏本卖出。（如图4-12）

第四章 参考大盘让胜算更高

图4-11 兰生股份 连续下跌缩量

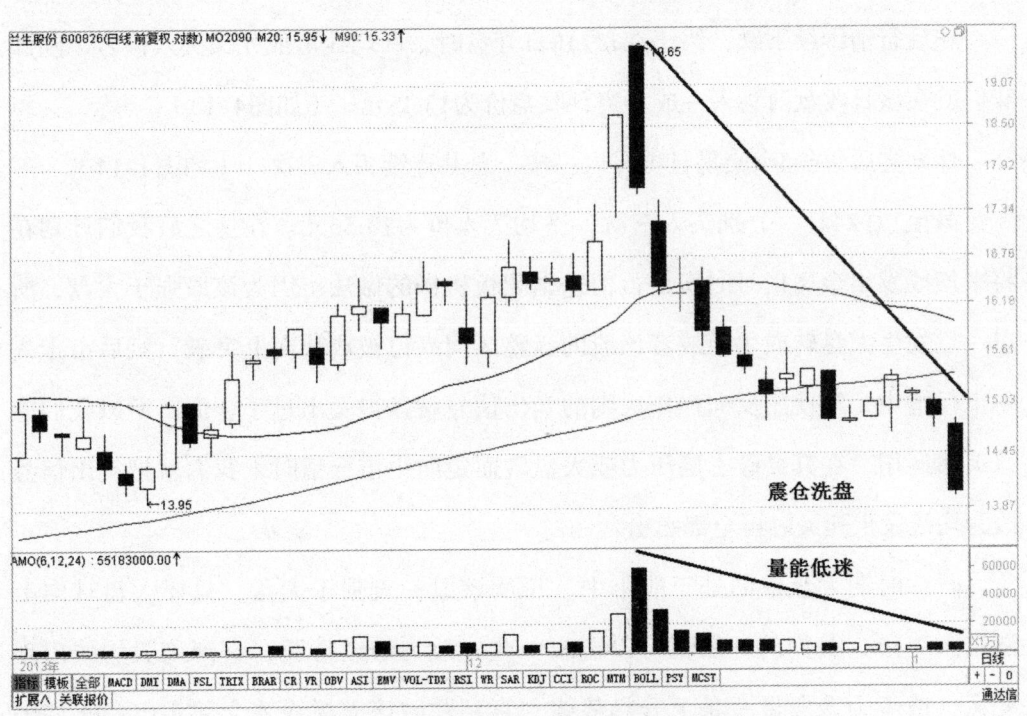

图4-12 兰生股份 继续下跌并缩量

图4-13 兰生股份 又继续下跌缩量，同时形成均线死叉

随后行情继续下跌，终于在1月10日开盘时，两均线形成死叉买入信号，随即我们就在该日收盘前买入一成，当日收盘价为13.45元。（如图4-13）

计划之后每隔5个交易日再买入一成，总共连续买入三次。（如图4-14）

截至1月24日，分别买入三次，平均买入价为13.56元。在这之后我们计划在将来均线发出金叉信号时卖出，但这是死板机械的做法。因为该股强于大盘，所以一旦发生大盘转向牛市或者该股的盘整区间高位被成功向上突破，则后市走入牛市行情中，再使用反向操作法则的卖出信号就显得卖出过于仓促，所以我们应该灵活运用，在其突破上层压力或大盘转而走向牛市行情时，我们就把卖出信号改为均线发生死叉时再全部卖出。

同一时期大盘依旧处于熊市中，说明该股一直强于大盘，只要大盘转向上涨进入牛市，我们的计划就可以再改一改，改为继续持股，直到该股均线出现死叉，或者为该股做一条上升趋势线，直到跌破该支撑线才全部卖出。（如图4-15）

第四章　参考大盘让胜算更高

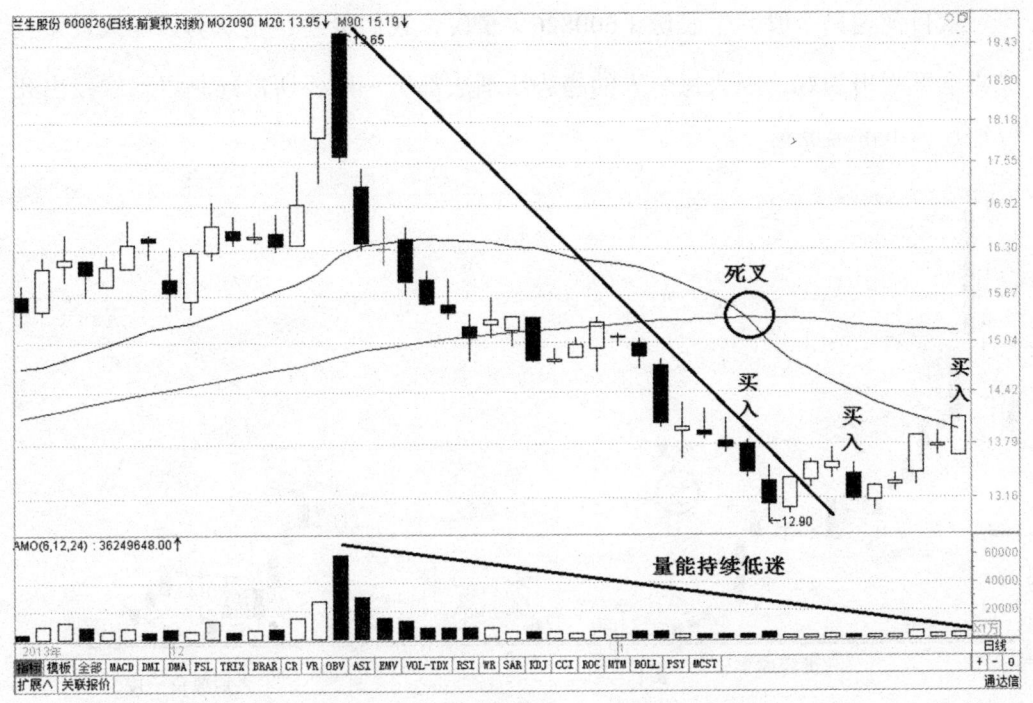

图4-14　兰生股份　分批买入

图4-15　对比上证指数

就目前这只个股兰生股份（600826）来说，我们最终还是认为以均线发生死叉再全部卖出为好，因为每个人的趋势线画法都不一样，所以还是以均线发出死叉信号卖出更为妥当。

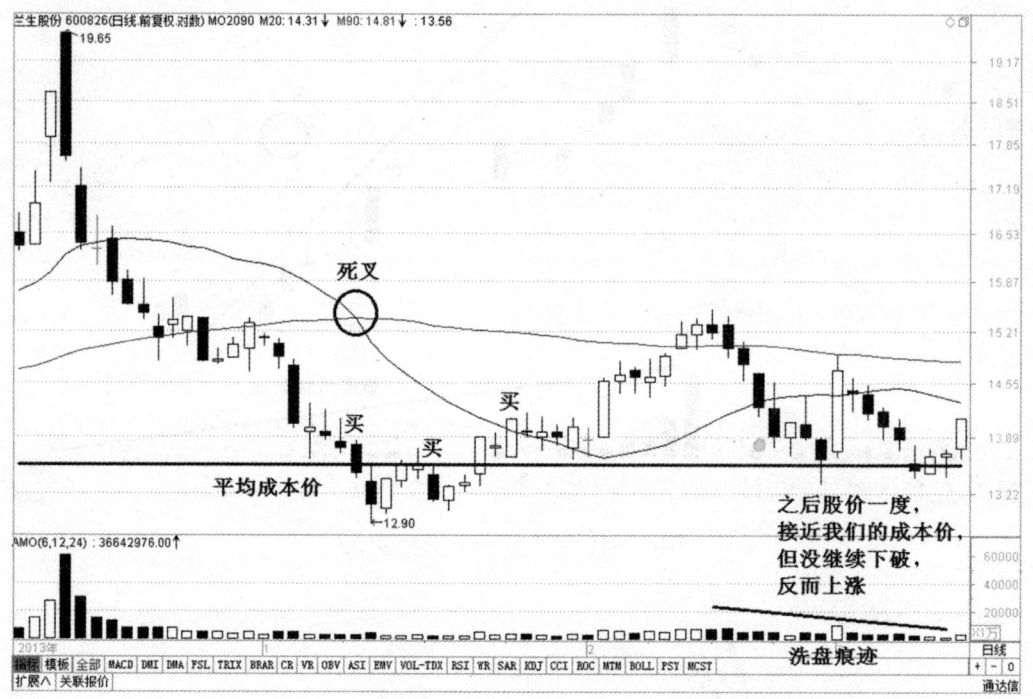

图4-16　兰生股份　买入后股价未跌破此前分批买入的成本价，继续持股

在随后1个多月的时间里，该股走势延续之前的价位进行震荡，股价也两度接近我们的平均买入价，但没多久股价似得到了支撑马上反弹上涨，可见这条成本价线具有支撑作用，证明我们的买入计划是正确的。（如图4-16）

3月3日，该股早盘一路上涨，一度接近涨停价，但在试图突破90日均价时始终跨越不了这个障碍，尾盘稍有回落，宣告第一次突破失败。（如图4-17、图4-18）

第四章 参考大盘让胜算更高

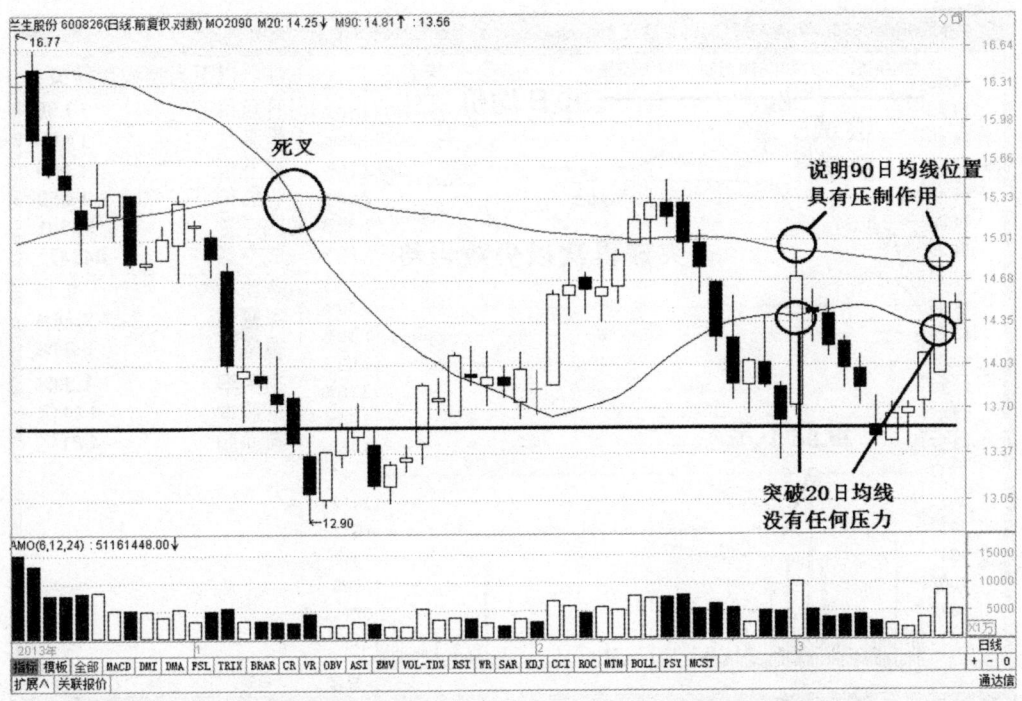

图4-17 兰生股份 两次试图突破90日均线的压制,但两次突破都以失败告终

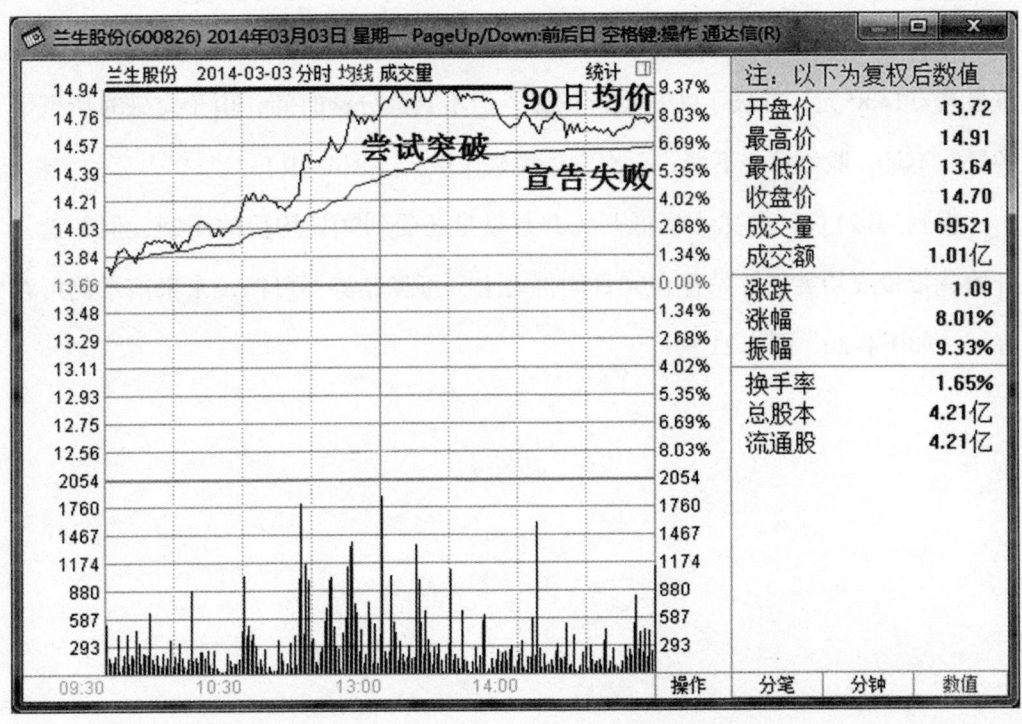

图4-18 兰生股份 2014年3月3日分时图

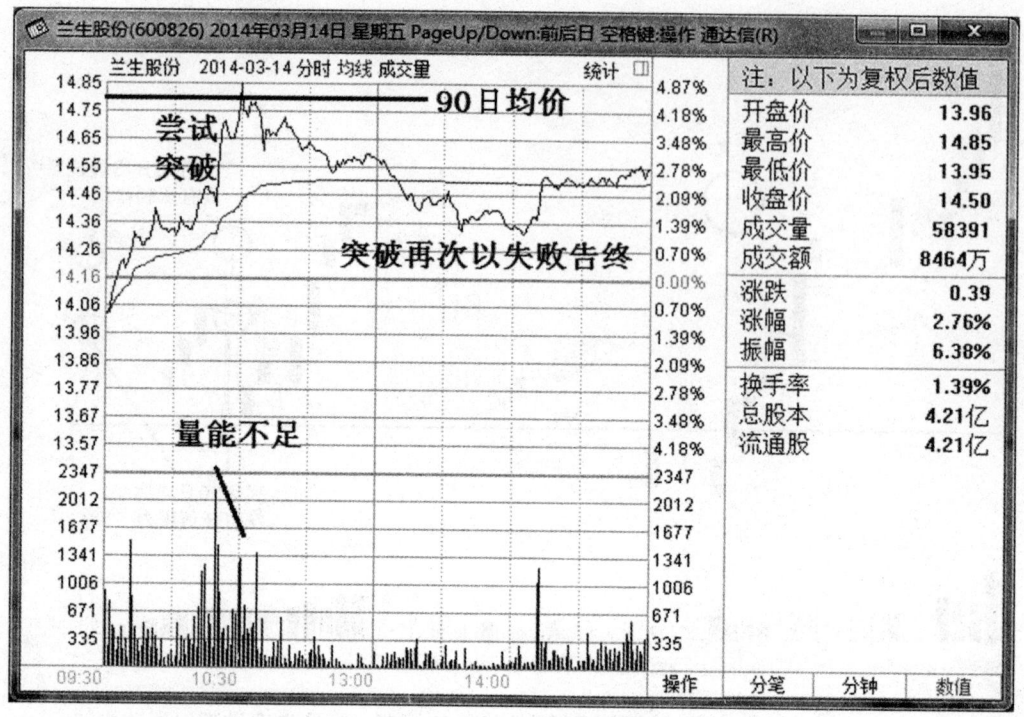

图4-19　兰生股份　2014年3月14日分时图

大约两个星期后，3月14日，股价虽然小幅低开，但在一小时内连续上涨至当日最高点14.85元，突破了90日均价位置，但不到数分钟时间，由于突破时所携带的量能不足，股价马上下滑，再次宣告突破失败。（图4-19）

直到3月21日，虽然小幅低开，并且早盘还受到90日均价的压制，但午盘一开始就带量成功突破并站稳在90日均价之上，可见其势不可挡，未来前景仍可看好。（如图4-20、图4-21）

第四章　参考大盘让胜算更高

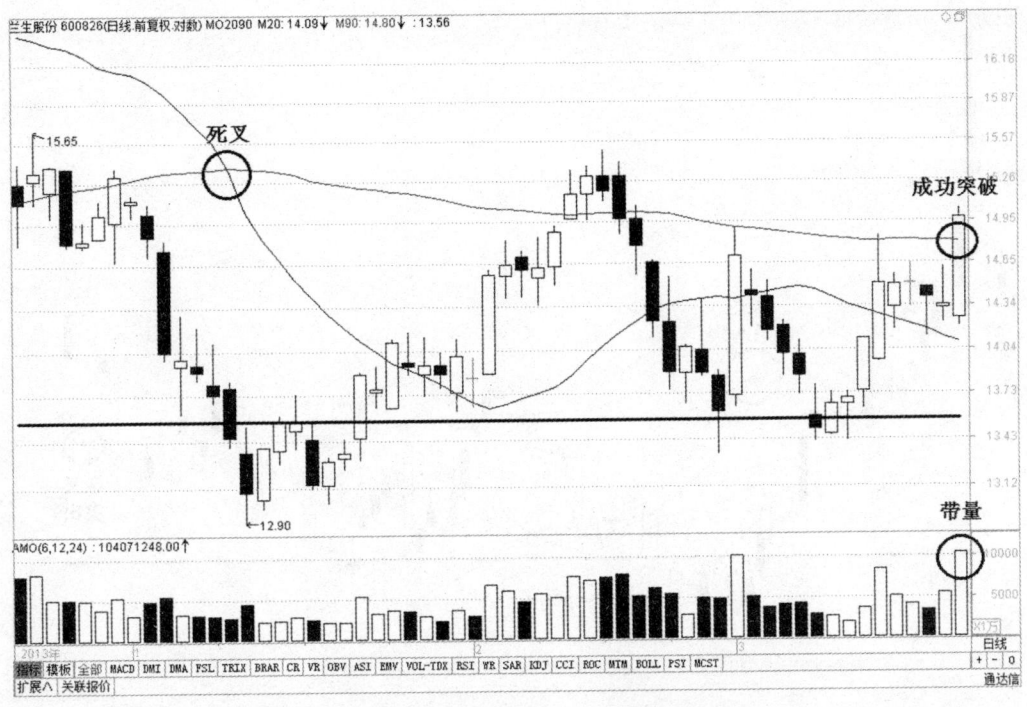

图4-20　兰生股份　第三次终于突破成功

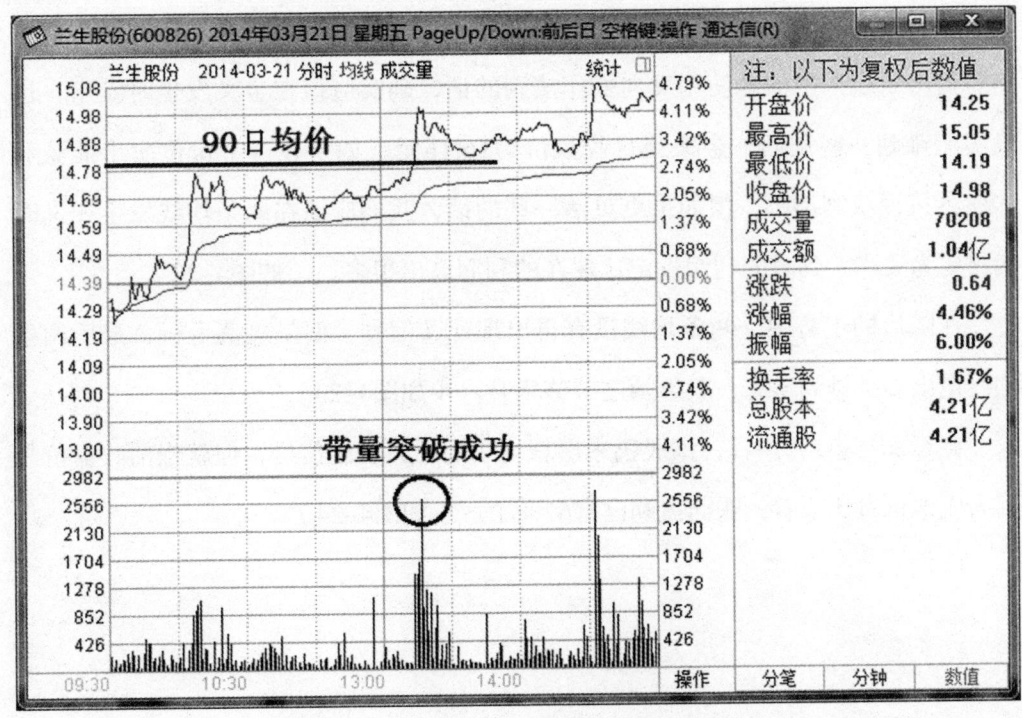

图4-21　兰生股份　2014年3月21日分时图

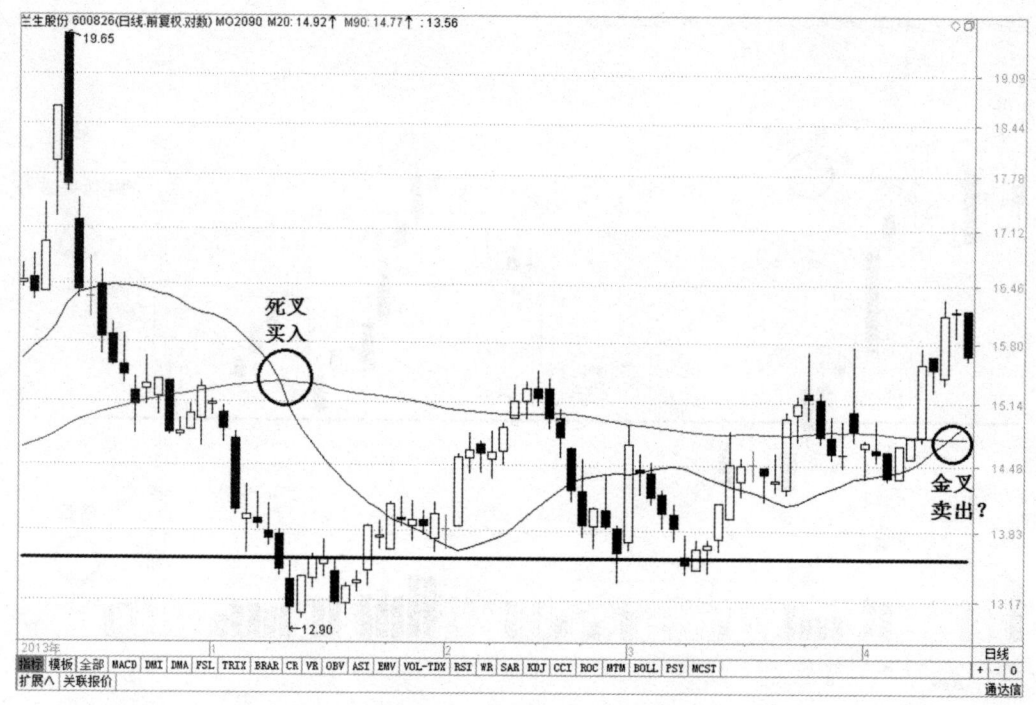

图4-22 兰生股份 均线金叉了，该不该卖出？

其后的走势确实不断向上走高，致使两条均线终于出现了金叉，这时我们要不要卖出？如果机械地使用反向操作法则的话，确实应该在金叉发生时卖出，也确实能赚到一些利润，金叉当日收盘价为16.16元，如果在这个价位卖出能盈利19%，虽说获利不小，但如果更灵活一些的话，我们应该在两条均线发生死叉时卖出更为妥当，到时的利润肯定比现在的利润高出很多。（如图4-22）

在随后的走势中，两条均线没有再出现死叉信号，而是震荡上行，最后两条均线走出多头排列形态，股价随之节节攀升。（如图4-23）

截至2015年2月13日，该股仍未出现均线的死叉卖出信号，但就当前收盘价与买入成本价对比来看，账面盈利已有62%了。（如图4-24）

第四章 参考大盘让胜算更高

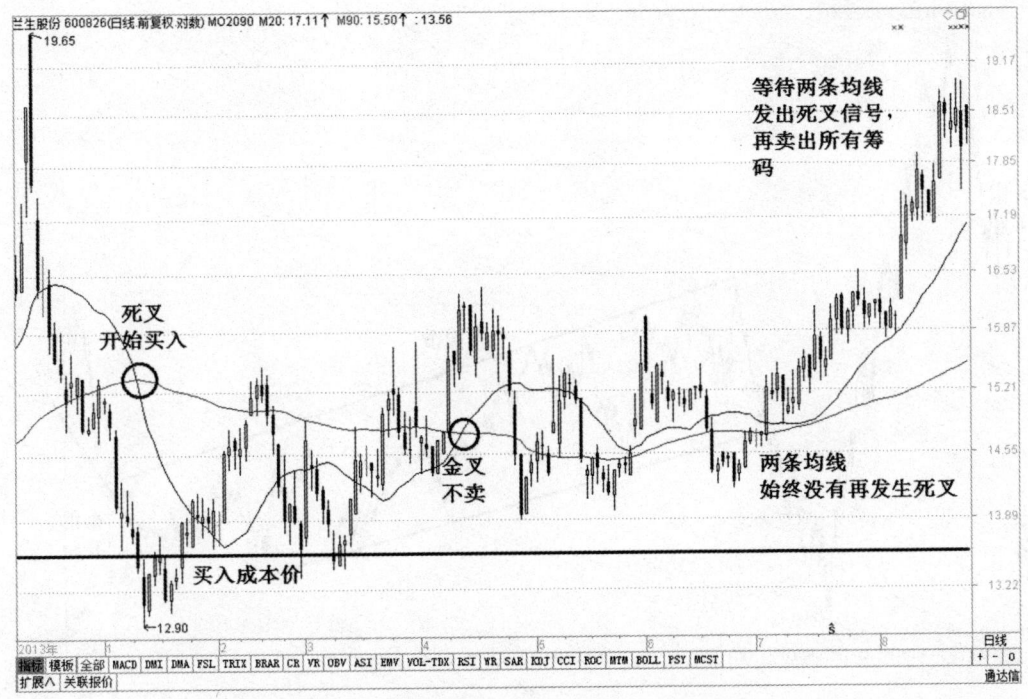

图4-23 兰生股份 继续持股与后期走势

图4-24 兰生股份 继续持股

图4-25 上证指数 当前趋势

再来观察大盘（如图4-25），近期已经进入了新一轮的牛市行情中，至此我们操作的这只个股兰生股份更有继续持有的必要，未来行情仍将上涨，到时的利润更不会比62%更低，而是更高。

三、灵活操作案例二——中国玻纤（600176）

图4-26　中国玻纤　前期趋势观察与分析

先来看看这只个股近几年的走势，我们发现它最近的走势应该处于以下跌为主要趋势的熊市中，正常的话熊市应该不断创出新低，不断下跌的走势，但该股近期并没有创出新低的意思，相反似乎可以作一条向上的支撑线来支撑股价低点，因此显示虽处熊市中，但已有止跌迹象，进入">"整理形态中，随时可能变盘，有可能向上突破，那就意味着由熊转牛，也有可能向下跌破，那就表示仍处于熊市下跌行情中。（如图4-26）

图4-27　上证指数　牛熊走势分析

我们再来观察同期的大盘走势，从图4-27来看，大盘仍处于下降通道中，近期还在不断创出新低，相对而言，个股中国玻纤就强于大盘，因此就可以作为买入标的股，继续观察其成交量的形态和后续走势以待买入机会出现。

这是该股2013年9月6日至2014年5月27日走势。

图4-28的买入信号发生在图中左圈处，由于先前的整理区间还较大，而且90天均线向下的幅度过大，为谨慎起见我们还是不参与为好，待后期再发生死叉时，相信整个盘整区间会再度缩小，90日均线趋于平稳后再买入不迟。

第二次买入信号见图4-29上右圈处，此时盘整区间越来越窄，更重要的是90日均线趋于平缓，而且成交量逐渐萎缩，这是一个极佳的进场机会。

由于该股强于大盘，并且各方面都比较理想，所以计划分批买入，每隔5个交易日买入一批，一旦区间被突破就不再追加买入。

第四章 参考大盘让胜算更高

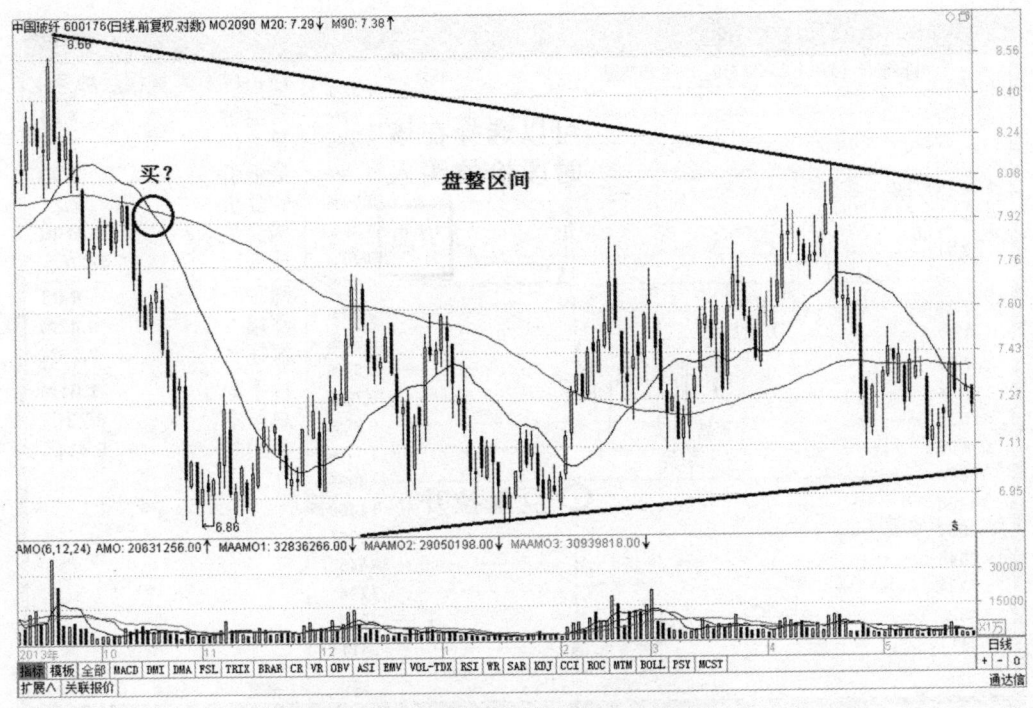

图4-28　中国玻纤　近期趋势观察与分析

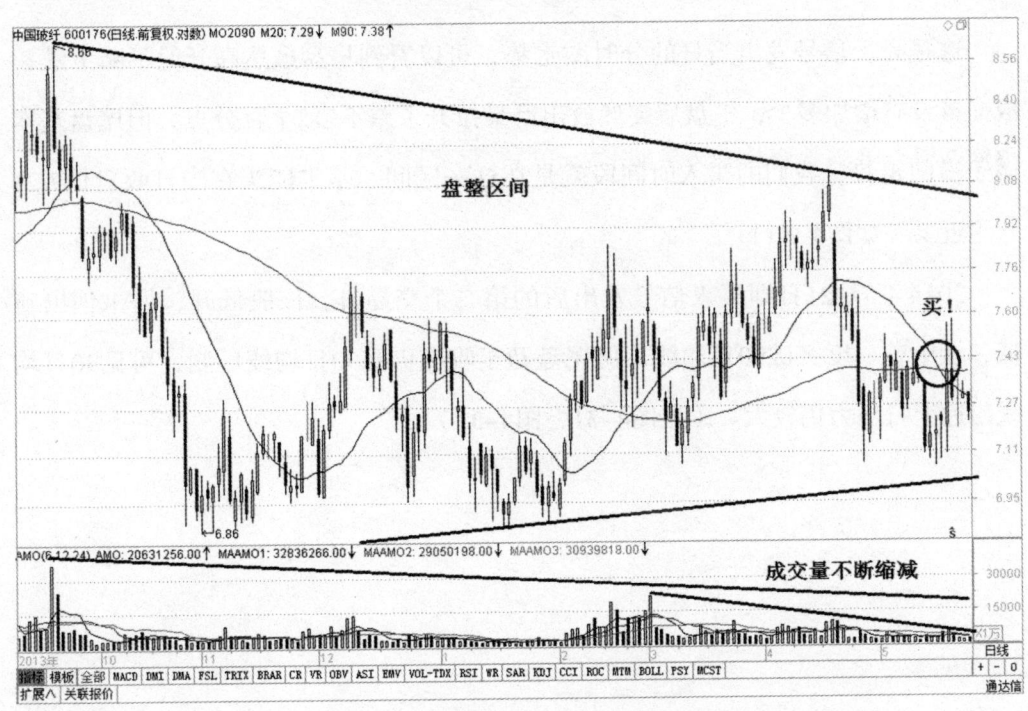

图4-29　中国玻纤　买入信号出现

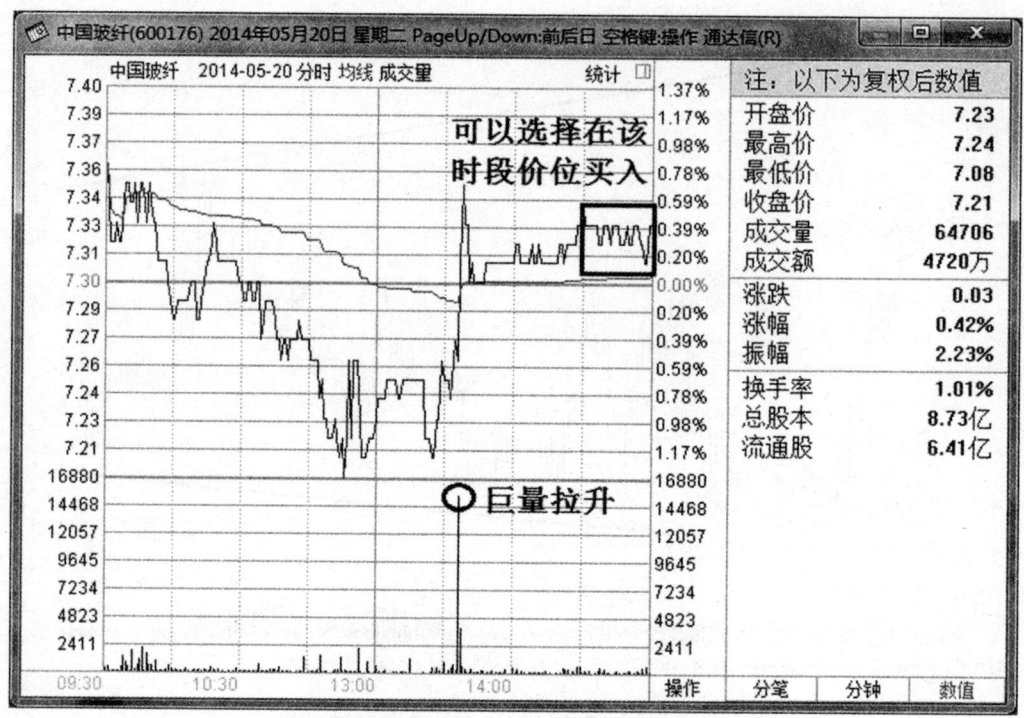

图4-30　中国玻纤　2014年5月20日分时图

这是死叉信号发出当日的分时图走势，可以看到早盘虽然高开但不断下跌，成交量没有增加多少，午盘后突然放出巨量拉升了差不多2个百分点，但尾盘基本属于横向走势，我们的买入时间段就是在这一区间，基本能买在当日收盘价7.21元附近。（如图4-30）

2014年5月21日即买入信号发出后的第二个交易日，该股低开，但未创出新低，盘中曾一度突破90日均线，但尾盘乃至收盘仍受90日均线压制，可见90日均线附近上行压力仍较大。（见图4-31、图4-32）

第四章 参考大盘让胜算更高

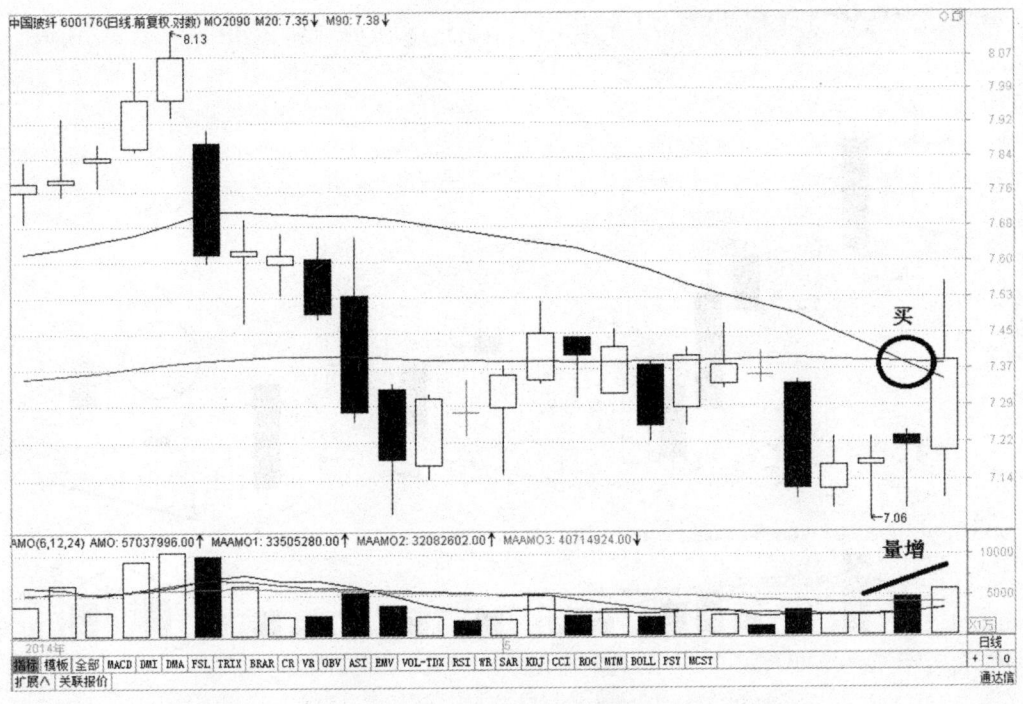

图4-31 中国玻纤 具体买入价格

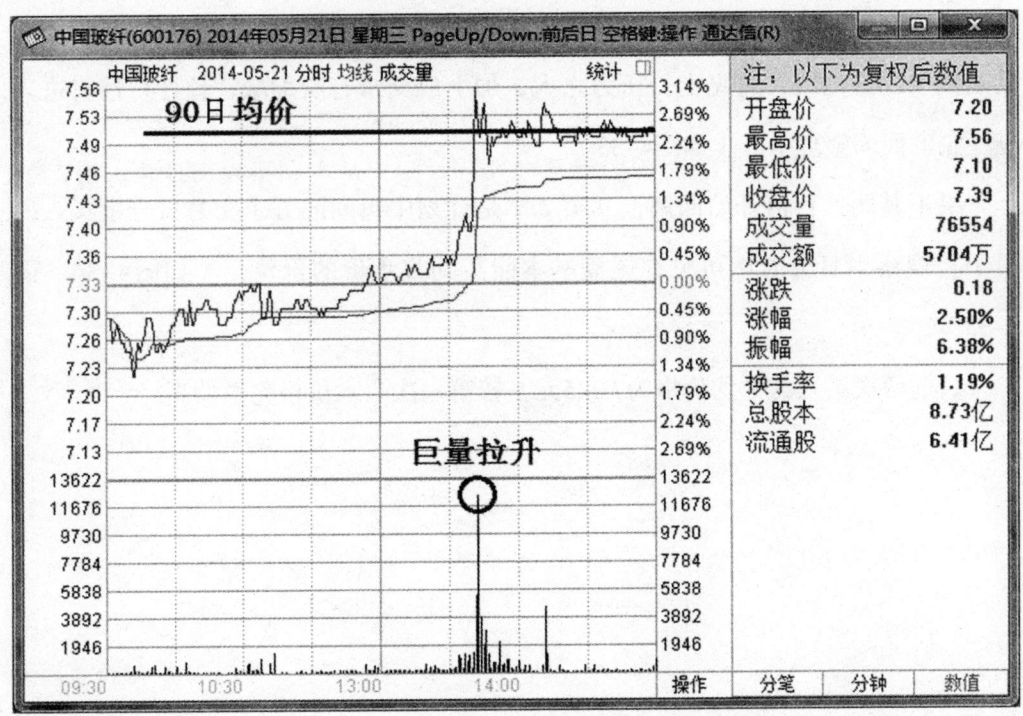

图4-32 中国玻纤 2014年5月21日分时图

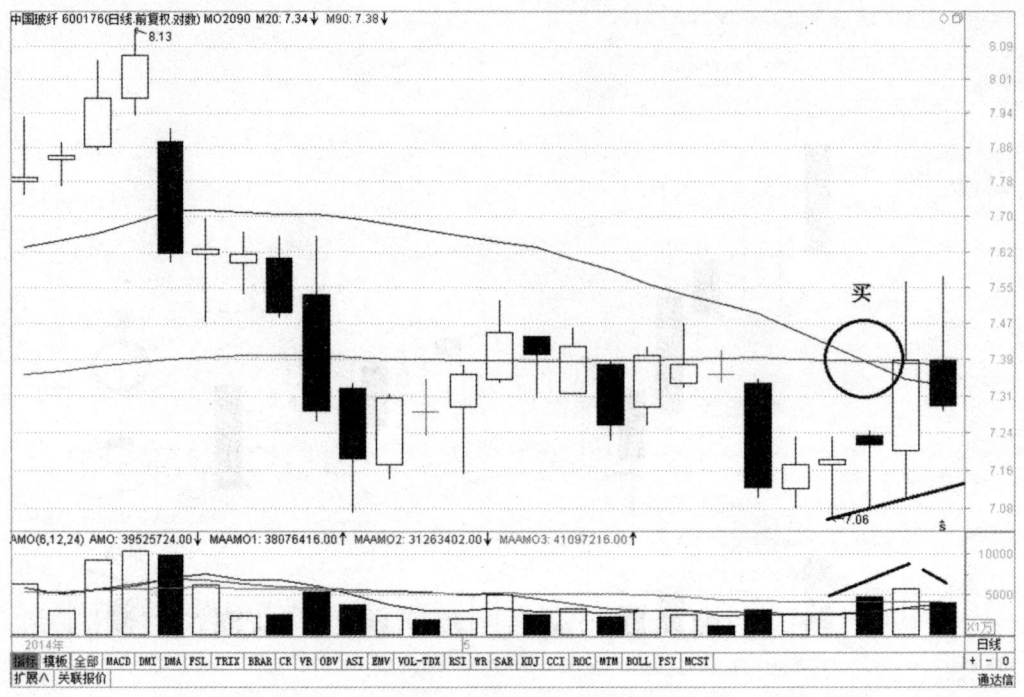

图4-33 中国玻纤 短期分析

5月22日，该股再度突破90日均线，但没能坚持住，尾盘收于90日均线以下，甚至低于20日均线，可见上行压力之大，加上成交量有所缩减，预计行情将进入新一轮的回调整理中。（如图4-33）

果不其然，行情开始回调，"买2"是计划中每间隔五个交易日分批买入的日子，观察当日分时图可见在尾盘基本能买到收盘价的价位。（如图4-34、图4-35）

目前两次买入的平均价格为7.225元，较第一次买入价格略微偏高。

第四章 参考大盘让胜算更高

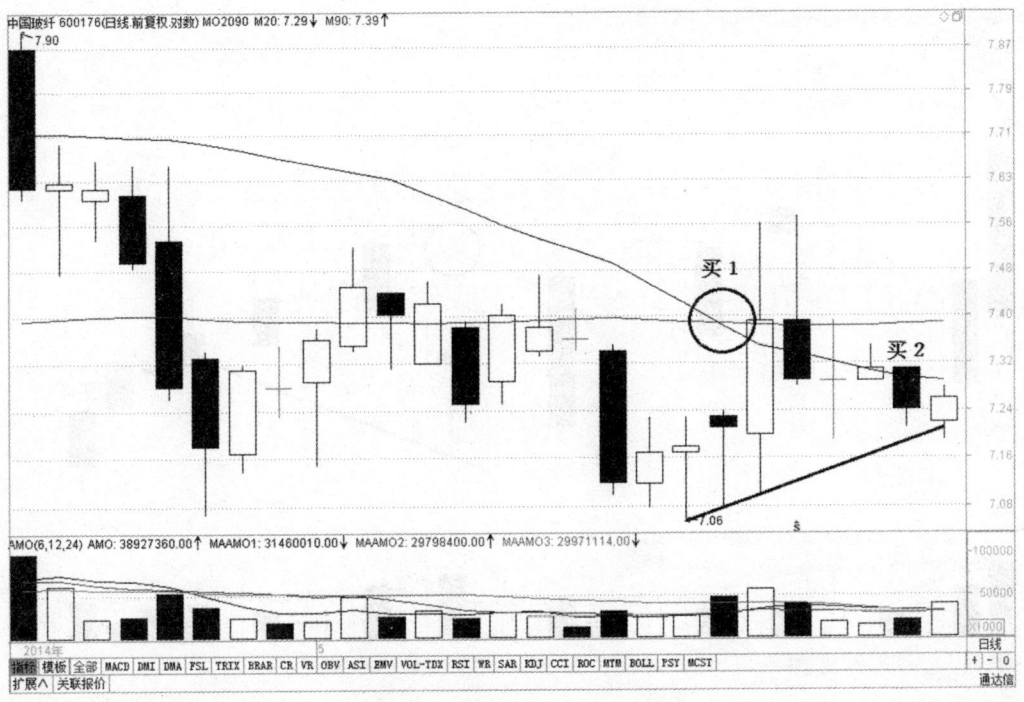

图4-34 中国玻纤 第二买点

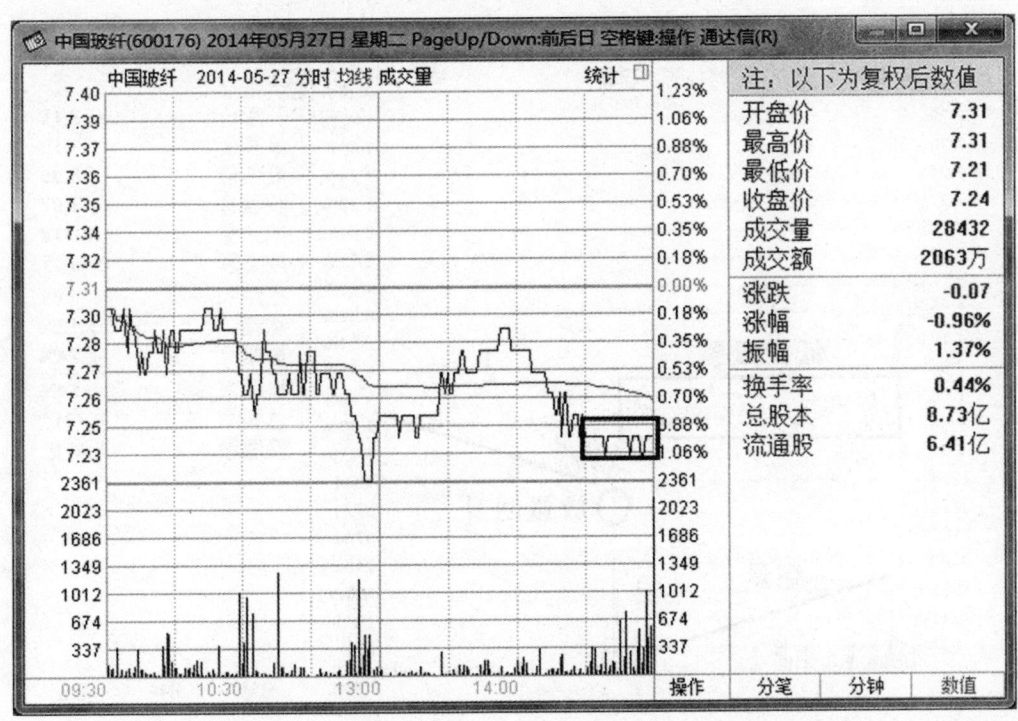

图4-35 中国玻纤 2014年5月27日分时图

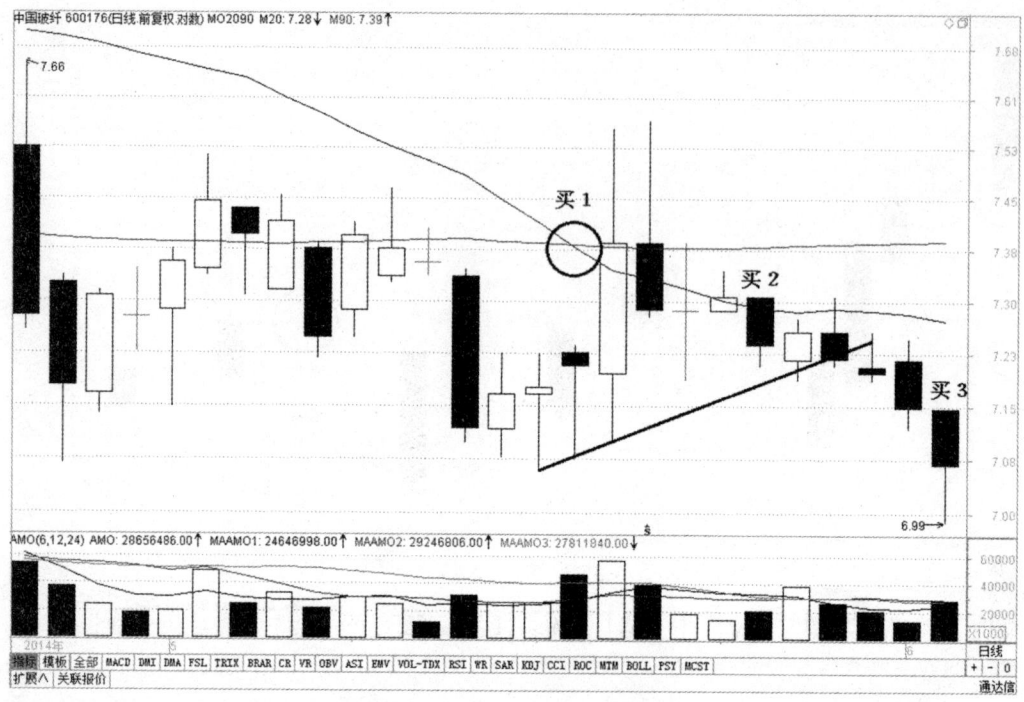

图4-36 中国玻纤 分批买入

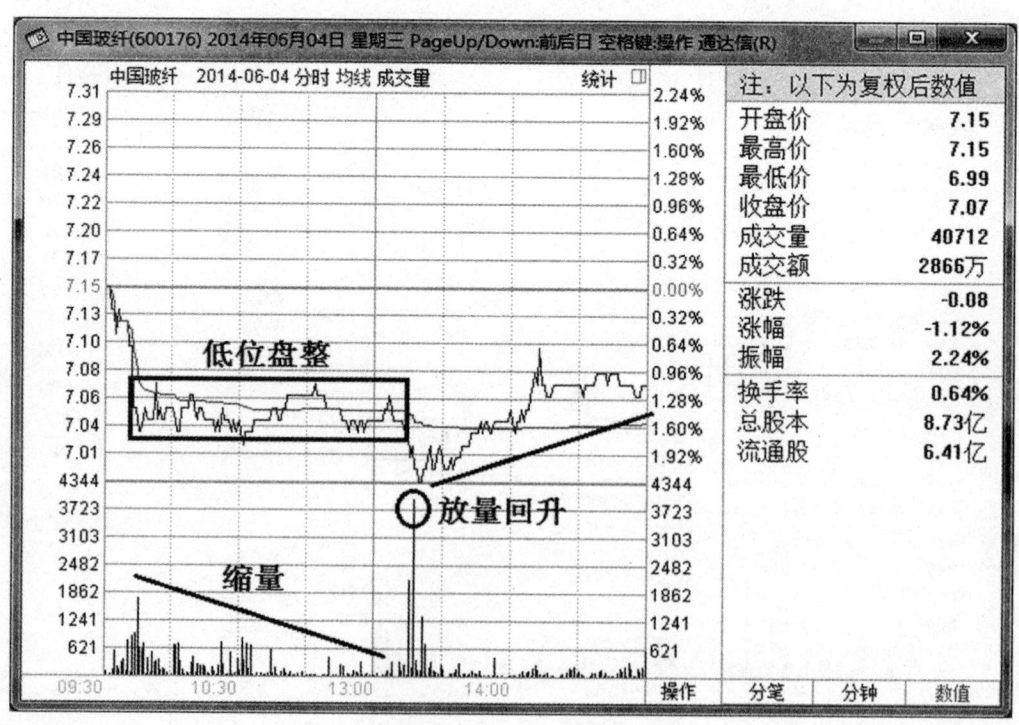

图4-37 中国玻纤 2014年6月4日分时图

第四章 参考大盘让胜算更高

6月4日，是计划中的尾盘买入日期，盘中低位盘整一个上午，伴随成交量不断缩减，午盘后的最后一跌带出大量，随后震仓结束，快速脱离低价位区，尾盘仍在原盘整区间里，收盘价为7.07元。（如图4-36、图4-37）

三次累计平均成本价约为7.173元。

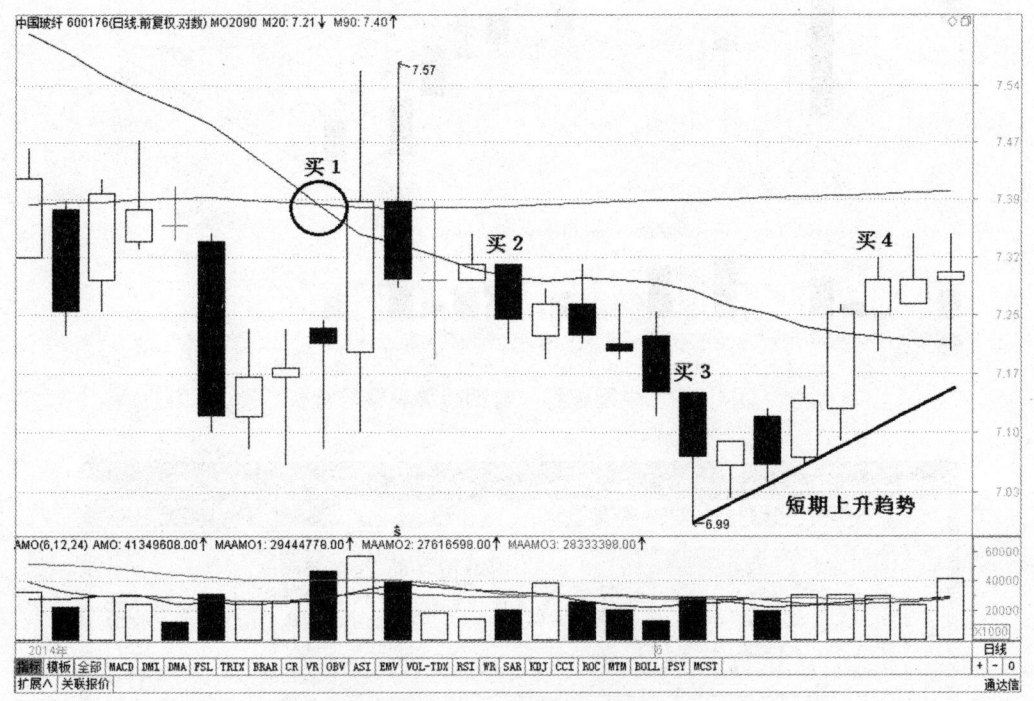

图4-38 中国玻纤 短期趋势向好与第四买点

6月11日，股价延续此前形成的短期上升趋势而再向上创出新高，基本站稳于20日均线之上，只是成交量没有伴随增加，可能后继上涨乏力。（如图4-38）

此时我们买入该股的平均成本已提高至7.2元，略微偏高。

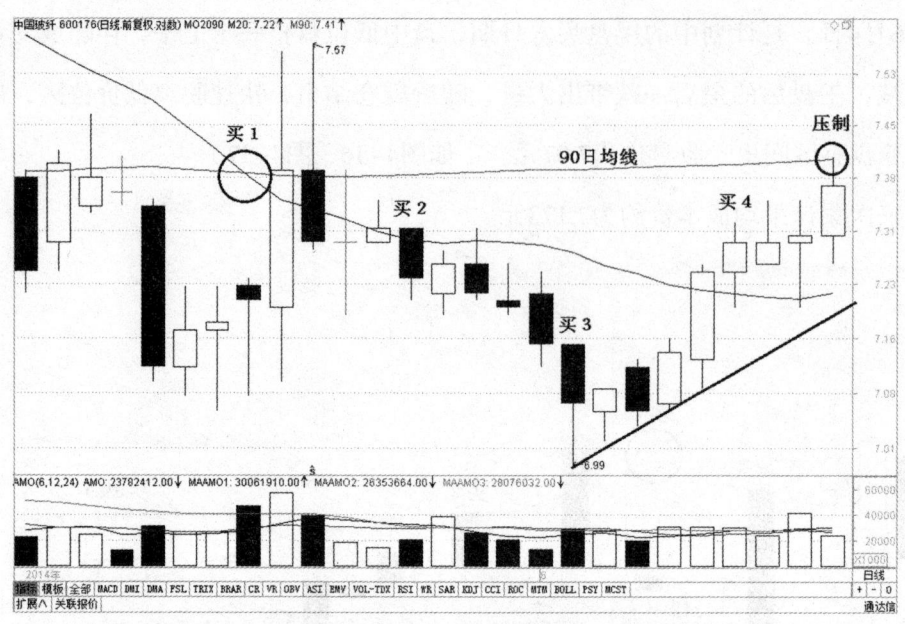

图4-39　中国玻纤　前期趋势观察与分析

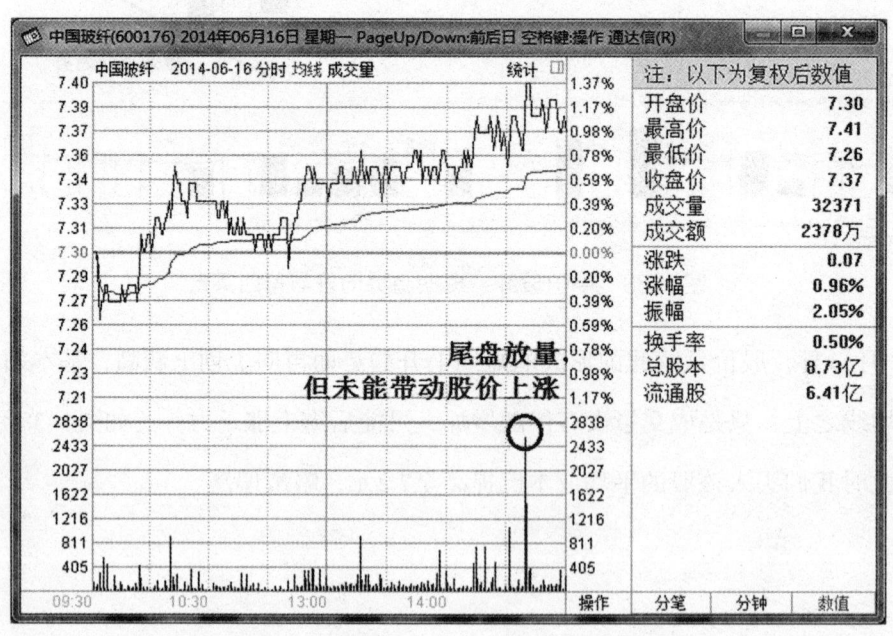

图4-40　中国玻纤　2014年6月16日分时图

6月16日，虽然股价盘中连续上涨，但尾盘时放出大量，而未见推高股价，而且最高价在接触90日均价时便被压制下来，可见短期内要想突破90日均线实非易事，预计还会向下整理一段时间。（如图4-39、图4-40）

第四章 参考大盘让胜算更高

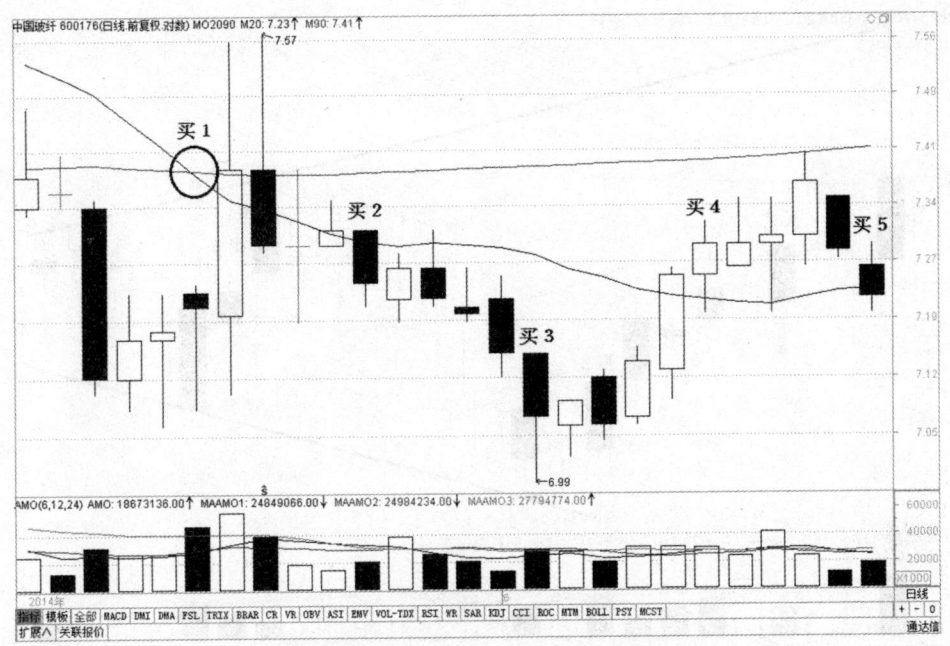

图4-41 中国玻纤 后续买点

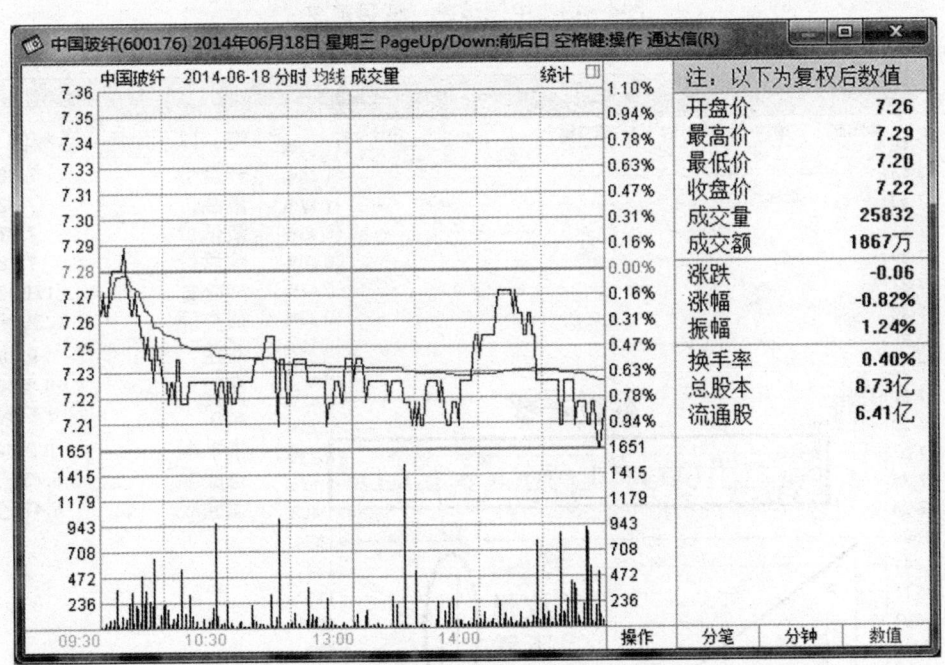

图4-42 中国玻纤 2014年6月18日分时图

6月18日，这是计划中的第五次买入时间，截至目前累计买入的平均成本价为7.206元。另外，正如之前所料，股价确实开始回调了。（如图4-41、图4-42）

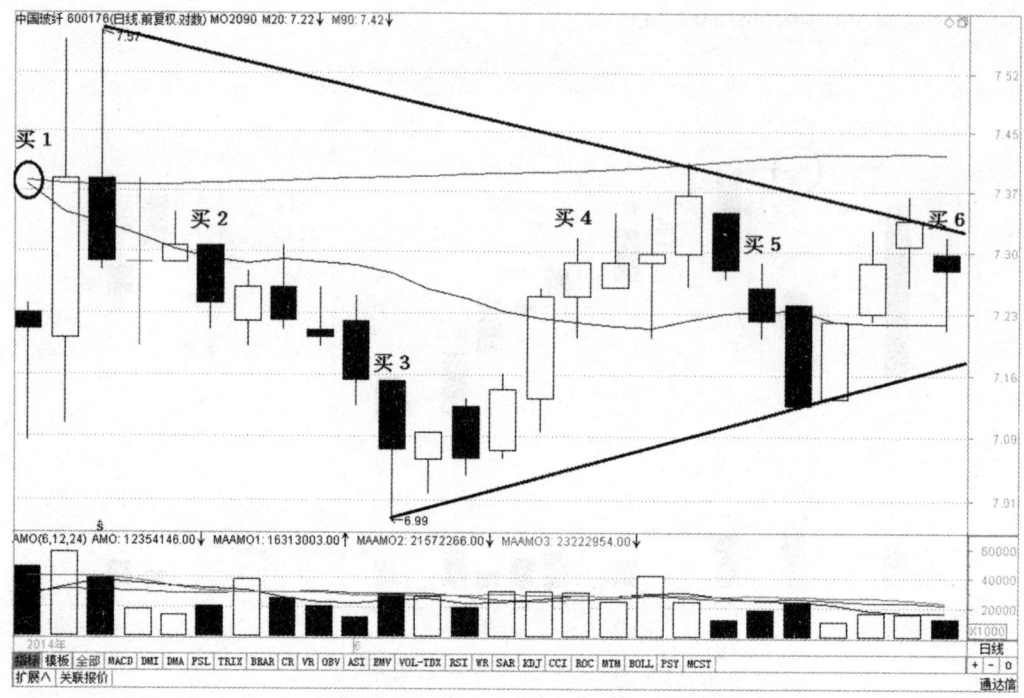

图4-43 中国玻纤 变盘前夕

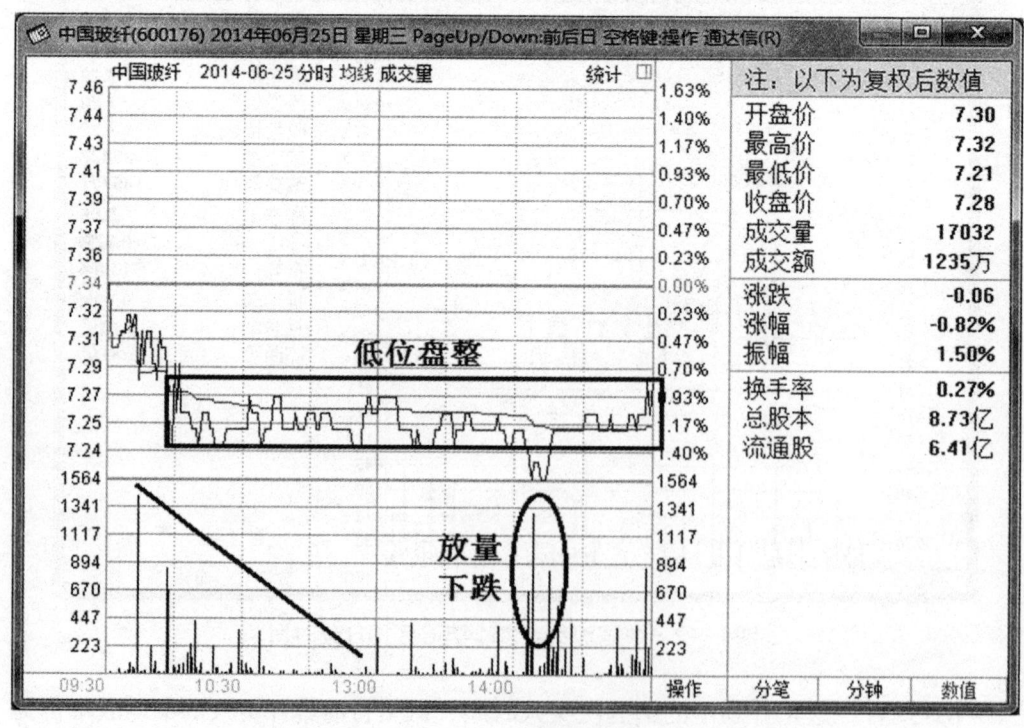

图4-44 中国玻纤 2014年6月25日分时图

6月25日，这是本次计划的第六次买入日期，盘中几乎全天低位盘整，早盘缩量横走，可见洗盘已进行得差不多了，午后跌破该区间放出大量，可见洗盘最后一跌之强劲，没有足够的持股信心势必会被这样的行情所吓倒而不计价格快速卖出。最后尾盘又迅速回升至区间高位，让大多数人摸不着头脑。（图4-43、图4-44）

另外，该股短期所形成的">"形态再次缩小了区间范围，可见变盘在即。

截至目前累计买入的平均成本价为7.218元。

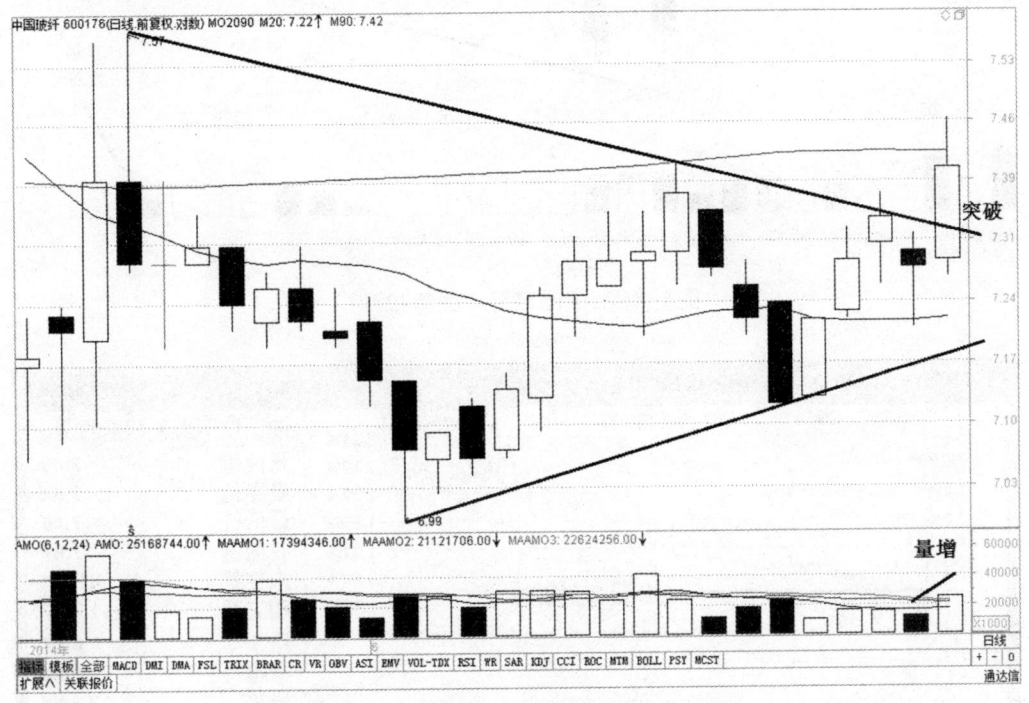

图4-45 中国玻纤 选择向上突破，看涨！

6月26日，该股低开一段时间后马上进入上升轨道中，先后突破了短期">"形态压制线和90日均线，但未能站稳90日均线之上，全天量能有所增加，可见突破基本成功可信。（如图4-45）

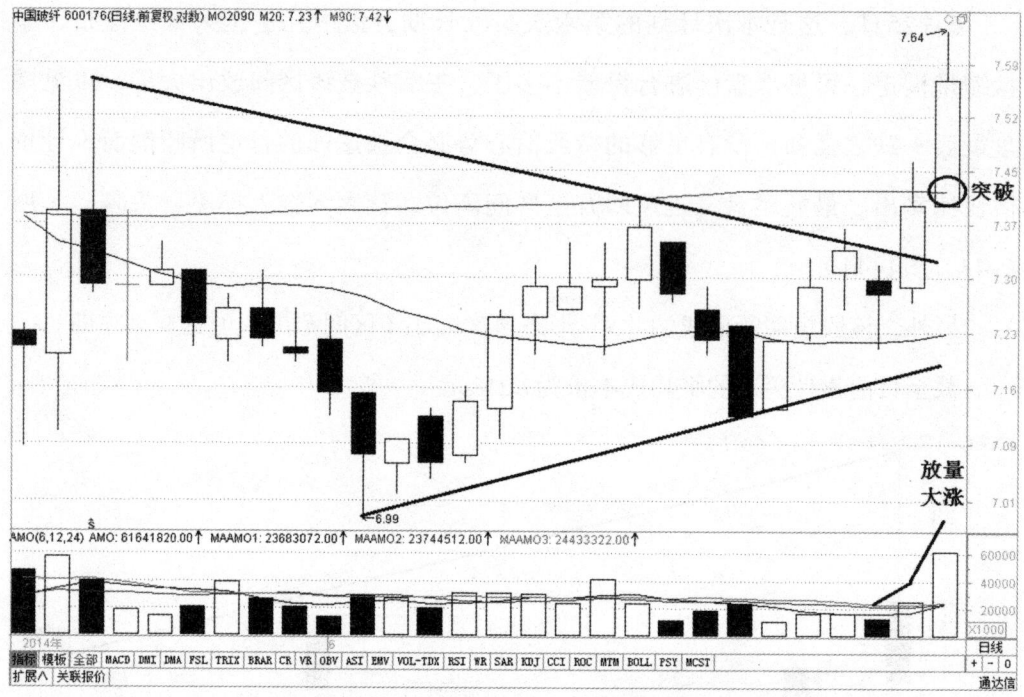

图4-46 中国玻纤 强势拉升！

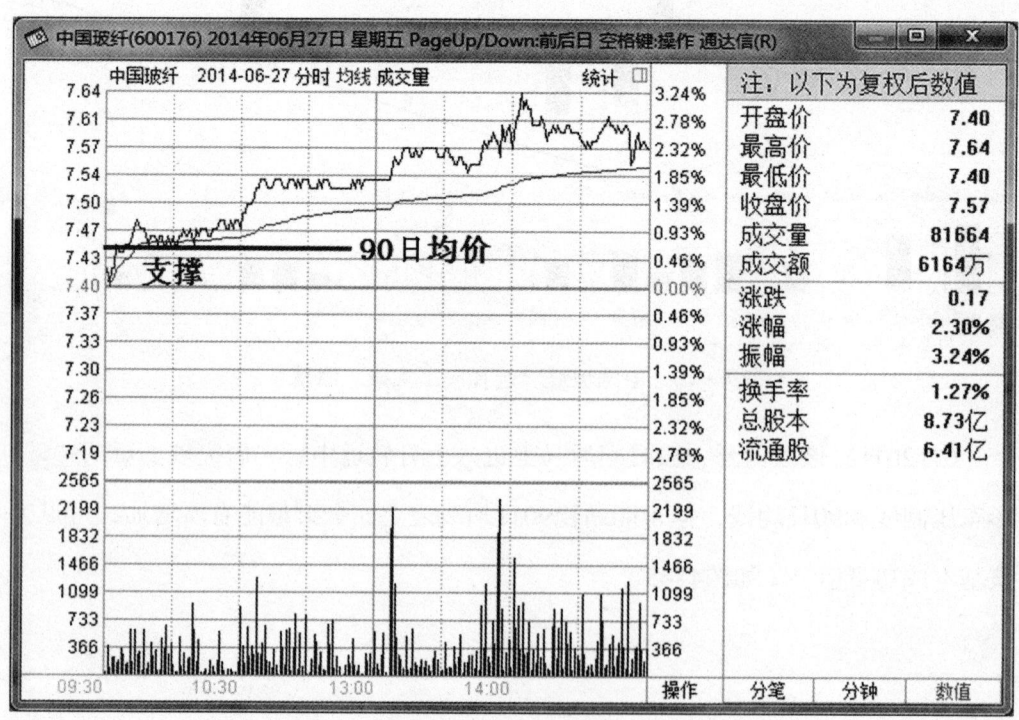

图4-47 中国玻纤 2014年6月27日分时图

6月27日，该股放出巨量向上突破了90日均线的长期压制，宣告上涨行情正式启动了。盘中可见90日均价线由压制转换成支撑作用。（如图4-46、图4-47）

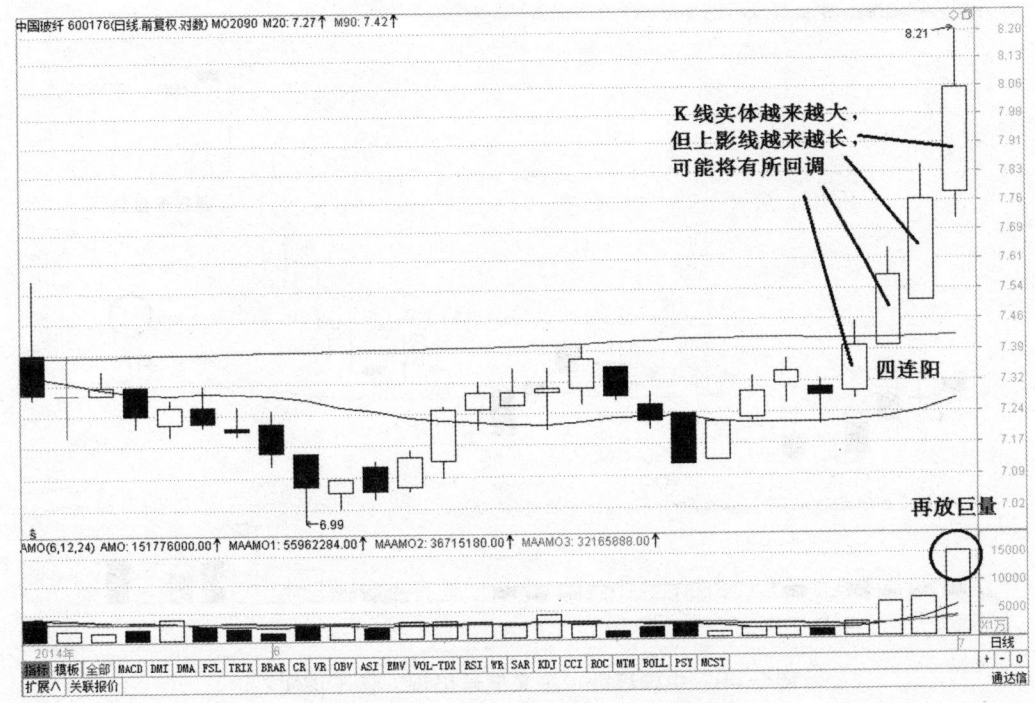

图4-48　中国玻纤　连续上涨放量

此后该股连续大涨，但是细心观察，这4天的"四连阳"线，实体逐渐变大而上影线却逐渐变长，特别是7月1日这根大阳线，大涨大实体长上影线，同时还伴随着更大的量能，提示我们要注意此次上涨行情可能要进入盘整，否则继续上行的压力将逐渐加大。（如图4-48）

后续走势验证了之前的猜测，股价在高位进行了4天的震荡，特别是最右边那个十字星形态，价格浮动范围较大，而且当日又是20日均线向上突破90日均线的金叉之日，按此前我们是死叉日买入该股，用的是反向操作法则，而目前出现的均线金叉应该是卖出时机，但这不够灵活。我们应该观察大盘此时也已进入牛市初期，而且该股明显强于大盘，可见规则需要改变了，我们要把原来的反向操作法则改为正向操作法则，所以今日发出的金叉卖出信号应视作"买入"信号，但由于已在低位买入过，不宜再抬高成本，所以今日就当作什么也没有发生，而将

卖出信号推迟到两条均线发生死叉之日。（如图4-49）

这就是灵活操作法则的灵活之处。

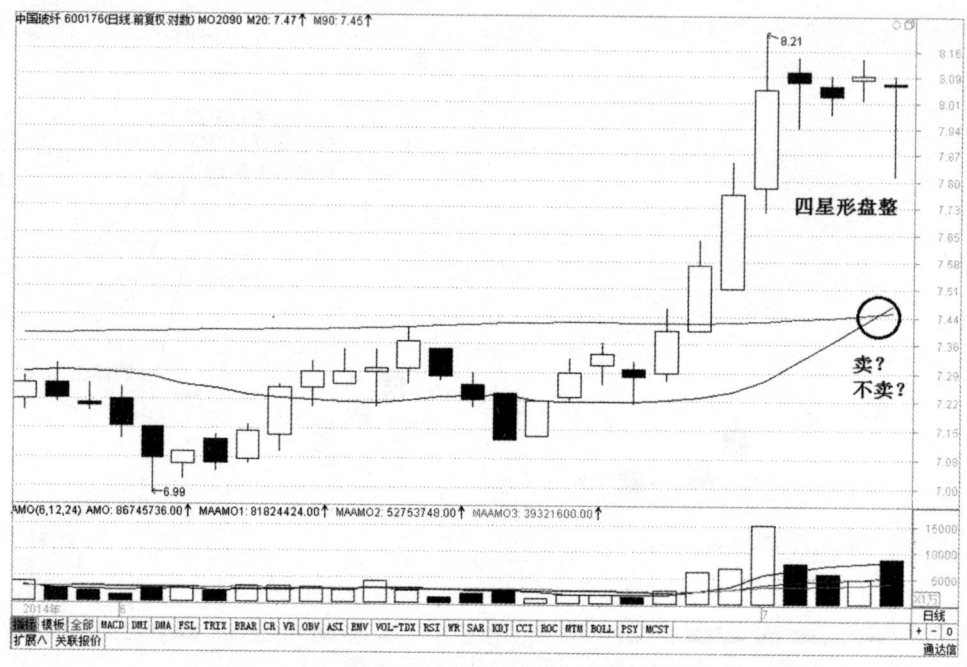

图4-49　中国玻纤　金叉信号出现，该不该卖？

图4-50　中国玻纤　不卖的好处！

第四章 参考大盘让胜算更高

截至2015年3月4日,该股股价已达到16.29元,账面盈利已达125％,相信随着股价不断上涨,未来利润肯定比125％还高。(如图4-50)

当然如果在金叉卖出,再用正向操作法则在金叉买入也是可以的,只是中间要考虑手续费用。

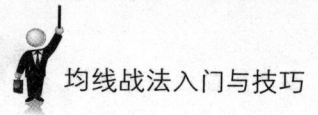

四、灵活操作案例三——中国纺机（600610）

图4-51　中国纺机　前期趋势分析

先看看中国纺机（600610）这只个股最近几年的走势，从图4-51可以发现它最近的走势处于特殊的下降通道中，形状像向下的弧形，状如加速下跌。

我们再来观察同期的大盘走势，从图4-52上看，大盘一直处于长期的下降通道中，近期也还不断创出新低，相比而言，个股中国纺机弱于大盘。

虽然该股强度不如大盘，但就走势来说个股处于加速下跌的下降通道中，所谓物极必反，有可能转跌为涨，如果看好这只股票的话，应该关注它在通道内的成交量变化。

第四章 参考大盘让胜算更高

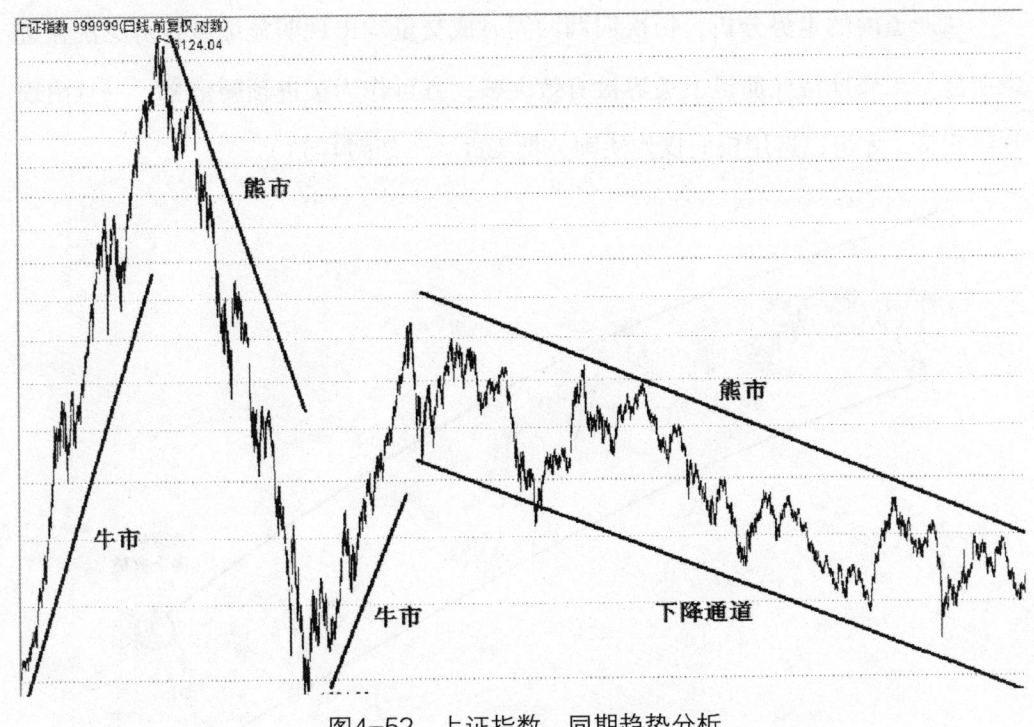

图4-52 上证指数 同期趋势分析

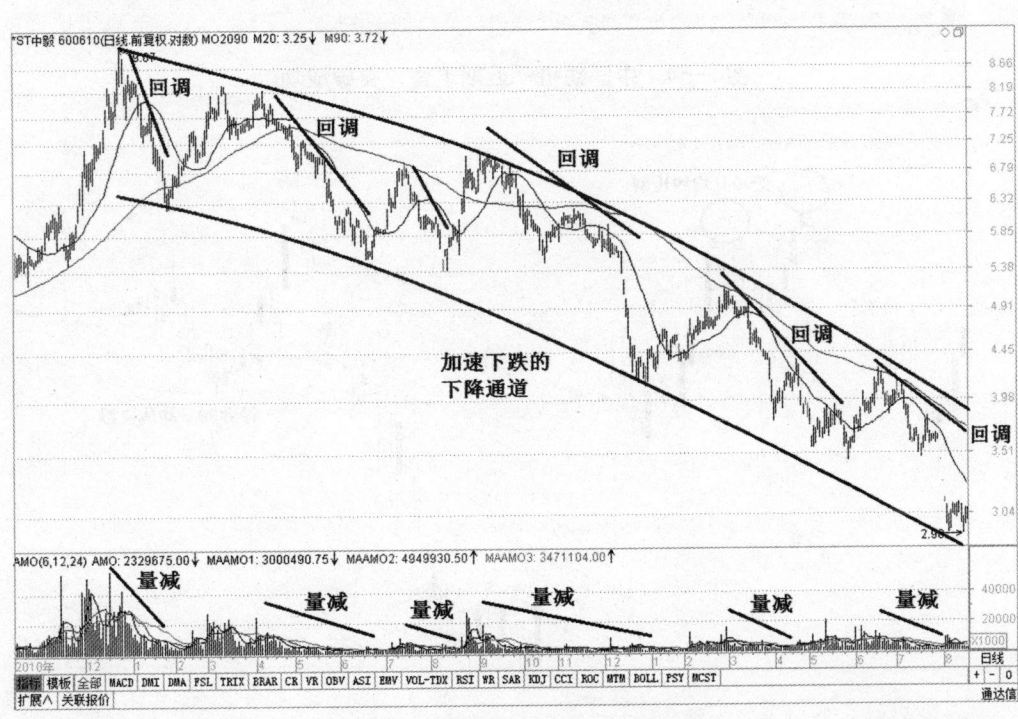

图4-53 中国纺机 近期趋势分析

从通道内的走势分析，历次回调的同时成交量均出现明显缩减，可见洗盘迹象明显，未来期待此通道上边界被有效突破，方可作为买进预警信号，一旦出现均线死叉，才可以运用反向操作法则分批买进。（如图4-53）

图4-54　中国纺机　近期走势，突破成功

图4-55　中国纺机　放大分析，得到90日均线支撑

第四章 参考大盘让胜算更高

2012年9月至10月，股价向上突破了该加速下滑的下降通道上边界，已经发出了买入预警信号，下一步就要等待均线死叉的买入信号。（图4-54、图4-55）

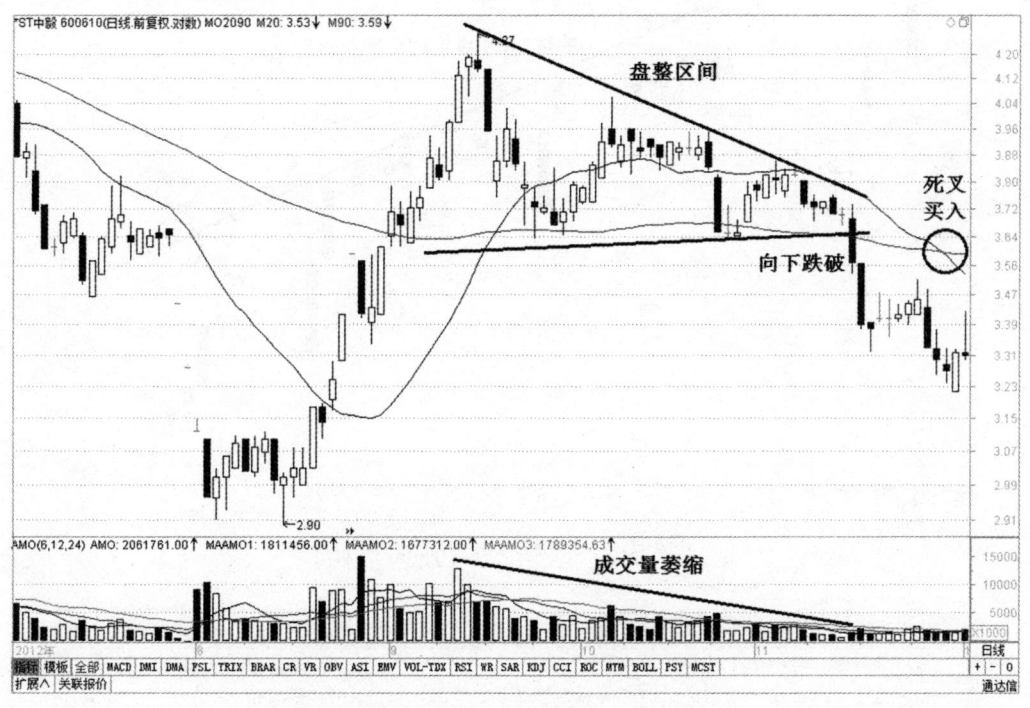

图4-56　中国纺机　死叉买入信号出现

11月中旬，在经过">"形盘整后股价选择向下跌破，导致20日均线调头向下，随后在11月29日两条均线发生死叉。这是买入信号，按计划在当日接近尾盘时买入，买入价约为3.27元。（如图4-56）

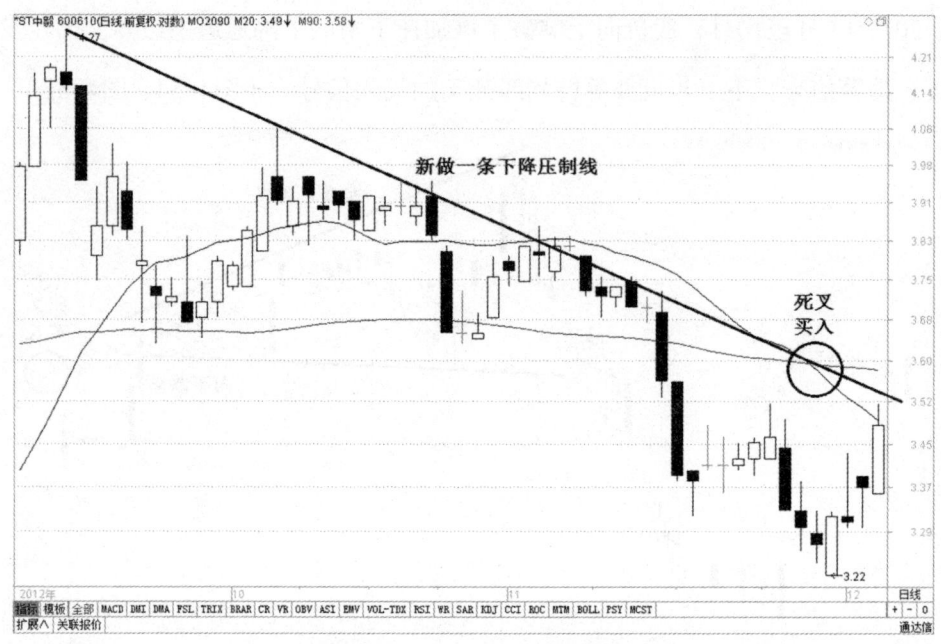

图4-57 中国纺机 趋势分析

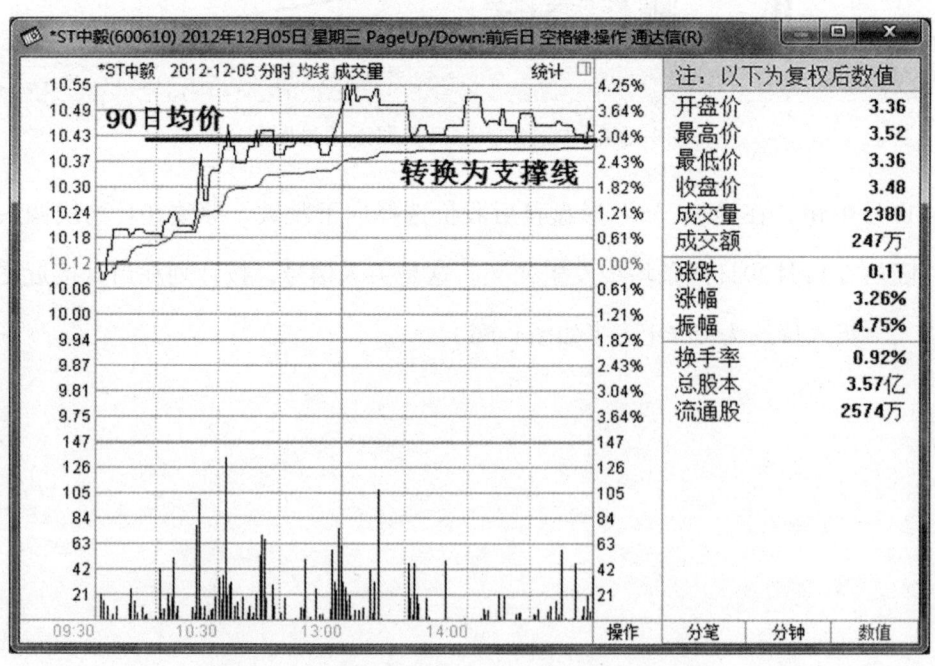

图4-58 中国纺机 2012年12月5日分时图

12月5日，该股小幅低开，不久后拉升翻红，上午盘临近结束前上涨至3%，90日均线还具有压制作用，到了下午90日均线被直接突破，而后股价一直未再跌破90日均线，可见该均线已由压力线转换为支撑线，支撑着股价今后继续向上攀升。下个交易日就是我们计划中的第二次买入日期了。（如图4-57、图4-58）

图4-59　中国纺机　带量突破！

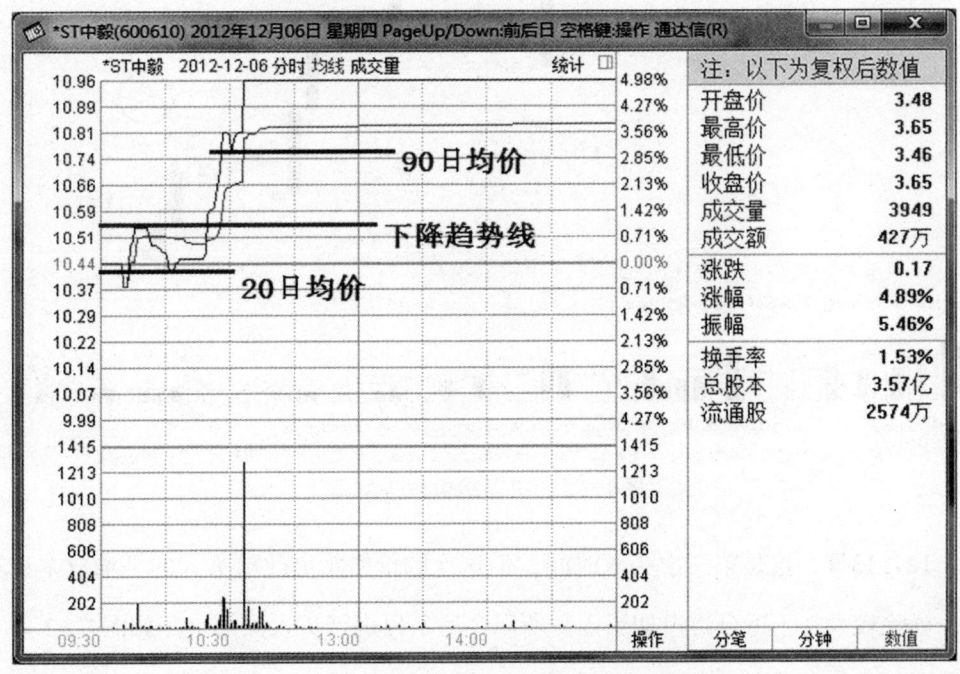

图4-60　中国纺机　2012年12月6日分时图

12月6日，早盘稍稍低走后不久，马上突破了20日均线，随后试图再破下降趋势线，但没有成功，回调至20日均线并得到20日均线的支撑，不久得到20日均线支撑的行情再次向下降趋势线行进，虽然没有成交量的支持，但股价笔直向上突破了这条下降趋势线的压制并顺势再破90日均线，在一个小时后直接强势封住涨停板（一般个股涨停板为10%左右；ST股涨停板为5%左右。该股当时属于ST股，所以涨足5%即属涨停）。

当日强势大涨，也正是我们之前计划的第二次买入机会，买入价格为当日收盘前最后几分钟的价位，可惜当日封住涨停板，很难再有机会买入。鉴于这种特殊情况，我们留在下个交易日继续买入。（如图4-59、图4-60）

12月7日，继续上个交易日没有完成的买入操作，价格在3.74元左右。（如图4-61）

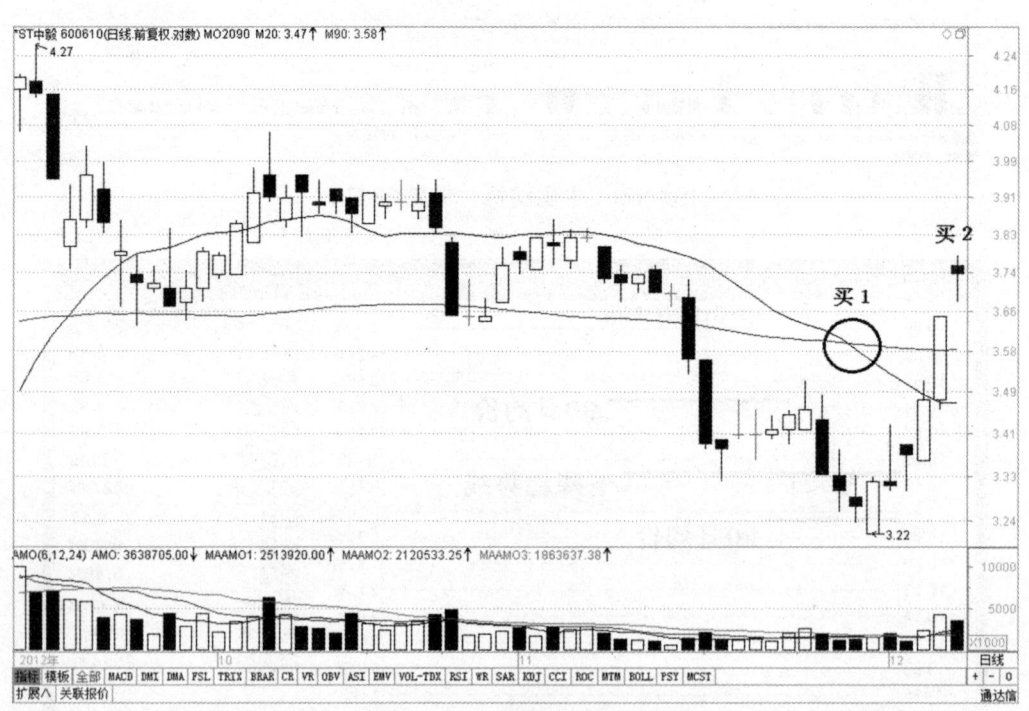

图4-61　中国纺机　买点二

12月13日，这是第三次买入时间，但这次的价格距离此前买入的平均成本价较高，风险较大，不适合再追加买入，所以今后不再进行买入操作。（如图4-62）

"买3"信号就此取消，持股到卖出信号发出后。

第四章 参考大盘让胜算更高

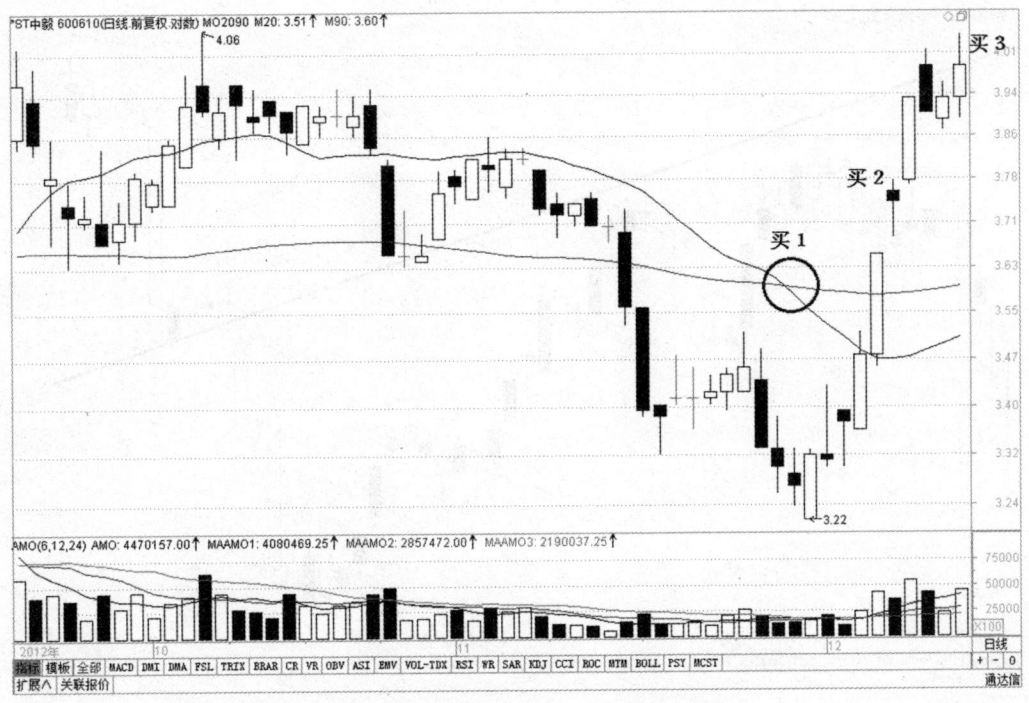

图4-62 中国纺机 买点再次出现

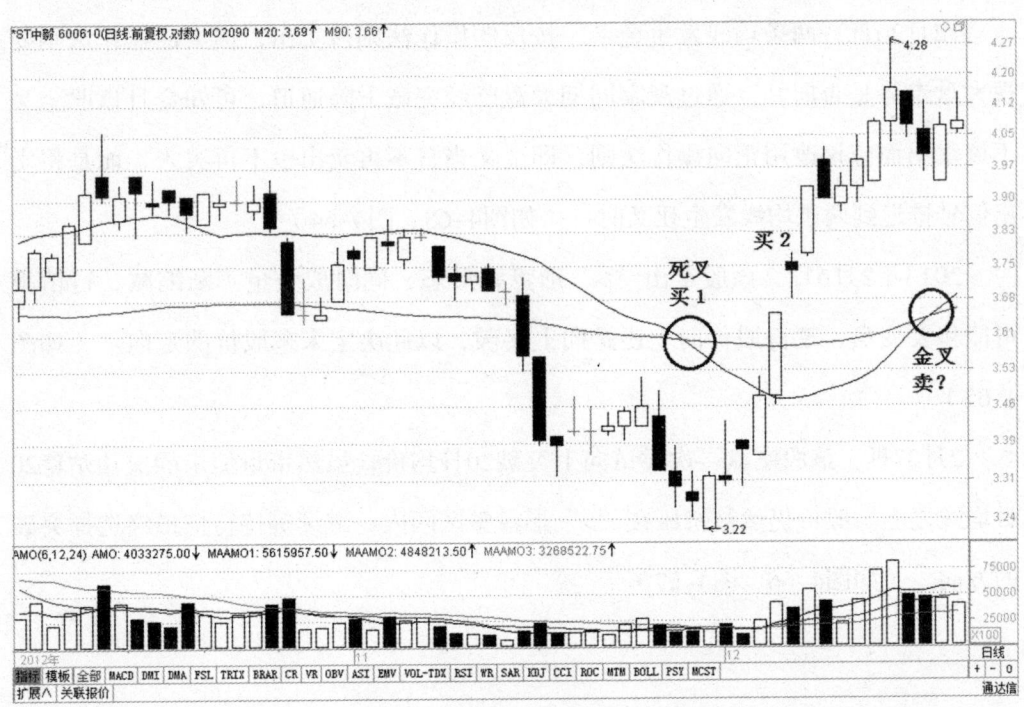

图4-63 中国纺机 金叉该不该卖出

图4-64 上证指数 同期趋势分析

12月20日，两条均线发生金叉，按反向操作法则该卖出，但灵活操作法则要视大盘走势是否向好，通过观察同期大盘已经突破下降通道，可知今日该股金叉不该卖出而应该改用正向操作法则，即金叉当日不再卖出也不再买入，而是将卖出信号推迟到两条均线发生死叉时。（如图4-63、图4-64）

2013年2月6日，该股走出">"形盘整形态，同时成交量不断缩减，行情很可能将要变盘，期待股价向上还是向上突破，以此决定未来股价的走向。（如图4-65）

2月27日，该股尾盘再次尝试向上突破20日均价，虽然带量但未能成功站稳20日均线之上。股价仍然被挤压在">"形盘整区间内，继续等待行情最终选择突破的方向。（如图4-66、图4-67）

第四章 参考大盘让胜算更高

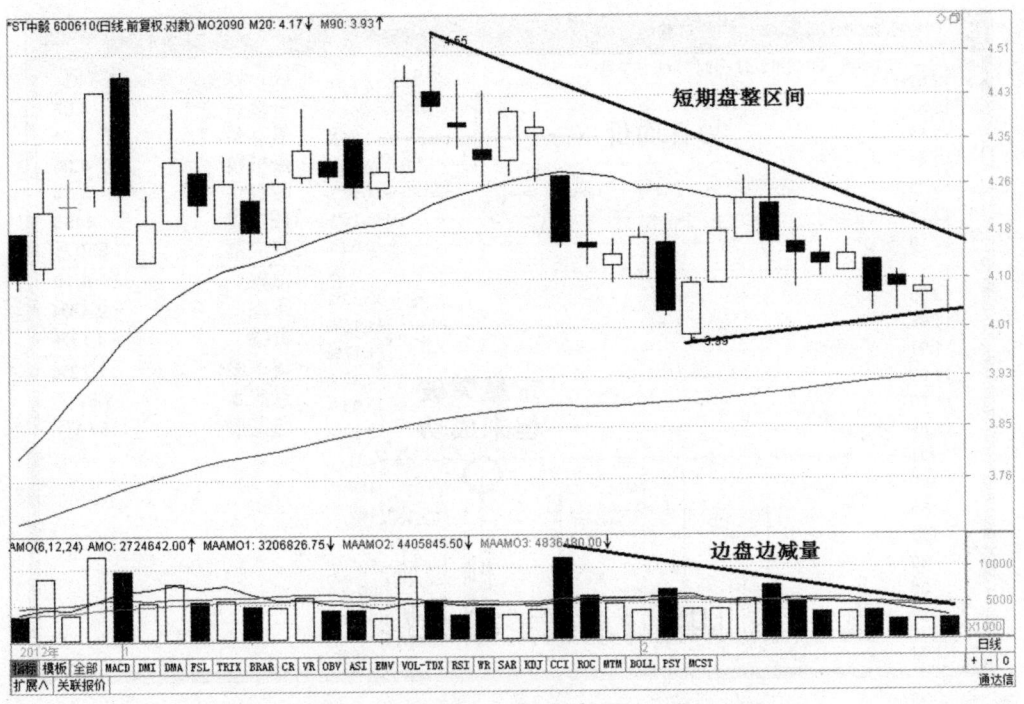

图4-65 中国纺机 变盘在即,静观其变

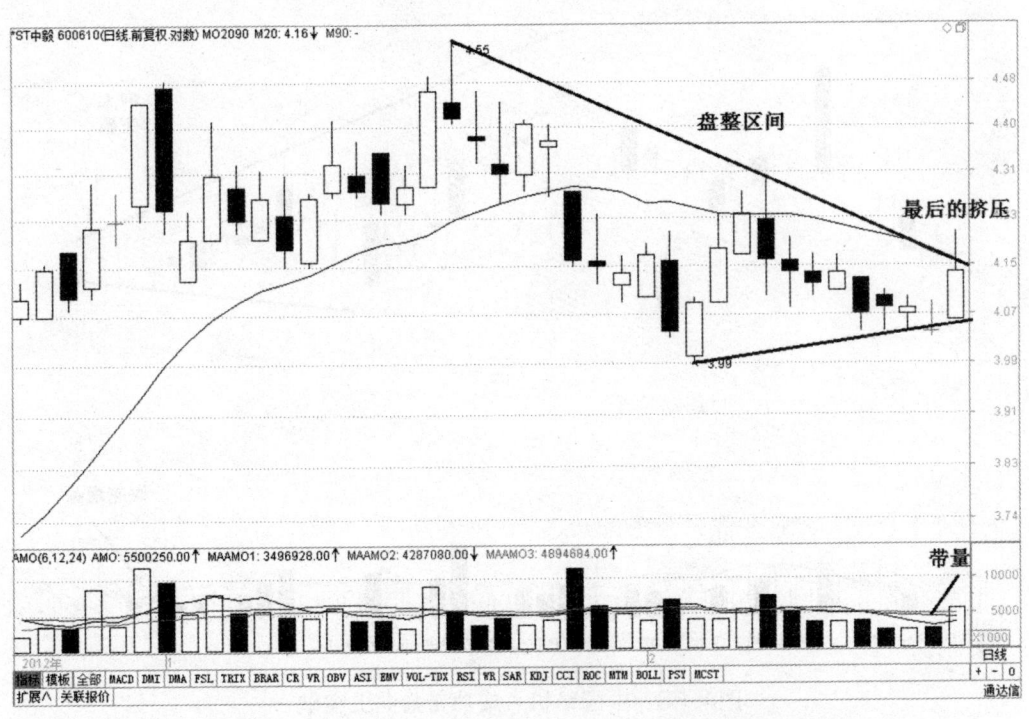

图4-66 中国纺机 尝试突破未成功,第二天是最后机会

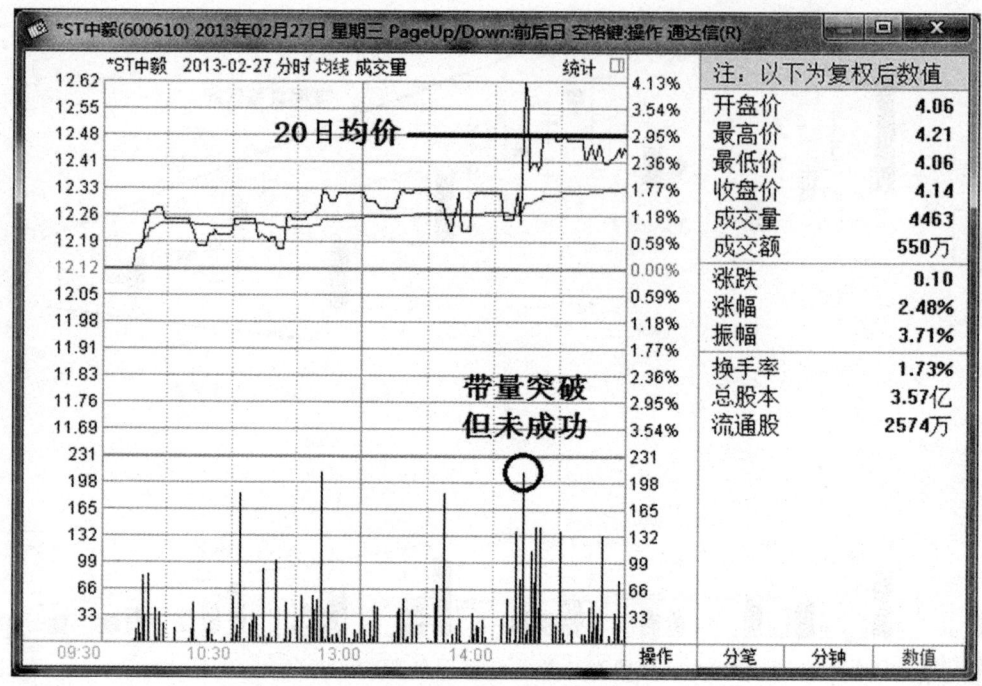

图4-67 中国纺机 2013年2月27日分时图

图4-68 中国纺机 成功带量向上突破

2月28日,终于再放大量直接选择了向上突破,大涨4%。(如图4-68)

第四章 参考大盘让胜算更高

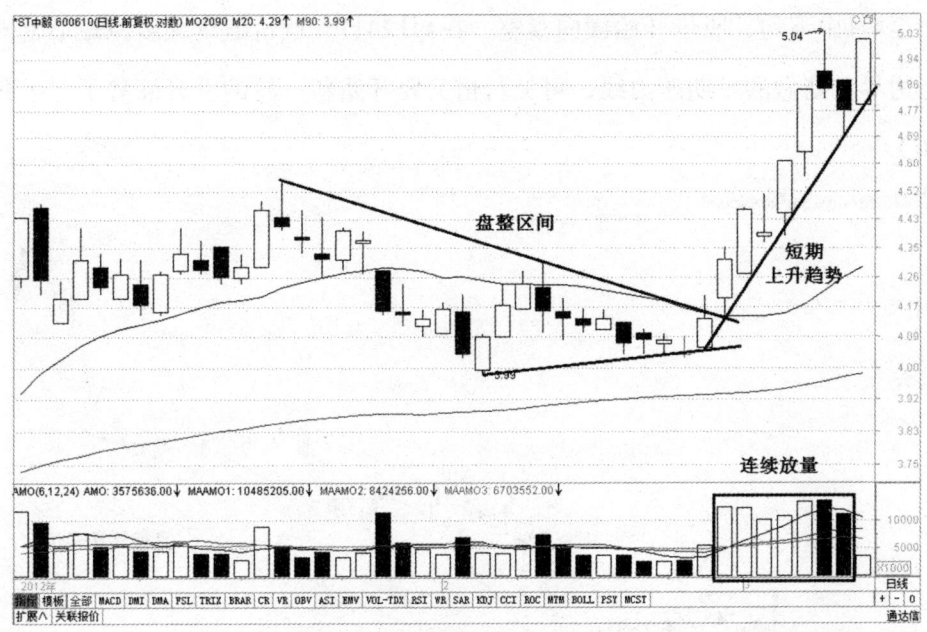

图4-69 中国纺机 连续上涨

3月上旬，该股连续上涨，隐约走出一条短期上升趋势，连续放量支持着行情连续走强，但今日直接封住涨停，使得成交量锐减，未来会有所回调。（如图4-69）

图4-70 中国纺机 上升途中的盘整分析

至4月中下旬，股价开始横向盘整，在4月24日，股价连续突破原矩形整理区间上边界和新做的短期压力线，可见行情又要开始新一轮的上升涨势了。（如图4-70）

图4-71 中国纺机 持股待涨！

截至2013年11月，该股连续上涨接近8元，相较我们的买入成本价累计涨幅约125%。（如图4-71）

2015年1月21日，20日和90日均线几乎就要发生死叉，可是开盘后最低价到达90日均价后便开始大力反弹，再次将两条均线拉开，使我们的持股时间又向后推迟，允许我们持股更长时间，而且有更大概率追踪股价到更高价位。（如图4-72）

截至2015年3月5日，当前股价为9.79元，账面盈利约179%，未来还有可能赚到更多的利润！让我们拭目以待！（如图4-73）

第四章 参考大盘让胜算更高

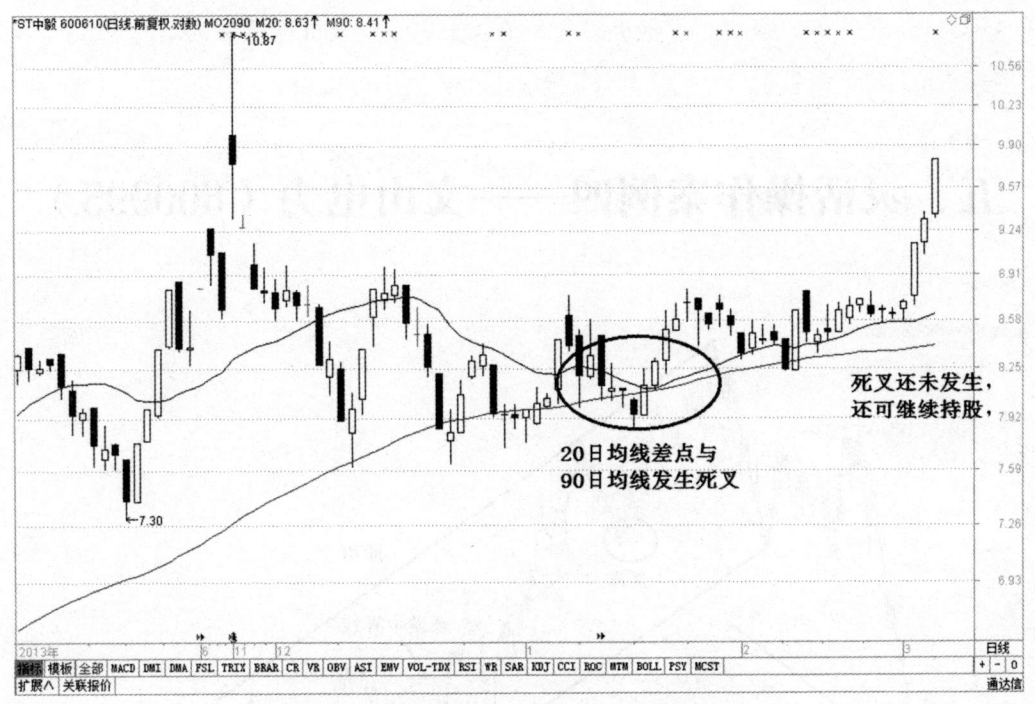

图4-72 中国纺机 死叉未完成，继续持股

图4-73 中国纺机 当前账面盈利愈179%

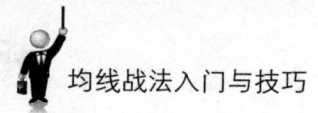

五、灵活操作案例四——文山电力（600995）

图4-74 文山电力 前期趋势分析

　　图4-74是个股文山电力（600995）2010年5月中旬至2012年12月中旬的走势，近期处于熊市阶段，行走在一条明显的下降通道中，仔细看来目前股价似乎得到了道通中界线的支撑，可见目前或未来的股价不太可能低于该线水平。

　　调出20日均线和90日均线指标，我们可以看到该股从高点下来共出现了两次均线的死亡交叉，在个股处于熊市时均线死叉是较好的买入信号。我们来说说A、B两点出现的死叉为什么不能盲目买入和怎样在买入的情况下尽快脱身。（如图4-75）

第四章 参考大盘让胜算更高

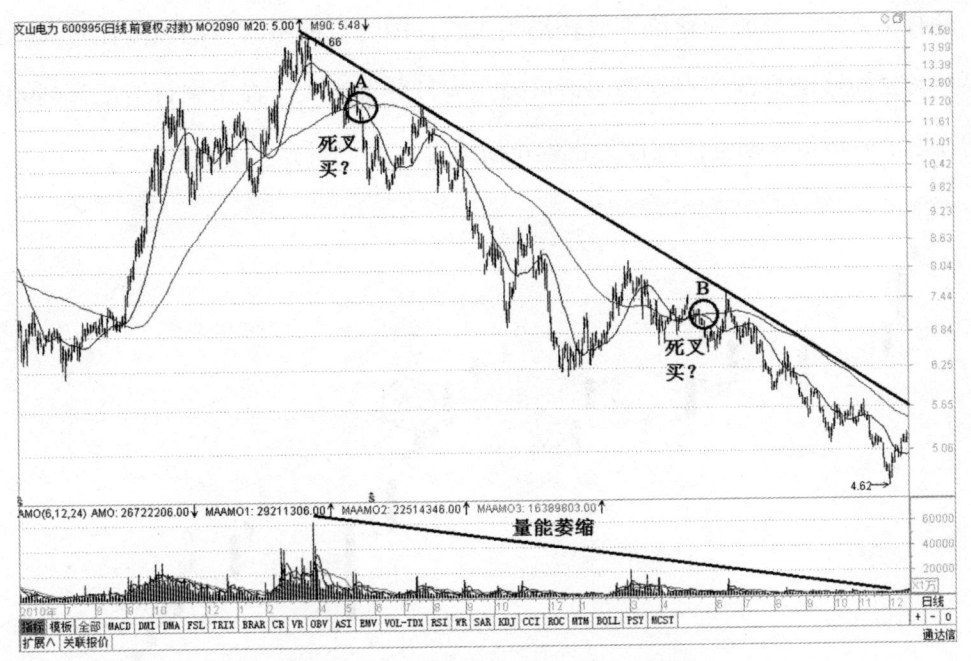

图4-75 文山电力 趋势与量能分析

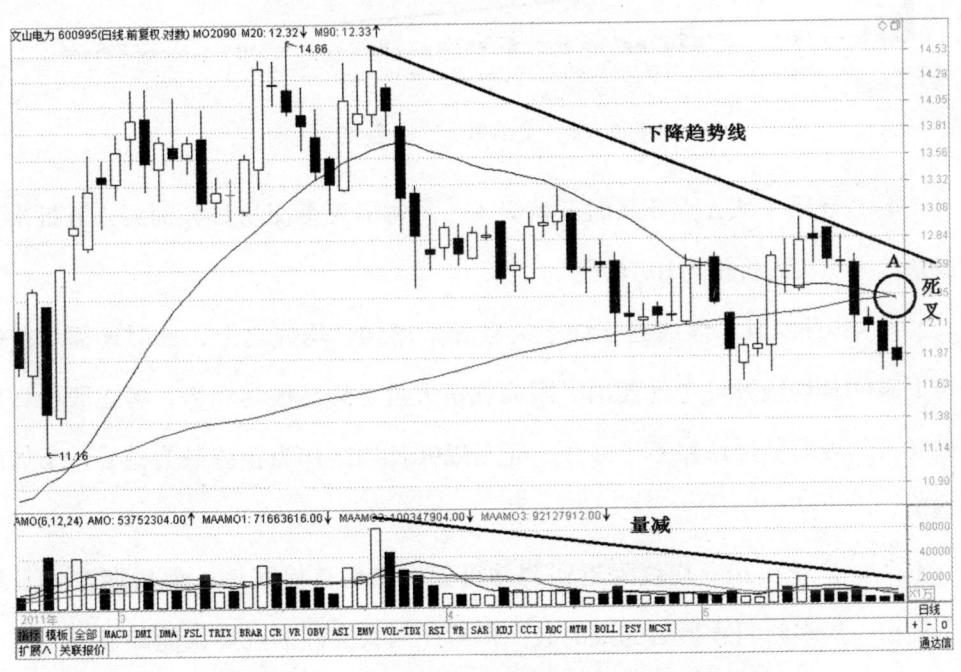

图4-76 文山电力 近期趋势分析与死叉信号

图4-76中A点处，大盘同期仍属牛市末期，虽然该股已出现下降趋势，量能萎缩，但估计还有不少坚持看涨做多的投资者，预计未来会有一波反弹，如果手

上没有买入这只个股的建议不要轻易买入它，因为目前买入它的风险比较大。如果想尝试短线交易赚一点就跑的话可以在今日分批买入，在未来行情反弹到90日均线之上时再按短期支撑线作为止盈止损线卖出。

图4-77　文山电力　分批买入

图4-77展示了从A点死叉时开始买入，另每隔五个交易日分别买入五批次该股股票，平均买入价格为10.76元。

2011年6月27日，该股终于向上突破并站稳20日均线之上，此时还需等待股价再上破90日均线方可考虑卖出。因为观察大盘走势已极为弱势，考虑股价日后突破90日均线后估计站稳不了多久，还是以90日均线作为止盈最为稳妥。（如图4-78）

不久，该股在20日均线附近回调并得到支撑后直接涨停，但后期在90日均线下徘徊一周多时间才最后完成突破。但对比两次突破的成交量能却显得后劲不足，按原先的计划应在90日线被突破时卖出，现在看来量能后劲不足加大了这个卖出信号的可靠性，遂决定在当日收盘价前卖出全部该股股票，本次短期交易可盈利约12%。（如图4-79）

第四章 参考大盘让胜算更高

图4-78 文山电力 买入后等待股价向上突破

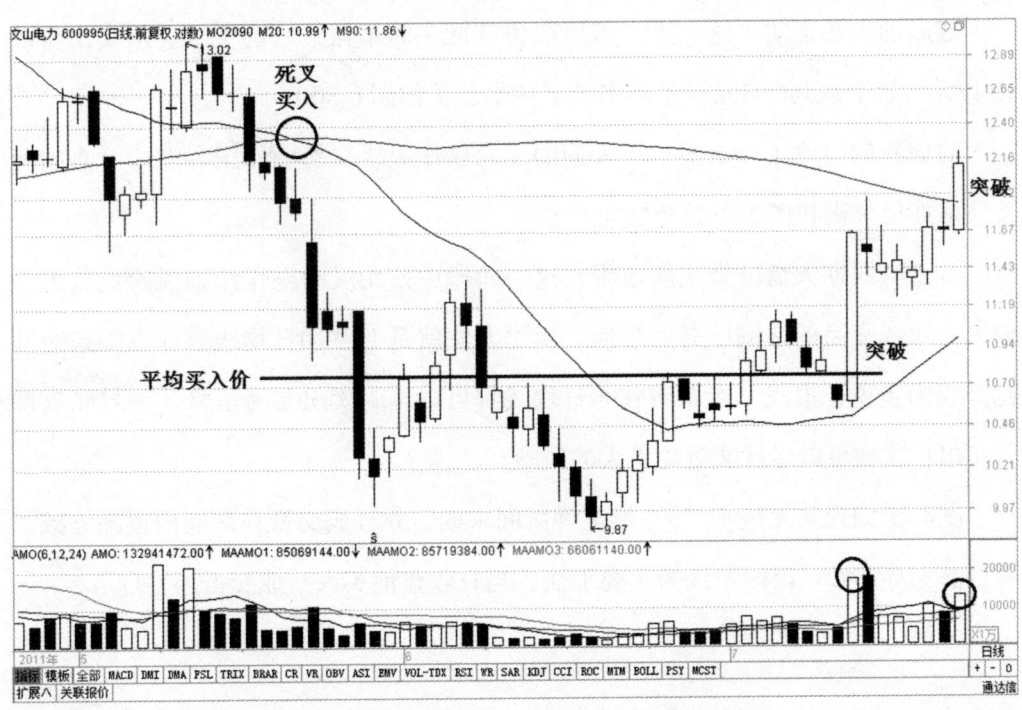

图4-79 文山电力 向上突破与量能背离

图4-80 文山电力 后期走势

随后的走势证实了这一点,该股股价从此一蹶不振,一泻千里。从卖出价的12.12元一直下跌到6.93元,差不多跌了一半!(如图4-80)

前面我们讨论了A点即牛市末期的反向操作短线交易。如图4-81中B点的死叉又该如何分析和操作短线交易呢?

B点时同期大盘已处于熊市中,这一阶段中使用反向操作法则风险比较大,如果是短线交易的话倒还有些余地,卖出方法就是上破20日均线后即以一条短期趋势线为止盈止损线,或者突破90日均线都可以作为卖出参考信号,一旦跌破即刻卖出!这样可以尽可能避免更大的风险。

图4-82即死叉发生于">"形整理区间末期,并且成交量在区间内逐渐缩减,视目前大势不妙,以炒短线为主要手法,当日收盘前买入,成交价为7.03元。

第四章 参考大盘让胜算更高

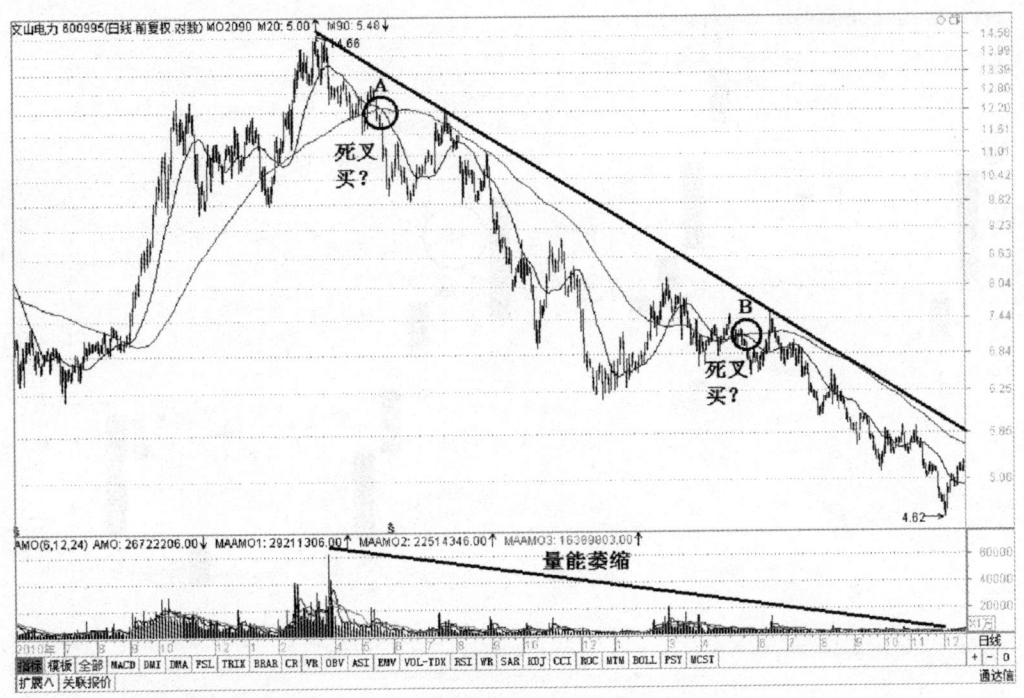

图4-81 文山电力 B点的死叉，该不该买？

图4-82 文山电力 在整理区间中的死叉信号

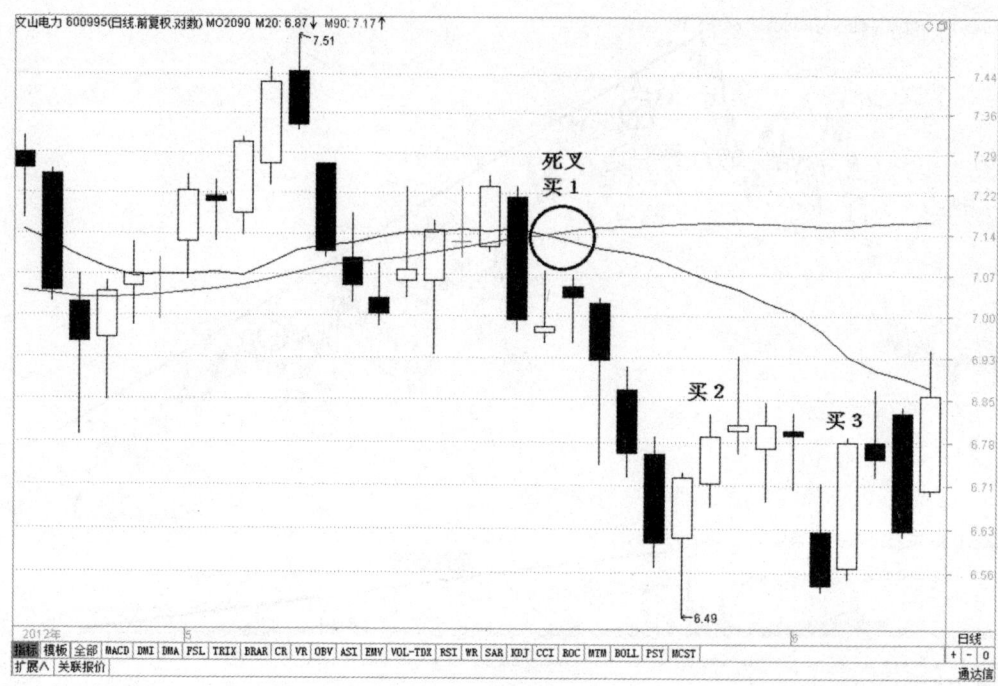

图4-83 文山电力 后续买入计划，分批买入

后续走势又给了两次买进的机会，平均成本价降低为6.86元。（如图4-83）

图4-84 文山电力 交易全程

图4-84是B点的全程交易图,三次买入的平均成本价为6.86元,在突破90日均线当日的收盘价时卖出可盈利6%。如果是以超短期趋势线来止盈卖出的话也可盈利约4%。而在随后的走势中该股一路下跌至4.6元。

以上分别介绍了A、B两点所发出的均线死叉信号应用反向交易法则应注意的事项和技巧,由于是下降趋势,所以买入后均不宜长期持有。

图4-85 文山电力 长期熊市

图4-85是该股2011年1月11日至2013年1月4日的走势,图中清晰可见一条长达2年的下降趋势线,表明目前该股仍处于熊市之中。另外从量能走势来看,只要这条下降趋势线被有效突破,则行情很可能会转熊为牛,反转向上。

当前可以尝试在两条均线发生死叉时买入或分批买入。

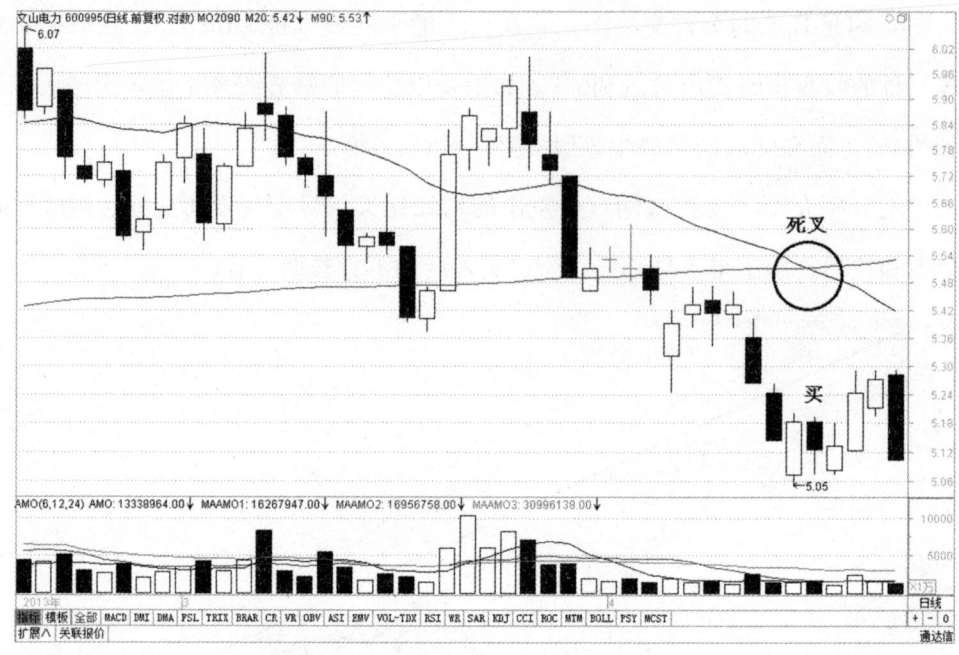

图4-86 文山电力 死叉买入信号

2013年4月17日,两条均线终于发出了死叉录入信号,当日收盘5.12元即为我们第一批的买入成本价。(如图4-86)

由于同期大盘也处于弱市中,该股相较于大盘并无任何明显强势之处,所以此次交易只能以短线为主,不宜恋战。

分批买入仍将继续,但股价一旦突破了90日均线就要迅速卖出。

随后的走势是支持看多做多的上涨行情,上涨幅度比较小,比较缓慢,我们先后有两次进场机会,第三次间隔五个交易日的买入时机为什么不宜跟进呢?这是因为当前以短线为主,并且股价已突破20日均线,位置略显偏高,不适合再抬高成本价了,当前只要关注股价什么时候突破90日均线,就可以决定卖出,完成此次短线交易。(如图4-87)

随后股价的走势确实没能再向上站稳90日均线,但我们有五次可以在90日均线之上卖出的机会。(如图4-88)

总的来说,此次短线交易至少可以获利5%。

之后股价又开始下跌,进行新一轮的震仓洗盘行情。

第四章 参考大盘让胜算更高

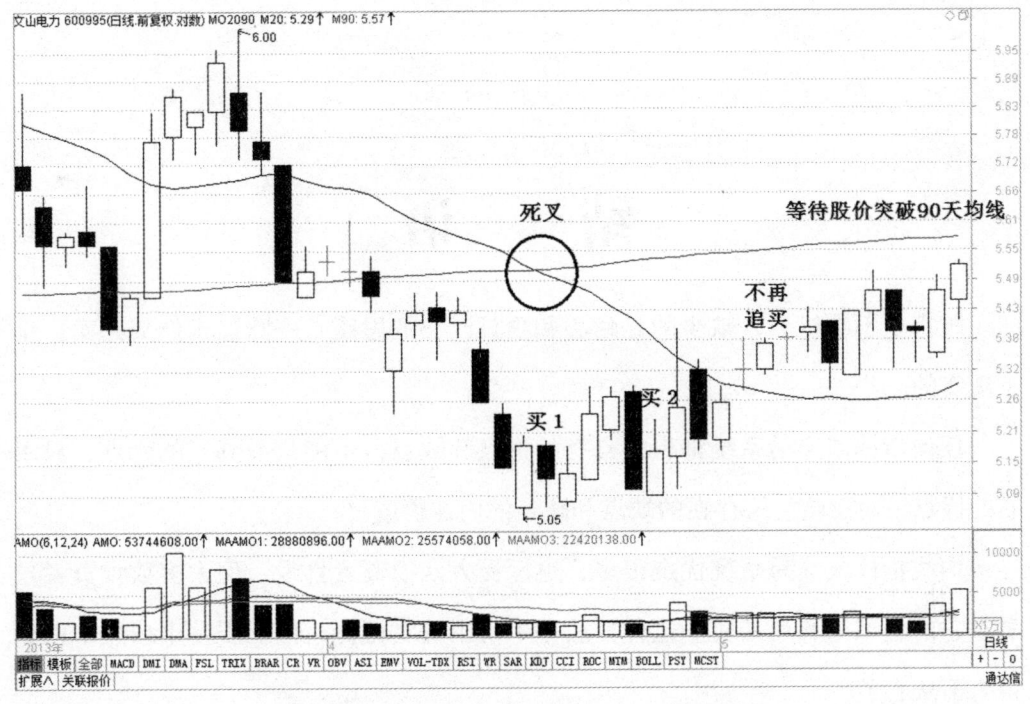

图4-87 文山电力 谨慎买入，不再追高

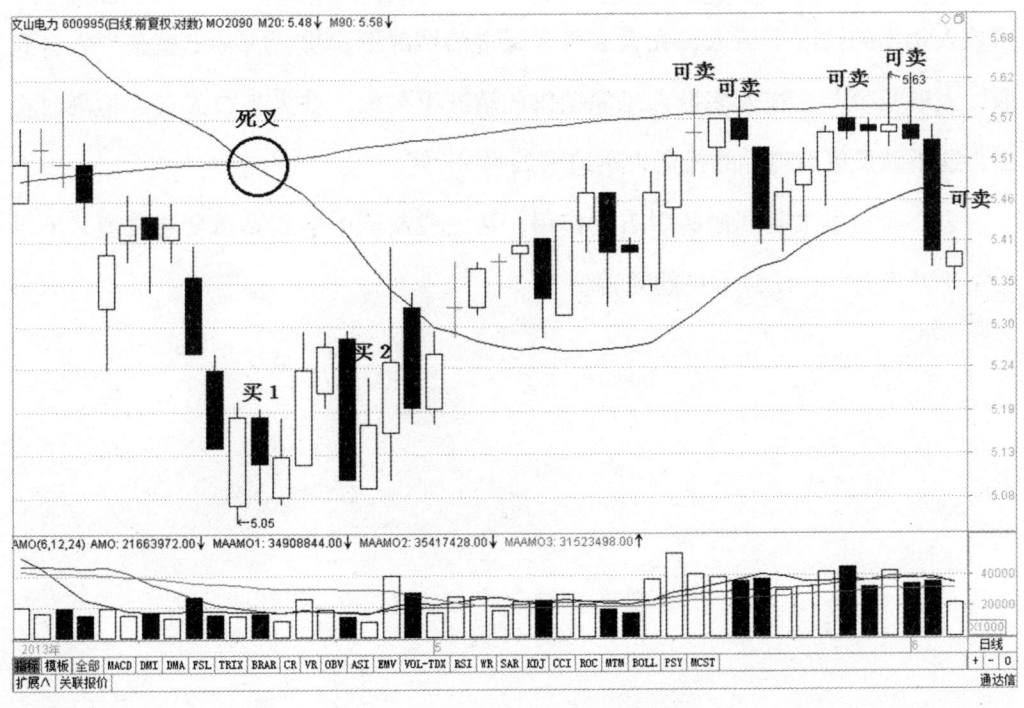

图4-88 文山电力 买卖交易图

结　语

　　股市中不缺机会，缺少的是耐心和独具匠心的思路。一味追求低买高卖，是不现实的。

　　任何指标或交易系统都有它自身的优点和缺点，不能只看到它的优点，只用它的优点，而忽略它所存在的缺点和缺点的内在价值。

　　均线指标或交易系统优点很多，也深受大众投资者喜爱，但大多数投资者只看重它的金叉买和死叉卖。这种方法在牛市中确实可行，但在震荡市或熊市就显得力不从心了。

　　很少有人会选择在均线死叉时买入或均线金叉时卖出，因为这相当于在大多数人卖出的情况下买入，在大多数人买进的情况下卖出，实际上就是"人舍我取，人取我舍"，在大多数人恐慌抛售的情况下买入，在大多数人贪恋追高时卖出，这不就是更高境界的投资人所追求的吗？

　　衷心希望本书起到抛砖引玉的作用，帮助股友从中学到灵活变通之道，不再受制于"经典"，使技术更趋完善！